SISTEMAS DE INFORMAÇÕES CONTÁBEIS

FUNDAMENTOS E ANÁLISE

Respeite o direito autoral

O GEN | Grupo Editorial Nacional – maior plataforma editorial brasileira no segmento científico, técnico e profissional – publica conteúdos nas áreas de ciências sociais aplicadas, exatas, humanas, jurídicas e da saúde, além de prover serviços direcionados à educação continuada e à preparação para concursos.

As editoras que integram o GEN, das mais respeitadas no mercado editorial, construíram catálogos inigualáveis, com obras decisivas para a formação acadêmica e o aperfeiçoamento de várias gerações de profissionais e estudantes, tendo se tornado sinônimo de qualidade e seriedade.

A missão do GEN e dos núcleos de conteúdo que o compõem é prover a melhor informação científica e distribuí-la de maneira flexível e conveniente, a preços justos, gerando benefícios e servindo a autores, docentes, livreiros, funcionários, colaboradores e acionistas.

Nosso comportamento ético incondicional e nossa responsabilidade social e ambiental são reforçados pela natureza educacional de nossa atividade e dão sustentabilidade ao crescimento contínuo e à rentabilidade do grupo.

Clóvis Luís Padoveze

8ª edição

SISTEMAS DE INFORMAÇÕES CONTÁBEIS

FUNDAMENTOS E ANÁLISE

Integrando controladoria e o ERP

O autor e a editora empenharam-se para citar adequadamente e dar o devido crédito a todos os detentores dos direitos autorais de qualquer material utilizado neste livro, dispondo-se a possíveis acertos caso, inadvertidamente, a identificação de algum deles tenha sido omitida.

Não é responsabilidade da editora nem do autor a ocorrência de eventuais perdas ou danos a pessoas ou bens que tenham origem no uso desta publicação.

Apesar dos melhores esforços do autor, do editor e dos revisores, é inevitável que surjam erros no texto. Assim, são bem-vindas as comunicações de usuários sobre correções ou sugestões referentes ao conteúdo ou ao nível pedagógico que auxiliem o aprimoramento de edições futuras. Os comentários dos leitores podem ser encaminhados à **Editora Atlas Ltda.** pelo e-mail faleconosco@grupogen.com.br.

Direitos exclusivos para a língua portuguesa
Copyright © 2019 by
Editora Atlas Ltda.
Uma editora integrante do GEN | Grupo Editorial Nacional

Reservados todos os direitos. É proibida a duplicação ou reprodução deste volume, no todo ou em parte, sob quaisquer formas ou por quaisquer meios (eletrônico, mecânico, gravação, fotocópia, distribuição na internet ou outros), sem permissão expressa da editora.

Rua Conselheiro Nébias, 1384
Campos Elísios, São Paulo, SP – CEP 01203-904
Tels.: 21-3543-0770/11-5080-0770
faleconosco@grupogen.com.br
www.grupogen.com.br

Designer de capa: Manu | OFÁ Design

Imagem de capa: everythingpossible | 123RF

Editoração eletrônica: Formato Editoração e Serviços

CIP-BRASIL. CATALOGAÇÃO NA PUBLICAÇÃO
SINDICATO NACIONAL DOS EDITORES DE LIVROS, RJ

P138s
8. ed.

Padoveze, Clóvis Luís, 1952-
Sistemas de informações contábeis: fundamentos e análise / Clóvis Luís Padoveze. – 8. ed. – São Paulo: Atlas, 2019.

ISBN 978-85-97-02227-8

1. Contabilidade. 2. Sistemas de recuperação da informação – Contabilidade. I. Título.

19-58892　　　　　　　　　　　　　　　　CDD: 657
　　　　　　　　　　　　　　　　　　　　CDU: 657

Leandra Felix da Cruz – Bibliotecária – CRB-7/6135

*À minha querida esposa Cida,
pelo amor, ajuda e compreensão.*

*A meus filhos, Amanda, Ariane
e Amilcar, pelo privilégio de ser
pai de vocês.*

*A meus pais, Aurora e João,
pela graça da vida.*

Prefácio à 8ª Edição

Novamente, estamos honrados e contentes pela oportunidade de atualizar nosso trabalho. Para nós, essa oportunidade demonstra que nossa proposta sobre o tema tem sido muito bem aceita pelos docentes e discentes, bem como pelos profissionais da área contábil e de tecnologia de informação.

Na edição anterior, tivemos a oportunidade de introduzir inúmeras incorporações e adaptações relevantes, como a estrutura do sistema de custo contábil no ERP, o subsistema de relações com investidores, o subsistema orçamentário para investimentos, sistemas para precificação estratégica (*pricing*) etc.

Nesta nova edição, além das inovações que pudemos detectar para atualização do livro, demos ênfase novamente para a questão do sistema contábil dentro do ERP.

Apesar de a tecnologia do ERP já estar presente em nossa vida profissional por volta de duas décadas, temos notado, em nossas pesquisas, consultorias de campo etc. que:

a) muitas empresas ainda não têm ERP instalado;
b) muitas empresas têm procurado a implantação de ERP construído internamente; e
c) o mais grave – péssimas implantações de ERP, impedindo a possibilidade de tornar efetiva a contabilidade gerencial nas empresas.

Em razão disso, procuramos reforçar essa questão com a introdução dos seguintes tópicos: no Capítulo 6, a seção 6.9 – ERP: aquisição *versus* desenvolvimento interno; no Capítulo 16, a seção 16.12 – Erros mais comuns na estruturação de planos de contas dentro do ERP.

Para deixar mais clara a questão do plano de contas dentro do ERP, introduzimos as seguintes seções também no Capítulo 16:

- Seção 16.11 – Classificações básicas.

- Seção 16.13 – Estudo de caso: plano de contas e de centros de custos em indústria de médio porte do ramo automobilístico.

Outras alterações foram:

- Capítulo 3 – Histórico do desenvolvimento da tecnologia da informação e a quarta revolução industrial.
- Capítulo 10 – Controle interno e tecnologia de informação e monitoramento dos controles internos.
- Capítulo 13 – Complementação do Apêndice: Características da informação contábil segundo o CFC-NBC-T-1 e segundo o CPC 00 – Estrutura Conceitual para Elaboração e Divulgação de Relatório Contábil-Financeiro.
- Capítulo 21 – Amplitude do sistema de gestão tributária.

Como sempre, esperamos que a obra tenha recebido as melhorias adequadas.

Agradecemos mais uma vez a todos pela utilização de nosso trabalho e estamos sempre recepcionando sugestões de todos os usuários.

Clóvis Luís Padoveze
cpadoveze@yahoo.com.br

Plano da Obra e Metodologia Aplicável

O objetivo deste livro é apresentar uma visão específica sobre Sistemas de Informações Contábeis, dentro do atual estado da arte do conhecimento sobre o assunto, procurando, se possível, identificar os elementos vitais que devam fazer parte da disciplina, e que possam ter uma condição de permanência razoável ao longo do tempo.

Ao mesmo tempo, este texto tem por finalidade apresentar os pontos fundamentais que são necessários para a *decisão* sobre Sistemas de Informações Contábeis. A decisão sobre Sistemas de Informações Contábeis basicamente centra-se em quatro grandes vertentes:

a) adquirir um sistema de contabilidade (*software*);
b) construir um sistema de contabilidade;
c) avaliar as condições técnicas e operacionais de implementação de um sistema;
d) obter o máximo de aderência e integração do Sistema de Informação Contábil quando dentro de uma plataforma de Sistema Integrado de Gestão Empresarial (ERP);
e) implementar a estrutura do sistema de informação contábil.

Ela é uma decisão maior do profissional da contabilidade, que deve ter em mente quais informações e quesitos deve possuir, para se preparar para essa decisão. Sua decisão sobre o Sistema de Informação Contábil para sua entidade, seja com ou sem fins lucrativos, determinará sua vida profissional e, por que não dizer, da entidade onde atua como profissional.

Para a decisão sobre Sistemas de Informações Contábeis, é necessário perfeito entendimento dos vários aspectos envolvidos na decisão, que fundamentalmente são os seguintes:

a) objetivo da empresa;
b) conhecimento profundo da Ciência Contábil;
c) conhecimento dos conceitos de sistemas de informação;

d) conhecimento profundo dos demais sistemas de informações da empresa;
e) conhecimento profundo das tecnologias de informação à disposição do mercado;
f) metodologia de auxílio à tomada de decisão;
g) conhecimento profundo dos negócios e da estrutura organizacional da entidade.

A maior parte das empresas de médio e grande porte tem optado pela implementação de um ERP, e, consequentemente, o sistema de informação contábil, sendo um módulo do ERP, tende a ser o sistema adotado. Por serem módulos parametrizáveis, é fundamental que o contador faça parte integrante da equipe e que ele seja o elemento básico para a potencialização do sistema de informação contábil e do ERP. Em nosso entendimento, este é o caminho preferencial para a implantação do sistema de informação contábil.

Por outro lado, as pequenas e algumas médias empresas ainda têm optado por terceirizarem o serviço contábil por meio de escritórios de contabilidade. Os escritórios de contabilidade adotam um sistema de contabilidade adquirido de fornecedores especializados neste tipo de sistema. Mas mesmo utilizando um sistema de informação contábil padronizado de empresas de serviços contábeis é possível, desejável e necessário, que o responsável pela contabilidade faça a estruturação adequada específica para sua empresa, potencializando a sua utilização do sistema de informação contábil padrão, direcionando sua estruturação para as necessidades específicas de sua empresa.

Para nós, a Contabilidade é a ciência do controle gerencial, que alguns autores denominam Contabilidade Gerencial e outros autores denominam Controladoria.

A função da Controladoria ou Contabilidade Gerencial é fornecer à empresa um conjunto de procedimentos e informações para que seja possível a gestão econômica da entidade empresarial dentro de uma visão de conjunto ou visão sistêmica.

Assim, com a visão de gestão econômica sistêmica é que desenvolveremos o presente trabalho sobre os Fundamentos e Análise de Sistemas de Informações Contábeis.

A administração do sistema de informação contábil deve ser de responsabilidade do contador gerencial ou do *controller*. Obviamente, o sistema de informação contábil deve estar alinhado com os objetivos e a cultura da empresa e com os demais sistemas de informação existentes.

Dessa forma, para iniciarmos a construção do conteúdo programático, vemos necessidade do estudo, introdutoriamente, das questões ligadas às condições de entendimento, conceituação, instalação, desenvolvimento e operação do sistema de informação contábil dentro de uma empresa. Por conseguinte, a Parte I é destinada a conceituações gerais sobre sistemas e informações e sua ligação com a Contabilidade.

A Parte II expande os conceitos, necessidades, abrangência e operacionalização do sistema, dentro das características necessárias da informação contábil, tendo como pano de fundo o aspecto científico da contabilidade e, portanto, das teorias que fundamentam a construção de sistemas geradores das informações contábeis.

Na Parte III, passaremos a apresentar temas mais específicos relativos ao sistema de informação contábil, com a apresentação dos subsistemas contábeis. Nessa parte da obra, abordaremos quais informações devem ser apresentadas em cada subsistema contábil e quais devem ser as melhores características para cada um desses subsistemas, bem como as informações que devem ser capturadas dos demais sistemas de informações operacionais da empresa.

A Parte IV destina-se à apresentação do processo geral de decisão para aquisição ou construção de um sistema de informação empresarial ou contábil, bem como dos passos necessários para sua implantação em uma empresa.

Metodologia aplicável

A disciplina Sistemas de Informações Contábeis caracteriza-se por ser essencialmente teórica, mesmo que, em algumas instituições, seja agregada a ela a prática de laboratório com algum sistema de informação contábil existente.

Dessa maneira, objetivando maior dinâmica e interação na sala de aula, a utilização da metodologia de seminários a serem apresentados por grupos de alunos torna-se bastante interessante. Em linhas gerais, verificamos, tanto por experiência própria quanto por contato com alguns docentes, que uma metodologia de ensino híbrida tem mostrado bons resultados, basicamente com a seguinte estrutura didática:

1. apresentação pelo professor dos conceitos sistêmicos iniciais, constantes dos Capítulos 1 ao Capítulo 8;

2. obter a apresentação de *softwares* já existentes no mercado, por duas ou três empresas especializadas em ERP/SIGE, para que apresentem seus sistemas, objetivando consolidar o desenvolvimento da primeira parte da disciplina. Uma sugestão é conseguir apresentação de uma empresa de grande porte e uma empresa de médio porte, fornecedores da solução ERP/SIGE;

3. retomada pelo professor para apresentação dos conceitos constantes dos Capítulos 10 a 16, com ênfase para as seções 11.7, 15.6 e 16.9;

4. solicitação de seminários a serem apresentados por grupos de alunos, apresentando sistemas de informações existentes no mercado, em empresas que eles trabalhem ou conheçam. Os alunos devem fazer uma pesquisa, e apresentar os sistemas existentes, explorando suas características, operacionalidades, conceitos, telas, relatórios etc. Essas apresentações cobrem os Capítulos 9 e 17 a 26. Sugerimos pelo menos os seguintes sistemas de informação, começando primeiro pelos principais sistemas operacionais e concluindo com os subsistemas contábeis:

    a) MRP;

    b) Sistema de Compras;

    c) Sistemas de Recursos Humanos e Folha de Pagamento;

    d) Sistemas de Comercialização e Estoques;

    e) Finanças e Tesouraria;

    f) Sistemas de Contabilidade Societária e Controle Patrimonial;

    g) Sistemas de Contabilidade em Outros Padrões Monetários e Análise Financeira;

    h) Sistema de Gestão de Impostos;

    i) Sistema de Custos e Valorização de Inventários;

j) Sistema de Orçamento;
k) Sistema de Contabilidade por Responsabilidade;
l) Sistema de Controladoria Estratégica e Acompanhamento do Negócio.
5. conclusão pelo professor, apresentando e discutindo os conceitos de Decisão e Implantação de Sistemas. Esse tema, eventualmente, também pode ser solicitado como seminário para os alunos.

A parte teórica desenvolvida pelo professor poderá ser objeto de aferição por meio de avaliações periódicas, utilizando-se das questões e exercícios apresentados ao final de cada parte do livro.

Sumário

Parte I – Sistema de Informação

1 CONCEITO DE SISTEMA E ENFOQUE SISTÊMICO, 3
- 1.1 Teoria geral dos sistemas, 3
- 1.2 O que é sistema, 4
- 1.3 Sistemas abertos e fechados, 5
- 1.4 Componentes do sistema, 5
- 1.5 Enfoque sistêmico ou visão sistêmica, 9

2 EMPRESA COMO SISTEMA E SEUS SUBSISTEMAS, 11
- 2.1 Empresa como um sistema aberto, 11
- 2.2 Ambiente do sistema empresa e planejamento estratégico, 13
- 2.3 Eficácia e eficiência: lucro como medida de eficácia do sistema empresa, 13
- 2.4 Visão sistêmica da empresa, 15
- 2.5 Sistema Institucional, 16
- 2.6 Subsistema de gestão, 17
- 2.7 Subsistema formal, 18
- 2.8 Subsistema social, 18
- 2.9 Subsistema de informação, 19
- 2.10 Subsistema físico-operacional, 19

3 INFORMAÇÃO, TECNOLOGIA DA INFORMAÇÃO E SISTEMA DE INFORMAÇÃO, 21
- 3.1 Informação, dado e comunicação, 21

3.2　Características de uma boa informação, 21
3.3　Valor da informação, 22
3.4　Tecnologia da informação, 22
3.5　Tecnologia da informação e economia digital, 23
3.6　Histórico do desenvolvimento da tecnologia da informação e a quarta revolução industrial, 24
3.7　Tecnologia da informação e sua interação na organização, 26
3.8　Sistema de informação, 27
3.9　Elementos de um sistema de informação, 27
3.10　Sistema de informação contábil, 27
3.11　Divulgação de informações empresariais (XBRL), 28

4　BANCO DE DADOS, INFORMAÇÕES ESTRUTURADAS E NÃO ESTRUTURADAS, 31
4.1　Banco de dados, 31
4.2　Sistema de gerenciamento de bancos de dados, 31
4.3　Banco de dados e sistema de informação contábil, 32
4.4　Informações estruturadas e não estruturadas, 32
4.5　Planejamento e controle das informações, ciclo administrativo e nível empresarial, 33
4.6　Segurança da informação e certificação-ISO 27001/27002, 34
Apêndice – Hierarquia Resumida da Infraestrutura de Sistemas de Informações, 36

5　SISTEMAS OPERACIONAIS, SISTEMAS DE GESTÃO E SISTEMAS DE SUPORTE À DECISÃO, 39
5.1　Sistemas de informações operacionais, 39
5.2　Sistemas de apoio à gestão, 39
5.3　Integração entre sistemas de apoio às operações e sistemas de apoio à gestão, 40
5.4　Sistemas de informação de apoio à decisão, 40
5.5　Características dos sistemas de suporte à decisão, 40
5.6　Estrutura dos sistemas de informações, 41
5.7　Integração e navegabilidade de dados, 42

6　SISTEMAS INTEGRADOS DE GESTÃO EMPRESARIAL (ERP), 43
6.1　Conceituação, 43
6.2　Fatores que conduzem ao Sige/ERP, 43
6.3　Tecnologia de informação e Sige, 44
6.4　Sige e concepção de integração, 44
6.5　Integração interfuncional: processos de negócios, 45
6.6　Abrangência do Sige, 45
6.7　Sige × Sistemas especialistas (*Best-of-Breed*): vantagens e desvantagens, 46
6.8　Estruturação ou parametrização dos módulos do Sige e eventual customização, 49
6.9　ERP: aquisição *versus* desenvolvimento interno, 50

7 APLICATIVOS GENÉRICOS E TECNOLOGIAS DE APOIO A SISTEMAS DE INFORMAÇÃO, 53
- 7.1 Tecnologias de apoio, 53
- 7.2 Aplicativos genéricos, 55
- 7.3 Aplicativos específicos, 58
- 7.4 Sugestão de Arquitetura de SI/TI (EAI), 61

8 CONTABILIDADE DENTRO DO SIGE E DO PROCESSO DE GESTÃO, 63
- 8.1 Processo de gestão, 63
- 8.2 Contabilidade no processo de gestão, 64
- 8.3 Contabilidade dentro do Sige, 65
- 8.4 Modelação das informações dos sistemas operacionais e a contabilidade, 65
- 8.5 Parametrização dos módulos do Sige, 66

9 SISTEMAS OPERACIONAIS, 69
- 9.1 Principais áreas operacionais da empresa, 69
- 9.2 Tecnologias de produção, 70
- 9.3 Administração de produção, 72
- 9.4 Sistemas de informação de apoio à produção, 78
- 9.5 Engenharia e projetos, 81
- 9.6 Compras, 83
- 9.7 Estoques e recebimento de materiais, 86
- 9.8 Comercialização e logística, 87
- 9.9 Faturamento e área fiscal, 89
- 9.10 Serviços e qualidade, 90
- 9.11 Recursos humanos, 91
- 9.12 Finanças e tesouraria, 92

Questões e Exercícios – Parte I, 94

Parte II
Ciência Contábil e Sistema de Informação Contábil

10 CONTABILIDADE E CONTROLADORIA, 99
- 10.1 Controladoria, 99
- 10.2 Controladoria e contabilidade: definições, 100
- 10.3 Contabilidade e controle, 101
- 10.4 Fases da contabilidade, 102
- 10.5 Contabilidade gerencial e contabilidade financeira, 103
- 10.6 Unidade administrativa de controladoria, 106
- 10.7 Controle interno, 110

11 SISTEMA DE INFORMAÇÃO CONTÁBIL E ENFOQUE SISTÊMICO APLICADO, 113
    11.1 Objetivos do Sistema de Informação Contábil, 113
    11.2 Ambiente do sistema de informação contábil, 116
    11.3 Recursos do sistema de informação contábil, 117
    11.4 Saídas do sistema de informação contábil, 118
    11.5 Gestor do sistema de informação contábil e seu papel, 118
    11.6 Informações no sistema de informação contábil, 119
    11.7 Estruturação do sistema de informação contábil no Sige, 119

12 OS SUBSISTEMAS DO SISTEMA DE INFORMAÇÃO CONTÁBIL, 125
    12.1 Identificação das missões do sistema de informação contábil, 125
    12.2 Subsistemas contábeis legais e gerenciais, 126
    12.3 Escrituração como fonte dos demais subsistemas contábeis, 127
    12.4 Subsistemas de informação contábil: visão geral, 128
    12.5 Sistema de informação contábil no processo de gestão, 129
    Apêndice – Sistema Integrado de Informações Empresariais (SIIE) para pequenas empresas, 130

13 INFORMAÇÃO CONTÁBIL E TEORIA CONTÁBIL, 133
    13.1 Contabilidade/controladoria como ciência, 133
    13.2 Informação contábil e teoria contábil, 137
    13.3 Características da informação contábil, 138
    13.4 Relatórios gerenciais, 139
    Apêndice – NBC-T-1 – Das Características da Informação Contábil, 143

14 METODOLOGIA CONTÁBIL, 151
    14.1 Efeito causal, lançamento multidimensional e *momentum accounting*, 151
    14.2 Método das partidas dobradas, 153
    14.3 Visões sobre o método das partidas dobradas, 154
    14.4 Características favoráveis do método das partidas dobradas, 156

15 LANÇAMENTO CONTÁBIL, 159
    15.1 Fundamento do lançamento contábil: informação que leva à ação, 159
    15.2 Modelo de informação contábil, 161
    15.3 Componentes do lançamento contábil tradicional, 162
    15.4 Conceito de lançamento multidimensional, 162
    15.5 Lançamento contábil ampliado, 162
    15.6 Estrutura da conta contábil para o lançamento ampliado, 167

16 SISTEMA DE ACUMULAÇÃO DAS INFORMAÇÕES CONTÁBEIS: PLANOS DE CONTAS E DEPARTAMENTALIZAÇÃO, 175
    16.1 Finalidades das contas contábeis, 175

16.2 Tipos de contas, 176

16.3 Estrutura de contas, saldos e banco de dados, 176

16.4 Plano de contas, 178

16.5 Tipos de planos de contas, 179

16.6 Critérios gerais para elaboração dos planos de contas e os demonstrativos contábeis básicos, 181

16.7 Exemplo de plano de contas contábeis no sistema de informação contábil gerencial, 182

16.8 Exemplos de contas adicionais a serem criadas, 184

16.9 Estrutura de relacionamento, 187

16.10 Departamentalização (centros de custos, despesas e receitas), 189

16.11 Classificações básicas, 192

16.12 Erros mais comuns na estruturação de planos de contas dentro do ERP, 194

16.13 Estudo de caso: plano de contas e de centros de custos em indústria de médio porte do ramo automobilístico, 195

Questões e Exercícios – Parte II, 207

Parte III
Subsistemas do Sistema de Informação Contábil

17 SUBSISTEMA DE CONTABILIDADE SOCIETÁRIA E FISCAL, 211

17.1 Objetivos do subsistema de contabilidade societária e fiscal, 211

17.2 Atributos e funções, 212

17.3 Operacionalidades do Sistema, 213

17.4 Integrações com outros subsistemas, 217

17.5 Informações e relatórios gerados, 217

17.6 Sistema de informação contábil para PMEs, 218

17.7 Sistema Público de Escrituração Digital (SPED), 219

18 SUBSISTEMA DE CONTROLE PATRIMONIAL, 221

18.1 Objetivos do subsistema de controle patrimonial, 221

18.2 Atributos e funções, 222

18.3 Operacionalidades do sistema, 224

18.4 Integrações com outros subsistemas, 226

18.5 Informações e relatórios gerados, 227

18.6 Controle de investimentos, 228

18.7 Valor residual, vida útil e ajuste ao valor recuperável (*impairment*), 228

18.8 Depreciação contábil *versus* depreciação fiscal, 229

18.9 *Leasing* financeiro, 229

18.10 Direitos de uso, 230
18.11 Tributos diferidos, 230

19 SUBSISTEMA DE CONTABILIDADE EM OUTROS PADRÕES MONETÁRIOS, 231
19.1 Objetivos do subsistema de contabilidade em outros padrões monetários, 232
19.2 Atributos e funções, 232
19.3 Operacionalidades do sistema, 233
19.4 Integrações com outros subsistemas, 234
19.5 Informações e relatórios gerados, 234
19.6 Contabilidade em práticas contábeis alternativas, 235

20 SUBSISTEMA DE VALORIZAÇÃO DE INVENTÁRIOS OU CUSTO CONTÁBIL, 237
20.1 Objetivos do subsistema de valorização de inventários, 237
20.2 Atributos e funções, 238
20.3 Operacionalidades do sistema, 240
20.4 Estoques de mercadorias e custo das mercadorias vendidas: empresas comerciais, 240
20.5 Estoques industriais: visão geral, 241
20.6 Estoques de materiais e requisição de materiais: empresas industriais, 241
20.7 Estoques de produtos em processo e custo da produção acabada: empresas industriais, 242
20.8 Estoque de serviços em processo e custo dos serviços acabados: empresas de serviços estocáveis, 248
20.9 Estoque de produtos acabados e custo dos produtos vendidos: empresas industriais, 249
20.10 Informações e relatórios gerados, 250
20.11 Resumo e visão geral: sistema de custos contábil no ERP, 251

21 SUBSISTEMA DE GESTÃO DE TRIBUTOS, 255
21.1 Objetivos do subsistema de gestão de tributos, 255
21.2 Atributos e funções, 256
21.3 Operacionalidades do sistema, 256
21.4 Integrações com outros subsistemas, 256
21.5 Informações e relatórios gerados, 257
21.6 Apuração dos tributos sobre vendas e compras, 258
21.7 Escrituração eletrônica e comunicação, 258
21.8 Amplitude do sistema de gestão tributária, 258

22 SUBSISTEMAS DE ANÁLISE FINANCEIRA E DE BALANÇO, 261
22.1 Objetivos do subsistema de análise financeira e de balanço, 261
22.2 Atributos e funções, 262
22.3 Operacionalidades do sistema, 262

22.4 Integrações com outros subsistemas, 263
22.5 Informações e relatórios gerados, 263

23 SUBSISTEMA DE ORÇAMENTO, 265
23.1 Objetivos do subsistema de orçamento, 266
23.2 Atributos e funções, 266
23.3 Segmentos do orçamento, 267
23.4 Principais peças orçamentárias, 268
23.5 Operacionalidades do sistema, 271
23.6 Integrações com outros subsistemas, 273
23.7 Informações e relatórios gerados, 273
23.8 Sistema de Informação de Orçamento de Investimentos, 275

24 SUBSISTEMA DE CUSTOS GERENCIAL E PREÇOS DE VENDA, 277
24.1 Objetivos do subsistema de custos, 277
24.2 Atributos e funções, 278
24.3 Operacionalidades do sistema, 279
24.4 Integrações com outros subsistemas, 280
24.5 Informações e relatórios gerados, 282
24.6 Resumo e visão geral do sistema de custo gerencial, 283
24.7 Sistemas de precificação estratégica (*pricing*), 285

25 SUBSISTEMA DE CONTABILIDADE POR RESPONSABILIDADE, 289
25.1 Objetivos do subsistema de contabilidade por responsabilidade, 289
25.2 Atributos e funções, 290
25.3 Operacionalidades do sistema, 290
25.4 Integrações com outros subsistemas, 290
25.5 Informações e relatórios gerados, 292

26 CONTROLADORIA ESTRATÉGICA E SUBSISTEMA DE ACOMPANHAMENTO DO NEGÓCIO, 293
26.1 Informações de controladoria estratégica, 293
26.2 Sistemas de informações de controladoria estratégica, 294
26.3 Cenários empresariais, 295
26.4 *Balanced Scorecard*, 297
26.5 Gestão de riscos, 298
26.6 Sistema de acompanhamento do negócio, 300
26.7 Objetivos do subsistema de acompanhamento do negócio, 300
26.8 Atributos e funções, 301
26.9 Operacionalidades do sistema, 301
26.10 Integrações com outros subsistemas, 301

26.11 Informações e relatórios gerados, 301

26.12 Governança corporativa e sistema de informação de relações com investidores, 302

27 DEMONSTRATIVOS CONTÁBEIS BÁSICOS E INTEGRAÇÃO E TRANSFERÊNCIA DE INFORMAÇÕES DOS SUBSISTEMAS EMPRESARIAIS PARA A CONTABILIDADE GERAL, 305

27.1 Demonstrativos contábeis básicos: formato tradicional, 306

27.2 Identificação dos subsistemas operacionais e contábeis que interagem com as contas dos demonstrativos contábeis básicos, 308

27.3 Principais integrações ou interfaces dos subsistemas operacionais com a contabilidade fiscal e societária, 311

27.4 Informações e relatórios gerados, 313

Questões e Exercícios – Parte III, 314

Parte IV
Decisão e Implantação, 317

28 DECISÃO, 319

28.1 Momento da mudança, 319

28.2 Objetivos da mudança, 320

28.3 Hierarquia para a decisão, 321

28.4 Equipe de prospecção e primeira seleção, 321

28.5 Enfoque de avaliação, 322

28.6 Análise de tecnologia e operacionalidades fundamentais, 324

28.7 Metodologia de decisão, 325

28.8 Projeto, 325

28.9 Retorno do investimento, 326

29 IMPLANTAÇÃO, 329

29.1 Organização do projeto, 329

29.2 Implantação, 330

29.3 Treinamento, 332

29.4 Operação, 332

29.5 Avaliação final, 332

29.6 Custo total de propriedade (TCO), 333

29.7 Estruturação da equipe de trabalho, 333

Questões e Exercícios – Parte IV, 335

Bibliografia, 337

Esta parte é destinada à apresentação dos principais conceitos que envolvem sistemas, teoria dos sistemas, informação, tecnologia de informação e sistema de informação. Consideramos necessária uma revisão sobre o assunto, objetivando resgatar e manter conceitos genéricos sobre sistemas, que entendemos de vital importância para o desenvolvimento do tema final, que é o sistema de informação contábil.

Atenção especial foi dada ao sistema empresa, matriz dos sistemas de informações que serão tratados a seguir.

Para o desenvolvimento desta primeira parte, utilizaremos informações de livros de autores consagrados e especialistas no assunto, uma vez que as teorias e os fundamentos de Sistemas e Sistemas de Informação não se limitam à área contábil, mas são necessários para quaisquer disciplinas.

De nossa parte, faremos as complementações que julgarmos necessárias, notadamente aquelas que se relacionam principalmente com a área contábil.

Conceito de Sistema e Enfoque Sistêmico

1.1 TEORIA GERAL DOS SISTEMAS

Fundamentalmente, o conceito de sistema decorre da Teoria Geral dos Sistemas, assim explicada por Bertalanffy:[1] "Seu objeto é a formulação de princípios válidos para os 'sistemas' em geral, qualquer que seja a natureza dos elementos que os compõem e as relações ou 'forças' existentes entre eles. A teoria geral dos sistemas portanto é uma ciência geral da 'totalidade', que até agora era considerada um conceito vago, nebuloso e semimetafísico."

Ainda conforme o mesmo autor: "A teoria geral dos sistemas em sentido restrito (TGS) procura derivar da definição geral do 'sistema' como complexo de componentes em interação, conceitos característicos das totalidades organizadas, tais como interação, soma, mecanização, centralização, competição, finalidade etc., e aplicá-los a fenômenos concretos."[2]

Para Bertalanffy,[3] a Teoria dos Sistemas na ciência opõe-se a uma visão clássica de procedimentos analíticos. O significado da expressão "o todo é mais que a soma das partes" consiste simplesmente em que as características constitutivas não são explicáveis a partir das características das partes isoladas.[4] O "procedimento analítico" significa que uma entidade pode ser estudada resolvendo-se em partes e por conseguinte pode ser constituída ou reconstituída pela reunião destas partes.[5]

Também conforme Bertalanffy, criticando o procedimento analítico,[6] a aplicação do procedimento analítico depende de duas condições:

---

[1] BERTALANFFY, Ludwig von. *Teoria geral dos sistemas*. 2. ed. Petrópolis: Vozes, 1975. p. 61.
[2] Idem, p. 128.
[3] Idem, p. 37.
[4] Idem, p. 83.
[5] Idem, p. 37.
[6] Idem, p. 37-38.

a) que as interações entre as partes ou não existam ou sejam suficientemente fracas para poder ser desprezadas nas finalidades de certo tipo de pesquisa;

b) que as relações que descrevem o comportamento das partes sejam lineares, pois só então é dada às condições aditividade, isto é, uma equação que descreve o comportamento do todo é da mesma forma que as equações que descrevem o comportamento das partes. Os processos parciais podem ser sobrepostos para obter o processo total.

Assim, conforme Bertalanffy, "o problema metodológico da teoria dos sistemas consiste portanto em preparar-se para resolver problemas que, comparados aos problemas analíticos e somatórios da ciência clássica, são de natureza mais geral".[7]

1.2 O QUE É SISTEMA

"Sistema pode ser definido como um complexo de elementos em interação."[8]

Conforme Bio, "considera-se sistema um conjunto de elementos interdependentes, ou um todo organizado, ou partes que interagem formando um todo unitário e complexo".[9]

Oliveira assim se expressa: "Sistema é um conjunto de partes interagentes e interdependentes que, conjuntamente, formam um todo unitário com determinado objetivo e efetuam determinada função."[10]

Em outras palavras, sistema é um conjunto de elementos interdependentes, ou um todo organizado, ou partes que interagem formando um todo unitário e complexo. Como uma resultante do enfoque sistêmico, o todo deve ser mais que a soma das partes. No ambiente empresarial, esta resultante tem sido denominada sinergia, que significa que a ação conjunta de diversos componentes sistêmicos ou entidades podem obter desempenho melhor do que aquele possível de se obter isoladamente. Em outras palavras, por mais que se estudem as partes para entender o todo, é necessário considerar as inter-relações e o contexto em que estão inseridas. Dessa maneira, as inter-relações existentes permitem que o todo seja maior que a soma isolada das partes, ou seja, no agregado encontramos características muitas vezes não encontradas nos componentes isolados. Fundamentalmente, o funcionamento de um sistema configura-se com um processamento de recursos (entradas do sistema), obtendo-se, com esse processamento, as saídas ou produtos do sistema (entradas, processamento, saídas), conforme podemos observar na Figura 1.1.

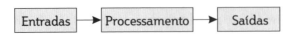

Figura 1.1 Caracterização e funcionamento básico de um sistema.

---

[7] Idem, p. 38.
[8] Idem, p. 84.
[9] BIO, Sérgio Rodrigues. *Sistemas de informação*: um enfoque gerencial. São Paulo: Atlas, 1985. p. 18.
[10] OLIVEIRA, Djalma de Pinho Rebouças. *Sistemas, organização & métodos*: uma abordagem gerencial. 3. ed. São Paulo: Atlas, 1990. p. 31.

1.3 SISTEMAS ABERTOS E FECHADOS

Os sistemas classificam-se em sistemas abertos e fechados. Os sistemas fechados não interagem com o ambiente externo, enquanto os sistemas abertos caracterizam-se pela interação com o ambiente externo, suas entidades e variáveis. Exemplo de sistema fechado é uma máquina, como um relógio. São diversas partes – componentes – de um conjunto mecânico que tem uma função-objetivo, que é cumprido sem interagir com o meio ambiente. O corpo humano, por sua vez, é um sistema aberto, pois sua interação é total com o meio ambiente.

Existem sistemas físicos e sistemas informacionais. A empresa é um sistema aberto, bem como os sistemas de informações, pois há um processo de interação com o ambiente.

1.4 COMPONENTES DO SISTEMA

Sistema traz automaticamente noção de conjunto. Assim, ele sempre será composto de elementos. Além disso, o sistema existe para a produção de algo, com base nas funções a que ele se destina. Por isso, é necessário decompor o sistema em seus elementos ou componentes.

Os elementos básicos que compõem um sistema são: objetivos do sistema, ambiente do sistema ou processamento, recursos ou as entradas do sistema, componentes do sistema, saídas do sistema, administração ou controle e avaliação do sistema.

Conforme Churchman,[11] os componentes de um sistema são:

1. Os objetivos totais do sistema, e, mais especificamente, as medidas de rendimento do sistema inteiro.
2. O ambiente do sistema: as coações fixas.
3. Os recursos do sistema.
4. Os componentes do sistema, suas atividades, finalidades e medidas de rendimento.
5. A administração do sistema.

Oliveira[12] assim define os componentes de um sistema:

- objetivos do sistema;
- entradas do sistema;
- processo de transformação;
- saídas do sistema;
- controles e avaliação do sistema;
- retroalimentação, realimentação ou *feedback* do sistema.

Apesar de algumas diferenças, as considerações desses autores são similares. Na Figura 1.2 apresentamos o esquema de um sistema, baseado em Oliveira. Passamos, também, a definir um pouco mais detalhadamente os componentes do sistema.

---

[11] CHURCHMAN, C. West. *Introdução à teoria dos sistemas*. 2. ed. Petrópolis: Vozes, 1972. p. 51.
[12] Op. cit., p. 32.

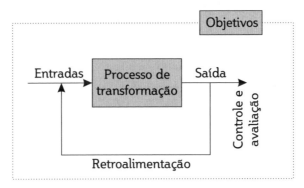

Figura 1.2 Componentes (elementos) de um sistema.

OBJETIVOS TOTAIS DO SISTEMA

São o ponto mais importante de um sistema. São o que queremos que o sistema nos faça. Estão relacionados diretamente com nossa responsabilidade ou missão dentro da organização. Segundo Riccio,[13] são o que queremos que o sistema nos permita cumprir ou fazer em relação ao recurso que nos compete administrar.

Conforme Oliveira,[14] o objetivo é a própria razão da existência do sistema, ou seja, é a finalidade para a qual o sistema foi criado.

Toda a construção de um sistema parte da definição clara de seu objetivo ou objetivos.

MEDIDAS DE RENDIMENTO DO SISTEMA

Conforme Churchman,[15] são necessárias algumas medidas precisas e específicas de rendimento do sistema global. A medida do rendimento é uma contagem de pontos, por assim dizer, que nos indica até que ponto o sistema está funcionando bem. O propósito é medir o rendimento real do sistema, ver se ele está atendendo, e como, aos objetivos do sistema.

AMBIENTE DO SISTEMA

Conforme Oliveira,[16] "pode-se definir ambiente de um sistema como o conjunto de elementos que não pertencem ao sistema, mas:

- qualquer alteração no sistema pode mudar ou alterar os elementos; e
- qualquer alteração nos elementos pode mudar ou alterar o sistema".

O ambiente do sistema está relacionado com os *limites* do sistema. Em outras palavras, são os elementos que se situam fora do sistema. A importância do ambiente está em que os fatores que o compõem têm interação e, consequentemente, influência sobre o sistema.

---

[13] RICCIO, Edson Luiz. *Uma contribuição ao estudo da contabilidade como sistema de informação*. Tese (Doutorado) – Faculdade de Economia, Administração e Contabilidade da Universidade de São Paulo. São Paulo: USP, 1989. p. 15.
[14] Op. cit., p. 31.
[15] Op. cit., p. 53.
[16] Op. cit., p. 33.

Riccio[17] propõe uma apresentação muito interessante em relação ao ambiente e aos limites de um sistema. Com base nos conceitos de Limite Inicial (LI), Limite Final (LF), Objetivos do Sistema (OB), ele mostra, por meio de uma figura triangular (Figura 1.3), o processo de ampliação dos limites de um sistema, pelo conceito de ampliação dos objetivos, fazendo com que o sistema possa ter amplitude cada vez maior, até chegar a uma amplitude máxima, que seria atender ao objetivo do ambiente inteiro de um sistema.

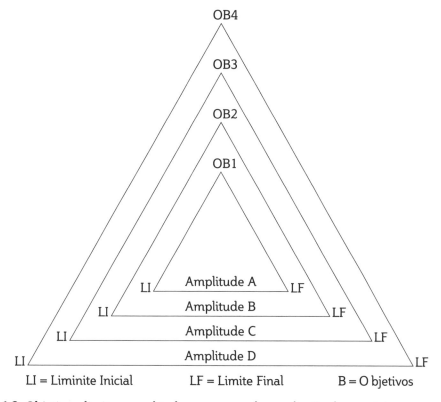

Figura 1.3 Objetivos, limites, amplitude e processo de ampliação de um sistema.

A título de exemplificação, supõe-se que o sistema tenha inicialmente o objetivo 1 (OB1) e, portanto, este objetivo determina seu limite inicial e limite final, conseguindo a Amplitude A. À medida que o objetivo final do sistema se expande (e qualquer sistema pode ter um processo de expansão, com objetivos propostos cada vez maiores), os LI e LF crescem, ampliando o sistema, determinando uma amplitude maior. Assim, o OB2 determina uma amplitude maior, a Amplitude B. Se houver possibilidade de expansão de objetivos, o sistema pode conseguir o OB3, que, aumentando o LI e LF, chegará a Amplitude C. Se o objetivo ampliar-se ainda mais, chegando ao OB4, os LI e LF se expandem, obtendo uma amplitude ainda maior, a Amplitude D, e assim sucessivamente, até, em nível teórico, a amplitude máxima atingida pelo sistema abranger a totalidade do ambiente anteriormente limitante do sistema inicial.

---

[17] Op. cit., p. 21.

OS RECURSOS DO SISTEMA

São o conjunto de tudo o que está ou entra no Sistema para ser utilizado durante o processo de transformação. São as entradas do sistema. Compreendem recursos físicos, humanos, materiais, energia, tempo, serviços, equipamentos, tecnologia etc.

PROCESSO DE TRANSFORMAÇÃO OU COMPONENTES DO SISTEMA

De acordo com Oliveira,[18] o processo de transformação do sistema pode ser definido como a função ou as funções, que possibilitam a transformação dos insumos (entradas, recursos) em um produto ou serviço final (as saídas do sistema). Esse processador é a maneira pela qual os elementos componentes interagem no sentido de produzir as saídas desejadas.

Conforme Bio,[19] um sistema pode compor-se, sucessivamente, de subsistemas (também conjunto de partes interdependentes) que se relacionam entre si, compondo o sistema maior. Os subsistemas têm seus objetivos específicos, todos eles correlacionados para o objetivo final do sistema.

SAÍDAS DO SISTEMA

Correspondem ao resultado dos processos de transformação. São o fruto do objetivo do sistema, aquilo que se quer que ele faça. As saídas devem ser, portanto, coerentes com os objetivos do sistema. Conforme já colocamos nos objetivos dos sistemas, estes devem ter medidas de rendimento. Assim, dentro do processo de controle e avaliação, as saídas devem ser quantificáveis, de acordo com os parâmetros previamente estabelecidos.

CONTROLE, AVALIAÇÃO E RETROALIMENTAÇÃO

Conforme Oliveira,[20] os controles e avaliações do sistema são necessários para verificar se as saídas estão coerentes com os objetivos estabelecidos. O controle e a avaliação partem do processo de estabelecer as medidas de rendimento do sistema.

A retroalimentação, ou *feedback*, pode ser considerada como a reintrodução de uma saída sob a forma de informação. É um processo de comunicação que reage a cada entrada de informação, incorporando o resultado da "ação resposta" desencadeada por meio de nova informação, a qual afetará seu comportamento subsequente, e assim sucessivamente.

ADMINISTRAÇÃO DO SISTEMA

Conforme Churchman,[21] a administração de um sistema trata da criação de planos para o sistema, isto é, da consideração de todas as coisas que o afetam, como as finalidades, o ambiente, a utilização de recursos e os componentes. A administração determina as finalidades dos componentes, procede à alocação de recursos e controla o rendimento do sistema.

---

[18] Op. cit., p. 31.
[19] Op. cit., p. 18.
[20] Op. cit., p. 32.
[21] Op. cit., p. 69.

1.5 ENFOQUE SISTÊMICO OU VISÃO SISTÊMICA

O enfoque sistêmico ou visão sistêmica é uma postura mental de ver as coisas partindo-se de uma visão holística, de conjunto ou totalidade. Ou seja, é ver as coisas partindo do todo, e não partindo das partes para depois se chegar ao todo. É óbvio que as partes ou subsistemas devem ser vistos com seus objetivos e suas interações, porém o mais importante sempre é a visão da totalidade, e esta visão parte de identificar os objetivos finais de um sistema.

Conforme Churchman,[22] "os sistemas são constituídos de conjuntos de componentes que atuam juntos na execução do objetivo global do todo. O enfoque sistêmico é simplesmente um modo de pensar a respeito desses sistemas e seus componentes".

Em relação à empresa, assim se expressa Bio:[23] "Os conceitos de sistemas proporcionam uma série de raciocínios que leva à compreensão da *complexidade* da empresa moderna como *um todo*.... A ênfase em continuar os resultados da análise em *um todo* é que mudou radicalmente; e essa característica torna interessantes e úteis os conceitos de sistemas."

---

[22] Idem, p. 27.
[23] Op. cit., p. 17.

2

Empresa como Sistema e seus Subsistemas

2.1 EMPRESA COMO UM SISTEMA ABERTO

As organizações empresariais interagem com o ambiente e a sociedade de maneira completa. A empresa é um sistema em que há recursos introduzidos, que são processados, e há a saída de produtos ou serviços. Uma empresa é considerada um sistema aberto em razão de sua interação com a sociedade e o ambiente onde ela atua. Essa interação com a sociedade provoca influência nas pessoas, aumento nos padrões de vida e o desenvolvimento da sociedade.

Assim, podemos dizer que toda empresa tem uma missão em relação à sociedade e que a *missão das empresas corresponde aos seus objetivos permanentes, que consistem em otimizar a satisfação das necessidades humanas.*

Conforme Bio,[1] "os sistemas abertos envolvem a ideia de que determinados *inputs* são introduzidos no sistema e, processados, geram certos *outputs*. Com efeito, a empresa vale-se de recursos materiais, humanos e tecnológicos, de cujo processamento resultam bens ou serviços a serem fornecidos ao mercado".

Essa visão da empresa como um sistema aberto, conforme mostra a Figura 2.1, ressalta as diversificadas e enormes pressões a que o ambiente submete a empresa.

Catelli[2] classifica as pressões ambientais de que fala Bio de "ambiente remoto ou Ecossistema" que também denomina de *variáveis*, e ambiente próximo, que denomina de *entidades*.

A seguir, apresentamos uma representação esquemática da empresa como sistema aberto, baseada em Bio e na visão de Catelli.

---

[1] BIO, Sérgio Rodrigues. *Sistemas de informação*: um enfoque gerencial. São Paulo: Atlas, 1985. p. 19.
[2] CATELLI, Armando. *Palestra sobre gestão econômica empresarial – Gecon*. FEA/USP, set. 1991.

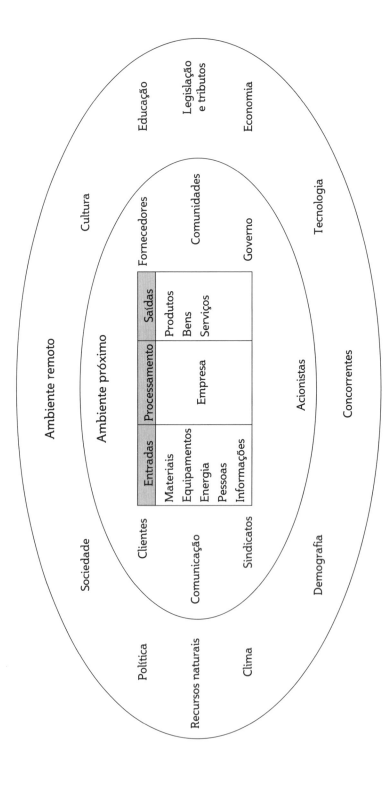

Figura 2.1 Empresa como um sistema aberto.

2.2 AMBIENTE DO SISTEMA EMPRESA E PLANEJAMENTO ESTRATÉGICO

A visão da empresa como um sistema aberto, interagindo de forma profunda com o meio ambiente, é vital para a etapa inicial do processo de gestão denominada *planejamento estratégico*. O *planejamento estratégico* é a etapa do processo de gestão que define políticas, diretrizes e objetivos estratégicos e tem como produto final o equilíbrio dinâmico das interações da empresa com suas variáveis ambientais.

O fato de a empresa captar recursos no ambiente, processá-los, e devolver ao ambiente em que está inserida (suas saídas, por meio de seus produtos e serviços), faz com que a primeira análise para o cumprimento dos objetivos do sistema empresa se situe numa análise profunda do ambiente em que a empresa se insere.

Esta análise externa (do ambiente) é traduzida, normalmente, em ameaças e oportunidades para a empresa, que por sua vez devem ser ligadas aos pontos levantados pela análise de seu ambiente interno, onde são detectados os pontos fortes e fracos do sistema empresarial.

Em resumo, o planejamento estratégico baseia-se na análise do comportamento das variáveis ambientais, internas e externas, tendo como grande referencial:

> *Análise Externa:* ameaças e oportunidades.
> *Análise Interna:* pontos fortes e pontos fracos da empresa.

2.3 EFICÁCIA E EFICIÊNCIA: LUCRO COMO MEDIDA DE EFICÁCIA DO SISTEMA EMPRESA

Como a empresa deve procurar o desenvolvimento da sociedade, ela deve devolver produtos ou serviços (as saídas do sistema) com valor superior aos dos recursos introjetados para processamento (as entradas do sistema), uma vez que os recursos consumidos exaurem o meio ambiente. Ackoff[3] diz: "A riqueza produzida por uma corporação é a diferença entre os consumos que ela faz possível consumir e sua própria consumação."

Dessa forma, a eficiência empresarial é componente de sua missão. Podemos definir eficiência como a relação existente entre o resultado obtido e os recursos consumidos para conseguir esse resultado. Citam Horngren, Foster e Datar:[4] "Eficiência: a importância de entrada usada para atingir um dado nível de saída." Assim, podemos entender a afirmação de Ackoff como uma visão da eficiência da empresa. Consideramos importante esta questão, porque não há mais dúvidas de que a sociedade exige de todos que dela participam, e disso as empresas não estão excluídas, um comportamento compatível com a utilização dos recursos naturais existentes, sob pena de deterioração do ambiente e prejuízo ao futuro da sobrevivência da sociedade.

---

[3] ACKOFF, Russel L. *Creating the corporate future*. New York: John Wiley & Sons, 1981. p. 32.
[4] HORNGREN, FOSTER, DATAR. *Cost accounting*: a managerial emphasis. 8. ed. Englewood Cliffs: Prentice Hall, 1994. p. 237.

A visão clássica dos elementos de um sistema, como já vimos, é apresentada na Figura 2.2.

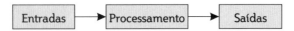

Figura 2.2 Elementos dos sistemas.

A definição de eficiência pode ser evidenciada, também, conforme a Figura 2.3.

$$\frac{\text{Entradas}}{\text{Saídas}} = \text{Eficiência}$$

Figura 2.3 Representação da eficiência.

Sendo a empresa entidade que processa recursos e entrega produtos, bens ou serviços à sociedade, dentro do enfoque sistêmico a empresa é alocada no elemento *processamento*. A eficiência é definida também como uma relação entre recursos e saídas, que no enfoque sistêmico são relacionados pelo elemento *processamento*. Com relação a eficácia, ela se relaciona com o objetivo do sistema. Portanto, podemos fundir essas representações numa só, adicionando ao elemento sistêmico *processamento* a empresa, a eficiência e a eficácia, como na Figura 2.4.

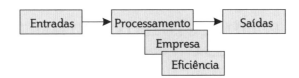

Figura 2.4 Empresa como um sistema aberto e com a missão da eficiência.

Não podemos, aqui, deixar de retomar a questão da eficácia e da eficiência. Uma das premissas de nosso trabalho é que o *lucro é a melhor medida da eficácia empresarial* e que a empresa, como investimento, deve apresentar lucro para seus proprietários e para a própria comunidade. Também conforme Horngren, Foster e Datar:[5] "eficácia: o grau de que um predeterminado objetivo ou meta é atingido".

Em resumo: eficácia ocorre quando os objetivos preestabelecidos são atingidos como resultado da atividade ou do esforço; eficiência é a relação existente entre o resultado obtido e os recursos consumidos para conseguir esse resultado.

Na visão sistêmica apresentada, podemos dizer que, para ser eficaz, é imprescindível que a empresa tenha eficiência na utilização de seus recursos. Em outras palavras, seria difícil para uma empresa atingir seus objetivos de forma totalmente ineficiente. Salientamos, também, que de modo geral a eficiência está ligada a todos os consumos específicos de recursos, ou

---

[5] Idem, p. 237.

seja, o processo da ação eficiente permeia todas as atividades da empresa e todas as transações. Busca-se eficiência em cada transação unitária da miríade de transações que uma empresa necessita para atingir seus resultados, quais sejam, produzir produtos, bens ou serviços.

Já a eficácia reveste-se de caráter mais abrangente, global, de atuação em maior amplitude. A eficácia é obtida com uma gestão do todo, organizando as partes do sistema empresa. A eficácia está ligada ao *componente objetivo* de um sistema. No capítulo anterior, vimos que o ponto mais importante para o desenvolvimento do sistema está em estabelecer seus objetivos, aquilo que se quer com o sistema. Desta maneira, *a busca da eficácia dentro de uma empresa consiste em que ela está permanentemente buscando atingir seus objetivos, pelo uso eficiente de seus recursos.*

Podemos dizer que maior grau de eficácia ocorrerá quanto maior a administração de as inúmeras possibilidades de ocorrências de eficiência acontecerem, e que essas ocorrências de eficiência sejam as mais produtivas possíveis. Dessa forma, os dois conceitos, eficácia e eficiência, unem-se na visão sistêmica da empresa; a eficiência representante do elemento processamento do sistema, e a eficácia representando o atingimento dos objetivos do sistema (Figura 2.5).

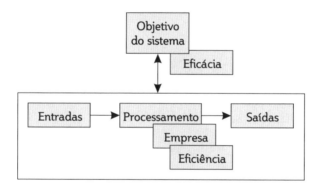

Figura 2.5 Empresa como sistema e a missão da eficiência e da eficácia.

2.4 VISÃO SISTÊMICA DA EMPRESA

Podemos dizer que todo sistema é composto de partes, quais sejam, seus subsistemas. O sistema empresa é um dos sistemas mais complexos e sua divisão em subsistemas pode ser enfocada de várias maneiras. Adotaremos em nosso trabalho o enfoque de Catelli[6] e Guerreiro,[7] que dividem o sistema empresa em seis subsistemas, quais sejam:

- Subsistema institucional
- Subsistema de gestão
- Subsistema formal

---

[6] Op. cit.
[7] GUERREIRO, Reinaldo. *Modelo conceitual de sistema de informação de gestão econômica*: uma contribuição à teoria da comunicação da contabilidade. 1989. Tese (Doutorado) – Faculdade de Economia, Administração e Contabilidade, Universidade de São Paulo, São Paulo. p. 165.

- Subsistema de informação
- Subsistema social
- Subsistema físico-operacional

Apresentamos na Figura 2.6 uma representação esquemática da empresa e seus subsistemas, extraída de Guerreiro.[8]

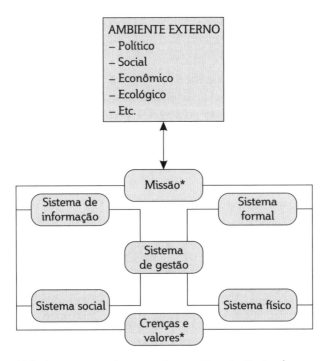

* Missão, crenças e valores compõem o sistema institucional.

Figura 2.6 Subsistemas empresariais.

2.5 SISTEMA INSTITUCIONAL

O subsistema institucional é a matriz dos demais subsistemas da empresa e compreende a definição da missão da empresa e as convicções de seus empreendedores, traduzidos de suas crenças e valores. Como esclarece Guerreiro,[9] "uma empresa decorre da necessidade e/ou desejo de alguém que tem expectativas a serem atingidas e que por isso se dispõe a investir num empreendimento, o seu patrimônio, não só o econômico, mas também o patrimônio moral. São empresários, acionistas, sócios, enfim, empreendedores motivados por um conjunto de crenças, valores, convicções, e expectativas individuais". Continuando com Guerreiro, "as crenças, valores e expectativas dos empresários são convertidos em diretrizes que irão orientar todos os demais componentes do sistema empresa para os resultados desejados".

---

[8] Idem, p. 166.
[9] Idem, p. 167.

Da missão, crenças e valores a empresa define seu modelo de gestão. Também conforme Guerreiro,[10] "a gestão se caracteriza pela atuação em nível interno da empresa no sentido de otimizar as relações recursos-operação-produtos/serviços, considerando nesse esforço o comportamento das variáveis dos ambientes externo e interno que impactam a empresa e os atributos dos recursos possuídos".

Podemos definir modelo de gestão como um conjunto de ideias, valores e crenças da administração que orienta e determina o processo administrativo da entidade.

Assim, a empresa tem que definir um modelo de administração, com o objetivo de que todos os envolvidos em seu ambiente interno atuem sob as mesmas linhas de pensamento e o efeito sinérgico da interação das partes (de todos os subsistemas) possa *adicionar valor à empresa*. Nesse sentido, convém enfatizar que a visão da empresa como um sistema eficiente/eficaz tem como objetivo final o maior valor da empresa, por meio da geração do lucro.

Conforme Guerreiro,[11] "o Modelo de Gestão é caracterizado como um subsistema do Sistema Institucional, correspondendo a um conjunto de princípios a serem observados que assegurem:

- a redução do risco do empreendimento no cumprimento da missão e a garantia de que a empresa estará sempre buscando o melhor em todos os sentidos;
- o estabelecimento de uma estrutura de operação adequada que possibilite o suporte requerido às suas atividades;
- a orientação geral dos esforços através de um estilo e 'filosofia' de trabalho que criem atitudes construtivas;
- a adoção de um clima motivador e o engajamento de todos, principalmente dos gestores, em torno dos objetivos da empresa e das suas atividades;
- a aferição se a empresa está cumprindo sua missão ou não, se foi feito o que deveria ter sido em termos de produtos, recursos e esforços, e se, o que não foi, está sendo corrigido ou aperfeiçoado;
- o conhecimento do comportamento das variáveis relativas aos ambientes externo e interno e suas tendências, do resultado da avaliação de planos alternativos de ação e das transações/eventos ocorridos em cada período e de onde e no que 'as coisas' não ocorreram satisfatoriamente".

2.6 SUBSISTEMA DE GESTÃO

É no subsistema de gestão que as decisões são tomadas. O subsistema de gestão só pode ser especificado após a definição maior do modelo de gestão. Nele se encontram o processo de gestão e as atividades de planejamento, execução e controle. É intimamente ligado ao subsistema de informação. Guerreiro[12] enfatiza: "A condição básica para o desenvolvimento

---

[10] Idem, p. 229.
[11] Idem, p. 230.
[12] Idem, p. 173.

adequado do processo de planejamento, execução e controle das atividades é o conhecimento da realidade, obtido através das informações geradas pelo subsistema de informação."

O subsistema de gestão compreende um conjunto de procedimentos e diretrizes, partindo do planejamento até o controle das operações, quais sejam:

- análise do ambiente externo e interno;
- elaboração do planejamento estratégico;
- elaboração das diretrizes e políticas estratégicas;
- planejamento operacional;
- elaboração do plano operacional;
- programação das operações;
- aprovação do programa operacional;
- execução das operações e transações;
- controle;
- ações corretivas.

2.7 SUBSISTEMA FORMAL

Corresponde à estrutura administrativa da empresa, de autoridades e responsabilidades. É o subsistema organizacional, onde as tarefas e atividades são agrupadas em setores, departamentos ou divisões.

Conforme Guerreiro,[13] o subsistema formal "contempla a forma pela qual a empresa agrupa as suas diversas atividades em departamentos, a definição da amplitude administrativa, o grau de descentralização desejável, a utilização das funções de assessoria, o problema de autoridade e responsabilidade, entre diversos outros aspectos".

É importante ressaltar que o subsistema formal recebe impacto substancial do subsistema de gestão, principalmente no tocante à definição das questões de responsabilidade e autoridade que, por sua vez, irão impactar o subsistema social. Contudo, grande parte da modelação do subsistema formal será decorrente do subsistema físico-operacional, que por sua vez será estruturado levando em conta os produtos ou serviços a serem produzidos, o processo de produção e a definição das atividades a serem internadas na empresa.

2.8 SUBSISTEMA SOCIAL

Compreende os indivíduos que fazem parte do sistema empresa, bem como toda a cultura, características e demais aspectos relacionados às pessoas.

Também conforme Guerreiro,[14] "diz respeito, entre outros aspectos, a:

---

[13] Idem, p. 171.
[14] Idem, p. 171.

- Necessidades dos indivíduos
- Criatividade
- Objetivos Individuais
- Motivação
- Liderança
- Treinamento etc."

2.9 SUBSISTEMA DE INFORMAÇÃO

Compreende todo o conjunto de necessidades informacionais para a gestão empresarial. Dado que o processo de comunicação requisita ininterruptamente um sem-número de informações, o subsistema social em atuação obriga a geração de inúmeros subsistemas de informações específicos, que, entendidos estruturalmente, formam o subsistema de informação.

A informação é matéria-prima para os gestores. Porém, não só os gestores são contemplados com subsistemas informacionais. Todo o processo físico-operacional requer também informações que fazem parte do subsistema informacional.

Há tanta relevância na questão da informação que normalmente são criadas atividades específicas para administração de grande parte do subsistema de informação. Como diz Guerreiro,[15] "dentre as inúmeras atividades executadas no âmbito da empresa, existem aquelas que objetivam basicamente a manipulação de informações. Elas geram essas informações através da manipulação (processamento) de dados derivados da execução das diversas atividades necessárias ao desenvolvimento das funções empresariais básicas. Essas atividades se caracterizam por três aspectos básicos: recebimento de dados, processamento e geração de informações".

Outro ponto importante é que devemos buscar um **nível ótimo de informações**. Dentro dessa premissa, um dos aspectos cruciais é que as informações são necessárias; porém, dentro da empresa, em nosso entendimento, é difícil fazer uma delimitação das necessidades informacionais, haja vista a grande interação de atividades internas e a quantidade de gestores setoriais.

Nessa linha de pensamento, a produção de informações pode gerar até a criação de atividades desnecessárias à empresa no cumprimento de sua missão. Normalmente, as atividades de controle é que tendem a exigir grande volume de informação. Questão vital, por exemplo, é: *quais são as informações necessárias para o controle?* Assim, o subsistema de informação necessita de constante vigilância, sob pena de ser até elemento redutor da eficácia empresarial.

2.10 SUBSISTEMA FÍSICO-OPERACIONAL

Compreende as instalações físicas e equipamentos do sistema empresa. É importante ressaltar que é no sistema físico-operacional que as transações são executadas e os eventos econômicos acontecem. Conforme diz Guerreiro,[16] "o subsistema físico corresponde ao 'hardware' do sistema empresa".

---

[15] Idem, p. 172.
[16] Idem, p. 170.

A estruturação do subsistema físico-operacional está fundamentalmente ligada aos produtos e serviços produzidos pela empresa. É o subsistema físico-operacional que possibilita a maior quantidade de ações para obtenção da eficiência e eficácia empresarial. Fundamentalmente, a visão sistêmica da empresa, como processadora de recursos e obtenedora de produtos e serviços, se qualifica no subsistema físico-operacional.

Apresentamos na Figura 2.7 uma representação esquemática da empresa, seu ambiente, seus subsistemas, enfocando a questão da eficiência dentro do subsistema físico-operacional.

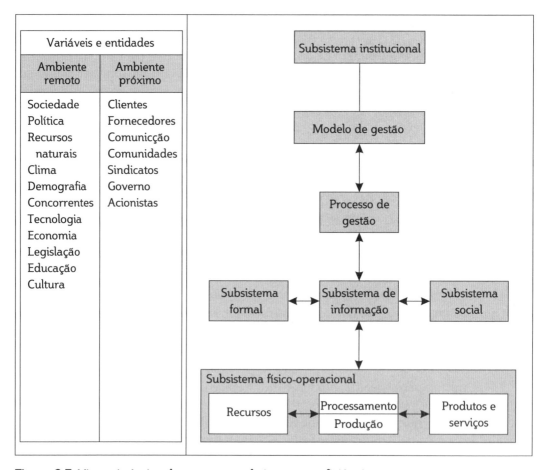

Figura 2.7 Visão sistêmica da empresa, subsistemas e eficiência.

3

Informação, Tecnologia da Informação e Sistema de Informação

3.1 INFORMAÇÃO, DADO E COMUNICAÇÃO

Informação é o dado que foi processado e armazenado de forma compreensível para seu receptor e que apresenta valor real ou percebido para suas decisões correntes ou prospectivas, conforme Davis.[1]

Dado é o registro puro, ainda não interpretado, analisado e processado.

Comunicação é o processo de transmissão de informação e de compreensão que somente se efetiva mediante uso de símbolos comuns.

Resumindo, informação é o dado processado de forma a ser entendido pelo receptor. A transferência de informação é a comunicação.

3.2 CARACTERÍSTICAS DE UMA BOA INFORMAÇÃO

Para que uma informação seja considerada boa, ela deve preencher os seguintes requisitos:

- conteúdo;
- precisão;
- atualidade;
- frequência;
- adequação à decisão;
- valor econômico;
- relevância;
- relatividade;
- exceção;
- acionabilidade;
- flexibilidade;
- motivação;
- segmentação;
- consistência;

---

[1] Apud NAKAGAWA, Masayuki. *Introdução à controladoria.* São Paulo: Atlas, 1993. p. 60.

- entendimento;
- confiabilidade;
- oportunidade;
- objetividade;
- seletividade;
- integração;
- uniformidade de critério;
- indicação de causas;
- volume;
- generalidade etc.

3.3 VALOR DA INFORMAÇÃO

O conceito de valor da informação está relacionado com:

a) a redução da incerteza no processo de tomada de decisão;
b) a relação do benefício gerado pela informação *versus* o custo de produzi-la;
c) o aumento da qualidade da decisão.

O fundamento do custo da informação faz parte dos princípios fundamentais de contabilidade, razão por que não nos alongaremos sobre esse aspecto fundamental. O sistema de informação contábil deve ser analisado na relação custo-benefício para a empresa. Segundo Oliveira,[2] "O SIG (Sistema de Informação Gerencial) deve apresentar uma situação de custo abaixo dos benefícios que proporciona à empresa."

O valor da informação reside no fato de que ela deve reduzir a incerteza na tomada de decisão, ao mesmo tempo que procura aumentar a qualidade da decisão. Ou seja, uma informação passa a ser válida quando sua utilização aumenta a qualidade decisória, diminuindo a incerteza do gestor no ato da decisão.

Sabemos também que, quanto mais informação está ao nosso dispor, maiores as chances de reduzirmos a incerteza na tomada de decisão. Porém, sabemos, também, que qualquer informação tem um custo. Assim, é possível que o volume ideal de informações para determinada tomada de decisão exija um custo muito alto para obtenção dessas informações.

Dessa forma, é necessário encontrarmos uma relação adequada: o mínimo de informação necessária para reduzir a incerteza e aumentar a qualidade da decisão, ao menor custo possível. Em outras palavras, o custo de obter as informações deve ser sempre menor do que o benefício gerado pela decisão baseado nessas informações obtidas. Esse é o verdadeiro valor da informação.

3.4 TECNOLOGIA DA INFORMAÇÃO

Tecnologia da informação é todo o conjunto tecnológico à disposição das empresas para efetivar seu subsistema de informação e suas operações. Esse arsenal tecnológico está normalmente ligado à informática e à telecomunicação, bem como a todo o desenvolvimento científico do processo de transmissão espacial de dados.

---

[2] OLIVEIRA, Djalma de Pinho Rebouças. *Sistemas, organização & métodos:* uma abordagem gerencial. 3. ed. São Paulo: Atlas, 1990. p. 48.

O conceito de Tecnologia da Informação (TI) é mais abrangente do que os de processamento de dados, sistemas de informação, engenharia de *software*, informática ou o conjunto de *hardware* e *software*, pois também envolve aspectos humanos, administrativos e organizacionais.[3] Adotamos a visão deste autor, considerada como o conceito amplo de TI, dizendo "adota-se o conceito mais amplo de tecnologia da informação, incluindo uso de *hardware* e *software*, telecomunicações, automação, recursos multimídia e demais recursos envolvidos – quer centralizados, quer descentralizados – sem deixar de considerar os sistemas de informação, serviços, negócios, usuários e as relações complexas envolvidas".

O conceito de TI – Tecnologia de Informação entende que a informação (seus sistemas, recursos etc.) deve fazer parte de uma estrutura em nível estratégico das empresas. A informação não deve limitar-se a administrar os recursos internos, mas ultrapassar as fronteiras da empresa e integrar-se sistemicamente com fornecedores, clientes etc., sendo, portanto, a *TI, fator chave de competitividade.*

Walton[4] esclarece sobre TI:

"Do modo como é utilizada nos locais de trabalho, a tecnologia da informação abrange uma gama de produtos de *hardware* e *software* que proliferam rapidamente, com a capacidade de coletar, armazenar, processar e acessar números e imagens, para o controle dos equipamentos e processos de trabalho, e para conectar pessoas, funções e escritórios, tanto dentro quanto entre as organizações.

Na fábrica, a TI engloba os instrumentos de manufatura (ex.: robôs, sensores e dispositivos automáticos de teste), movimentação de materiais (sistemas de armazenamento e busca automática), desenho (desenho, engenharia e planejamento de processos assistidos por computador), planejamento e controle (planejamento das necessidades e recursos de manufatura) e gestão (sistemas de suporte a decisão). As implementações de TI vão desde as ilhas de automação ou outras tecnologias isoladas, até os sistemas integrados de manufatura, que interligam as atividades de desenho, manufatura, movimentação de materiais e planejamento e controle."

A TI de escritório inclui o processamento de textos, arquivamento automático, sistemas de processamento de transações, conferência eletrônica, correio e quadro eletrônicos, videoteleconferência, programas de pesquisa em banco de dados, planilhas eletrônicas, sistemas de suporte para decisões e sistemas especialistas. Esta lista é mais representativa que exaustiva, e pretende fornecer uma ideia da diversidade da TI nas organizações.

3.5 TECNOLOGIA DA INFORMAÇÃO E ECONOMIA DIGITAL

Alguns pesquisadores têm colocado como referência para o desenvolvimento científico nos próximos anos, voltado para a comunicação e a informação, o conceito de economia digital.

O conceito do "mundo" digital e da economia digital está lastreado nos grandes avanços já acontecidos da mudança da base analógica para comunicação de informação, para a base digital.

---

[3] LAURINDO, Fernando José Barbin. *Tecnologia da informação*. São Paulo: Futura, 2002. p. 19-20.
[4] WALTON, Richard E. *Tecnologia de informação*. São Paulo: Atlas, 1994. p. 23.

A base analógica trabalha em transmitir sinais envolvendo lógica, números e o alfabeto. Precisa de meios de transmissão de sinais com maior complexidade tecnológica.

Com a revolução digital, sons, imagens e informações são recodificados na base digital binária, processados e reprocessados em termos unicamente digitais.

O fundamento da economia digital é a base binária, que deu origem ao primeiro computador. A base binária trabalha com a codificação de números utilizando apenas o número **1** e o número **0**. Todas as informações, imagens e sons, são recodificados em termos de 1.0, ou 0.1, e em todas suas combinações possíveis, tipo 101, 001, 111, 000, 10010 etc.

Em linhas gerais, o meio transmissor pega a informação, o som ou a imagem e recodifica digitalmente na base binária. Feito isso, o dado (informação, som ou imagem) é transmitido por meio de um sistema de comunicação. Ao final da transmissão, o meio receptor recodifica os dados digitais binários, e retransforma-os na informação original, reproduzindo, então, a informação, o som ou a imagem similarmente ao original enviado.

3.6 HISTÓRICO DO DESENVOLVIMENTO DA TECNOLOGIA DA INFORMAÇÃO E A QUARTA REVOLUÇÃO INDUSTRIAL

A Figura 3.1 mostra a evolução da Tecnologia da Informação, considerando as vertentes de informática e telecomunicações ao longo do último século, partindo do surgimento do computador e do telefone.[5] Essa figura corrobora a noção de que a tecnologia da informação é mais abrangente do que sistemas de informação, processamento de dados e informática.

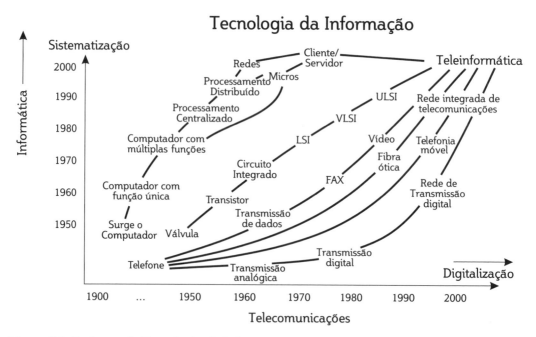

Figura 3.1 Evolução da Tecnologia da Informação.

---

[5] Extraída de GALEGALE, Napoleão V. *A tecnologia da informação e a contabilidade gerencial*. Teleconferência, CRC-SP, abr. 2003.

O extraordinário avanço da tecnologia da informação nos últimos anos, com um grau enorme de abrangência de sua utilização em praticamente todos os segmentos de atividades da sociedade, permitiu que os estudiosos caracterizassem o atual momento tecnológico como a "*quarta revolução industrial*".[6] As quatro revoluções são as seguintes:

PRIMEIRA REVOLUÇÃO

Inovações: máquina a vapor e mecanização inicial da indústria têxtil.

Ano referencial: 1777.

SEGUNDA REVOLUÇÃO

Inovações: exploração de petróleo, desenvolvimento da energia elétrica.

Ano referencial: 1850.

TERCEIRA REVOLUÇÃO

Inovações: automação de processos, primeiros robôs e uso de computadores.

Ano referencial: a partir de 1970.

QUARTA REVOLUÇÃO

Inovações: simulações virtuais, inteligência artificial, realidade aumentada, impressão 3D.

Ano referencial: a partir de 2010.

As principais e atuais tecnologias da quarta revolução industrial são as seguintes:

BIG DATA

Análise de um grande volume de dados gerados por sensores para a descoberta de padrões que podem ser usados, por exemplo, para prevenir falhas.

INTELIGÊNCIA ARTIFICIAL

Automatização de decisões e criação de uma leva de robôs cooperativos.

INTERNET DAS COISAS

Ligação em rede de máquinas e aparelhos, permitindo a troca de informações entre eles.

REALIDADE MISTA

Usada com óculos especiais ou *smartphones* para visão raios X de máquinas, facilita a manutenção.

IMPRESSAO 3D

Impressão de peças e objetos com plástico e outros materiais. Possibilita economia de materiais e agilidade na produção.

---

[6] Extraído e adaptado da revista *EXAME*, p. 59-67, de 30/05/2018.

SIMULAÇÃO VIRTUAL

Conhecida também como gêmeo digital, a simulação em computador usa dados reais para a criação de cenários e melhorias de processos.

É impossível prever, hoje, quais os avanços que teremos dentro desta quarta revolução industrial, tal o poderio do atual estágio da tecnologia da informação. Contudo, como o avanço tecnológico sempre foi benéfico para a humanidade, as inovações sempre serão importantes para a sociedade.

3.7 TECNOLOGIA DA INFORMAÇÃO E SUA INTERAÇÃO NA ORGANIZAÇÃO

Walton[7] entende que a estruturação da informação e os sistemas de informações são tão importantes que a TI é fator determinante na competitividade da companhia, já que, além de sua utilização como elemento-chave na administração dos recursos, a política de TI equipara-se, em nível estratégico, com o papel da definição dos negócios e da própria organização. O autor coloca a TI no que ele denomina de *"triângulo estratégico"*. O triângulo estratégico é composto por: *estratégia de negócios, estratégia da organização* e *estratégia de TI*. Na visão de Walton, cada uma das estratégias influem nas demais, de forma inter-relacionada.

Figura 3.2 O triângulo estratégico.

Na concepção de Walton, a Tecnologia da Informação é uma das vertentes do que ele chama Triângulo Estratégico, tal a importância que este autor dá a esta tecnologia. Assim, a estratégia adotada de TI deverá influenciar a estratégia a ser adotada para definir a organização, bem como afetará a estratégia a ser adotada para os negócios da empresa. Como são componentes que se inter-relacionam, a estratégia de negócios poderá influenciar decisivamente na decisão da estratégia de TI e da organização. Identicamente, uma decisão de organização será fundamental para a implementação de estratégia de TI e de negócios.

---

[7] Idem, p. 60.

3.8 SISTEMA DE INFORMAÇÃO

Conforme Gil,[8] "Sistemas de Informação compreendem um conjunto de recursos humanos, materiais, tecnológicos e financeiros agregados segundo uma sequência lógica para o processamento dos dados e a correspondente tradução em informações."

Conforme Wash e Roberts,[9]

"Sistema de Informação é uma combinação de pessoas, facilidades, tecnologias, mídias, procedimentos e controles, com os quais se pretende manter canais de comunicações relevantes, processar transações rotineiras, chamar a atenção dos gerentes e outras pessoas para eventos internos e externos significativos e assegurar bases para a tomada de decisões inteligentes."

Em resumo, podemos definir *sistema de informação* como um conjunto de recursos humanos, materiais, tecnológicos e financeiros agregados segundo uma sequência lógica para o processamento dos dados e tradução em informações, para, com seu produto, permitir às organizações o cumprimento de seus objetivos principais.

3.9 ELEMENTOS DE UM SISTEMA DE INFORMAÇÃO

Dentro da Teoria Geral dos Sistemas, o sistema de informação tem seus componentes de forma similar. Desta maneira, os elementos de um sistema de informação são:

- objetivos totais do sistema;
- ambiente do sistema;
- recursos do sistema;
- componentes do sistema;
- administração do sistema;
- saídas do sistema.

3.10 SISTEMA DE INFORMAÇÃO CONTÁBIL

A ciência contábil traduz-se naturalmente dentro de um sistema de informação. Poderá ser arguido que fazer um sistema de informação contábil com a ciência da contabilidade é um vício de linguagem, já que a própria contabilidade nasceu sob a arquitetura de sistema informacional.

Desta maneira, o sistema de informação contábil é o grande sistema de informação dentro da empresa. Nos Capítulos 11 e 12, abordaremos especificamente a contabilidade e seu sistema.

---

[8] GIL, Antonio de Loureiro. *Sistemas de informações contábil/financeiros*. São Paulo: Atlas, 1992. p. 14.
[9] Apud NAKAGAWA, Masayuki. Op. cit., p. 63.

3.11 DIVULGAÇÃO DE INFORMAÇÕES EMPRESARIAIS (XBRL)[10]

A intensificação do processo de globalização da economia tem sido o fenômeno responsável pela necessidade de harmonização e padronização de diversos conceitos, princípios e práticas em todas as áreas do conhecimento. No âmbito das práticas de contabilidade, já está havendo a convergência das práticas mais utilizadas no mundo, que são as práticas contábeis norte-americanas, genericamente denominadas Princípios Contábeis Geralmente Aceito nos Estados Unidos (US GAAP), expressas pelos pronunciamentos FASB – Financial Accounting Standards Board, e as práticas utilizadas basicamente pelos países europeus, denominadas Normas Internacionais de Contabilidade, expressas pelo International Financial Reporting Standards (IFRS).

Outro processo de padronização é a necessidade de se estabelecerem critérios e instrumentos que permitam a regulamentação e a existência de um adequado fluxo de informações empresariais entre empresas e a sociedade. As informações empresariais do tipo contábil-financeiro representam o subconjunto que tem sido mais fortemente submetido a um processo de padronização em nível internacional.

O Extensible Business Reporting Language (XBRL) é resultado deste fenômeno de padronização para transferência de informações empresariais e contábeis. Toma por base a tecnologia Internet, e utilizando as tecnologias Extended Mark up Language (XML), banco de dados, redes, entre outras, torna-se a opção ideal para a construção de taxonomia que consegue expressar, adequadamente, tanto do ponto de vista semântico quanto tecnológico, os dados e informações contábil-financeiros de qualquer tipo de instituição, seja pública ou privada.

Com sua flexibilidade, permite que os mesmos padrões contábeis na divulgação de informações empresariais sejam seguidos por todos os países e em sua própria língua, e, ao mesmo tempo, estabelece uma relação de correspondência entre as taxonomias nacionais, de tal maneira que os dados de uma empresa em um país possam ser convertidos diretamente na taxonomia de um outro país sem qualquer perda de significado.

A linguagem XBRL reúne várias tecnologias afins para que profissionais ligados a área de Tecnologia de Informação e Finanças possam construir um vocabulário de termos financeiros próprio para o intercâmbio de informações financeiras na Internet. Esta linguagem deverá ser o padrão universal para o intercâmbio de informações financeiras entre organizações, governo, investidores etc.

A Figura 3.3 (SILVA, p. 9) mostra como o processo de intercâmbio da informação financeira poderá tornar-se bastante simplificado, pois a modificação de formatos da informação original ocorre apenas uma vez para o formato XBRL, e, em seguida, a informação poderá ser reutilizada e distribuída automaticamente e de uma só vez para quaisquer formatos.

---

[10] Adaptado de Riccio, Edson Luiz et al. A divulgação de informações empresariais – XBRL, RJ, Ciência Moderna, 2005; e Silva, Paulo Caetano et al. XBRL – conceitos e aplicações, RJ, Ciência Moderna, 2006

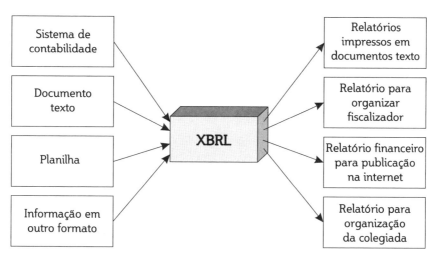

Figura 3.3 Fluxo de Informação com XBRL: reduz redirecionamento da informação e custo de transformações sucessivas de formatos.

Banco de Dados, Informações Estruturadas e Não Estruturadas

4.1 BANCO DE DADOS

Um dos conceitos mais importantes para a análise de sistemas de informações e, consequentemente, de um sistema de informação contábil, é o entendimento do conceito de banco de dados.

Conforme Bio,[1] banco de dados é um *"conjunto de arquivos estruturados, não redundantes e inter-relacionados, que proporciona uma fonte única de dados para uma variedade de aplicações"*.

O conceito de banco de dados implica no armazenamento de informações de forma estruturada para acesso variado. Nesse sentido, quando, por exemplo, da formatação do lançamento e das contas contábeis dentro de um sistema de contabilidade, será necessário ter em mente que as informações contábeis deverão ser armazenadas no sistema de informação contábil sob a forma de banco de dados. Assim, tanto os registros referentes aos lançamentos bem como os demais dados inerentes a cada fato contabilizado devem ser armazenados sob esta forma de arquivo informático.

4.2 SISTEMA DE GERENCIAMENTO DE BANCOS DE DADOS

Conforme Gil,[2] para o sistema construído sob a forma de banco de dados existem *softwares* de gerenciamento de banco de dados.

Um sistema gerenciador de banco de dados deve objetivar:

---

[1] BIO, Sérgio Rodrigues. *Sistemas de informação:* um enfoque gerencial. São Paulo: Atlas, 1985. p. 105.
[2] GIL, Antonio de Loureiro. *Sistemas de informações contábil/financeiros.* São Paulo: Atlas, 1992. p. 134-136.

a) como proteger os dados que são compartilhados;
b) como estruturar dados, facilmente, necessários ao atendimento de situações diversas;
c) como minimizar os impactos negativos (prazos excessivos, erros) nas mudanças dos sistemas aplicativos;
d) como evitar erros e falhas em bases de dados;
e) como atender a essas questões com qualidade e segurança operacional.

O banco de dados deve objetivar:

a) integridade dos dados;
b) rapidez e flexibilidade no acesso de informações;
c) independência entre dados e programas;
d) sigilo e segurança de dados;
e) padronização de dados.

4.3 BANCO DE DADOS E SISTEMA DE INFORMAÇÃO CONTÁBIL

Tendo em vista o conceito de banco de dados e o grande avanço da tecnologia da informação, podemos, hoje, imaginar três possibilidades básicas de um banco de dados para o sistema de informação contábil:

a) um banco de dados específico para o sistema de informação contábil, em que os dados advindos de outros sistemas interfaceados sejam recolocados no sistema de contabilidade;
b) um banco de dados específico de informações contábeis não encontradas em outros sistemas operacionais, sendo que as informações necessárias aos subsistemas contábeis, constantes de outros sistemas de informações, sejam capturadas somente no momento de sua utilização;
c) a contabilidade sem banco de dados específicos, só utilizando o banco de dados geral da empresa.

Sabemos que as duas últimas possibilidades são de difícil execução, e normalmente o sistema de informação contábil tende a ter um banco de dados específicos, mesmo que parte seja retrabalhada de outros sistemas de informação.

O principal motivo disso é a questão da atribuição de valor aos eventos econômicos (fatos contábeis). Dentro da contabilidade legal e fiscal, todos os fatos que alteram o patrimônio da entidade devem ser mensurados em moeda corrente do país e assim acumulados e armazenados. Nesse sentido, pode ser complexa a utilização de bancos de dados gerais que contenham dentro de si todos os atributos necessários para a informação contábil.

4.4 INFORMAÇÕES ESTRUTURADAS E NÃO ESTRUTURADAS

Dentro do conceito de banco de dados e de armazenamento e utilização das informações, é importante uma classificação dos tipos de informações que existem, e o sistema de informação que as gerenciará, para o melhor desempenho desses sistemas de informações. Classificamos as informações em estruturadas e não estruturadas.

INFORMAÇÕES ESTRUTURADAS

Conforme Gil,[3] informações estruturadas "são aquelas sobre as quais a organização tem mais domínio; são as que retratam e representam a base de sua operacionalização".

INFORMAÇÕES NÃO ESTRUTURADAS

Também conforme Gil,[4] informações não estruturadas "são necessárias ao exercício de situar a organização no segmento econômico a que pertence e de projetar um perfil de seu comportamento esperado".

4.5 PLANEJAMENTO E CONTROLE DAS INFORMAÇÕES, CICLO ADMINISTRATIVO E NÍVEL EMPRESARIAL

O sistema de informação gerencial exige um planejamento para produção dos relatórios, para atender plenamente aos usuários. É necessário saber o conhecimento contábil de todos os usuários, e construir relatórios com enfoques diferentes para os diferentes níveis de usuários. Dessa forma, será possível efetuar o controle posterior. Só pode ser controlado aquilo que é aceito e entendido. Além disso, conforme Oliveira,[5] "se o sistema de informações gerenciais (SIG) não for atualizado periodicamente, pode ficar numa situação de descrédito perante os seus usuários".

Conforme Gil,[6] o sistema de informação contábil deve produzir informações que possam atender aos seguintes aspectos:

I – Níveis empresariais:
- estratégico;
- tático;
- operacional.

II – Ciclo administrativo:
- planejamento;
- execução;
- controle.

III – Nível de estruturação da informação:
- estruturada;

---

[3] Idem, p. 45.
[4] Idem, p. 45.
[5] OLIVEIRA, Djalma de Pinho Rebouças de. *Sistemas, organização & métodos*: uma abordagem gerencial. 3. ed. São Paulo: Atlas, 1990. p. 48.
[6] Op. cit., p. 35-47.

- semiestruturada;
- não estruturada.

Há ligação entre esses aspectos no sistema de informação contábil. Observe o Quadro 4.1.

Quadro 4.1 Tipo de informação e processo de gestão.

Nível Empresarial	Ciclo Administrativo	Nível de Estruturação da Informação
Operacional	Execução	Estruturada
Operacional	Controle	Estruturada
Tático	Controle	Estruturada
Tático	Planejamento	Semiestruturada
Estratégico	Planejamento	Semiestruturada
Estratégico	Planejamento	Não Estruturada

O sistema de informação contábil tende a atender em primazia aspectos operacionais e táticos, primordialmente com informações estruturadas e algumas informações semiestruturadas.

4.6 SEGURANÇA DA INFORMAÇÃO E CERTIFICAÇÃO-ISO 27001/27002[7]

ISO/IEC 27001 é um padrão para sistema de gestão da **segurança da informação** (**ISMS** – *Information Security Management System*) publicado em outubro de 2005 pelo **International Organization for Standardization** e pela **International Electrotechnical Commision**. Seu nome completo é *ISO/IEC 27001:2005 – Tecnologia da informação – técnicas de segurança – sistemas de gerência da segurança da informação – requisitos*, mais conhecido como ISO 27001.

Esta norma foi elaborada para prover um modelo para estabelecer, implementar, operar, monitorar, analisar criticamente, manter e melhorar um Sistema de Gestão de Segurança da Informação (SGSI). A adoção de um SGSI deve ser uma decisão estratégica para uma organização. A especificação e a implementação do SGSI de uma organização são influenciadas pelas suas necessidades e objetivos, exigências de segurança, os processos empregados e o tamanho e a estrutura da organização.

Esse padrão é o primeiro da família de segurança da informação relacionado aos padrões ISO que se espera sejam agrupados à série 27000. Outros foram incluídos antecipadamente:

- **ISO 27000** – Vocabulário de Gestão da Segurança da Informação (sem data de publicação);
- **ISO 27001** – Esta norma foi publicada em outubro de 2005 e substituiu a norma **BS 7799-2** para certificação de sistema de gestão de segurança da informação;

---

[7] Extraído da Wikipedia, junho/2014.

- **ISO 27002** – Esta norma substituiu em 2006/2007 a **ISO 17799**:2005 (Código de Boas Práticas);
- **ISO 27003** – Esta norma aborda as diretrizes para Implementação de Sistemas de Gestão de Segurança da Informação, contendo recomendações para a definição e implementação de um sistema de gestão de segurança da informação;
- **ISO 27004** – Esta norma incide sobre as métricas e relatórios de um sistema de gestão de segurança da informação;
- **ISO 27005** – Esta norma é constituída por indicações para implementação, monitoramento e melhoria contínua do sistema de controles. O seu conteúdo é idêntico ao da norma **BS 7799**-3:2005 – *Information Security Management Systems – Guidelines for Information Security Risk Management*;
- **ISO 27006** – Esta norma especifica requisitos e fornece orientações para os organismos que prestem serviços de auditoria e certificação de um sistema de gestão da segurança da informação.

Certificação

A série ISO 27000 está de acordo com outros padrões de sistemas de gerência ISO, como **ISO 9001** (sistemas de gerência da qualidade) e **ISO 14001** (sistemas de gerência ambiental), ambos em acordo com suas estruturas gerais e de natureza a combinar as melhores práticas com padrões de certificação.

Certificações de organização com ISMS **ISO/IEC 27001** são um meio de garantir que a organização certificada implemente um sistema para gerência da segurança da informação de acordo com os padrões. Credibilidade é a chave de ser certificado por uma terceira parte que é respeitada, independente e competente. Essa garantia dá a confiança à gerência, aos parceiros de negócios, clientes e auditores de que é uma organização séria sobre gerência de segurança da informação – não perfeita, necessariamente, mas está rigorosamente no caminho certo de melhora contínua.

A Associação Brasileira de Normas Técnicas (ABNT) elaborou a NBR ISO/IEC 27001:2006, que é uma tradução idêntica da ISO/IEC 27001:2005, que foi elaborada pelo Join Technical Committee Information Technology (ISO/IEC/JTC 1), subcommittee IT Security Tecchniques (SC 27).

Apêndice[8]

HIERARQUIA RESUMIDA DA INFRAESTRUTURA DE SISTEMAS DE INFORMAÇÕES

A arquitetura dos sistemas computadorizados das atividades de processamento de dados tem mudado constantemente. O primeiro conceito foi o do computador central (ou computadores centrais) denominados *mainframes*, que arquivavam centralmente os bancos de dados, ligados a terminais de operação e utilização de dados, terminais estes considerados sem vida própria, pois dependiam exclusivamente da memória central do computador, sem nenhum *software* aplicativo dentro deles. A nomenclatura utilizada atualmente para os computadores centrais é a de servidor.

Uma evolução conceitual foi a da arquitetura cliente-servidor. Nesse conceito, os bancos de dados e parte dos aplicativos residem nos servidores corporativos, e a outra parte dos aplicativos fica residente nos microcomputadores dos usuários. Esse conceito prevaleceu durante determinado período, estando, atualmente, sua utilização feita em menor escala. Uma das razões é a dificuldade em gerenciar as atualizações dos microcomputadores dos usuários quando ocorrem novas versões atualizadas (*upgrades*) dos aplicativos. Alie-se a este fator o tráfego intenso na rede que interliga o servidor com o cliente, que onera em muito o desempenho dos aplicativos.

O conceito inicial de terminal de computador, como ferramenta do usuário, expandiu-se significativamente e hoje temos diversos tipos de arquitetura, em que o usuário conecta-se via rede a qualquer servidor em qualquer parte do mundo. A arquitetura de rede de computadores está direcionando-se atualmente para o ambiente *Web*, ou seja, os aplicativos tendem a ser executados através de portais e de *browsers*, tanto na rede interna (Intranet) como através da rede externa (Internet). Com esse direcionamento, a tendência é que os aplicativos possam ter desempenho melhor na rede de computadores. Esse direcionamento é comprovado ao notar-se que as redes de computadores começam a ser construídas sem a necessidade de cabeamento (*wireless*). Dessa forma, o conceito inicial de terminal, hoje, pode ser assimilado por um microcomputador, seja na forma *desktop* ou *notebook*, *palmtop*, agendas inteligentes, telefones celulares, caixas de banco, caixas de supermercado, coletores de dados etc.

A infraestrutura de SI pode ser resumida em três faixas ou camadas:

1. *Hardwares* e *Softwares* para Banco de Dados.
2. *Hardwares* e *Softwares* para os Aplicativos.
3. *Hardwares* e *Softwares* para os Usuários.

Observe a Figura 4.1. A primeira camada, praticamente invisível aos demais usuários de sistemas dentro da empresa, fica restrita ao pessoal do Departamento de TI/SI. Essa camada é reservada à base de dados. Para tanto, o servidor ou servidores necessitam de *softwares* que gerenciem os bancos de dados.

---

[8] PADOVEZE, José Antônio. Obtido em entrevista pessoal. 2007.

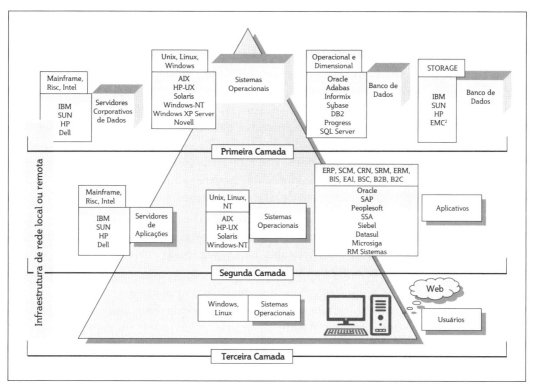

Figura 4.1 Hierarquia de infraestrutura de SI.

Os servidores necessitam de sistemas operacionais para funcionarem. Sistema operacional é um *software* que entende a linguagem do *hardware* e dos aplicativos subsequentes. O sistema operacional é um conjunto de códigos que permite que os *hardwares* sejam gerenciados em toda a sua estrutura (memória, canais de entrada e saída, processador). Normalmente, o sistema operacional necessita de especialista da área de informática, uma vez que o usuário pouco ou nada percebe de sua existência ou importância dentro da arquitetura de sistemas computacionais. Podemos dizer que se o *hardware* é em primeiro nível de arquitetura, o sistema operacional é em segundo nível, ambos imprescindíveis.

Seguindo o sistema operacional, espera-se encontrar um sistema gerenciador de banco de dados. Esse sistema é imprescindível na maioria das vezes, principalmente quando os aplicativos são de cunho administrativo, financeiro, de manufatura e comercialização. Embora em algumas situações não se configure a expressão *banco de dados*, do ponto de vista teórico podemos dizer que o *Windows Explorer*, por exemplo, é um gerenciador de banco de dados, pois é o *software* que gerencia as pastas do *Windows*.

Na *segunda camada*, normalmente, ficam os aplicativos. Os aplicativos são *softwares* que apoiam as principais operações da empresa. Estão numa segunda camada, e em contato permanente com o usuário. Podemos considerar um processador de texto ou uma planilha eletrônica (*Word, Excel, Open Office* ou *Lotus Smart Suite*) como aplicativos. A terminologia *aplicativo* é utilizada basicamente para os *softwares* que auxiliam todas as operações da empresa, sejam os *softwares* administrativos (contabilidade, tesouraria, controle patrimonial, custos etc.), sejam os *softwares* para apoio às operações de produção e comercialização (estoques, compras, controle de produção, pedidos, faturamento, folha de pagamento etc.). Os conceitos de ERP e CRM também se encaixam no conceito de aplicativos, pois aglutinam diversos subsistemas de apoio às operações.

É comum ter-se também servidores por aplicações, embora o servidor de banco de dados seja frequentemente único. Assim, pode-se ter um servidor de aplicações para a área financeira, outro para a área de manufatura e assim por diante, evidentemente, à medida que se descentralizam os aplicativos. Para arquiteturas que se utilizam de mais de um servidor para uma mesma base de dados, normalmente separados geograficamente, costuma-se denominar de bancos de dados distribuídos. Exemplo mais comum é a separação em função da localização geográfica dos *sites* da empresa. As empresas adotam esse tipo de distribuição principalmente em função do alto custo de telecomunicações.

A *terceira camada* é a camada do usuário, visível pelos terminais de utilização dos aplicativos. Atualmente, os *browsers* (*softwares* que facilitam a navegabilidade dentro dos sistemas) utilizados na Internet são uma das ferramentas mais usadas para conexão do usuário (terceira camada) com os aplicativos (segunda camada).

Do ponto de vista da infraestrutura, as ligações dos computadores (isto é, os servidores corporativos), com o usuário (também denominado camada *front-end*), são feitas todas por meio de *redes de computadores*. Assim, o gerenciador de redes tem papel fundamental na arquitetura de sistemas de informações. Alguns sistemas operacionais já incorporam o gerenciamento de redes mediante protocolos de comunicação de dados.

5

Sistemas Operacionais, Sistemas de Gestão e Sistemas de Suporte à Decisão

Os sistemas de informação classificam-se em: *sistemas de informação de apoio às operações* e *sistemas de informação de apoio à gestão*.

5.1 SISTEMAS DE INFORMAÇÕES OPERACIONAIS

Os sistemas de informações de apoio às operações nascem da necessidade de planejamento e controle das diversas áreas operacionais da empresa. Esses sistemas de informações estão ligados ao sistema físico-operacional e surgem da necessidade de desenvolver as operações fundamentais da firma. Podemos dizer até que esses sistemas são criados automaticamente pelas necessidades de administração operacional. Como exemplo, podemos citar os sistemas de informações de controle de estoque, de banco de dados de estrutura de produtos, de processo de produção, de planejamento e controle da produção, de compras, de controle patrimonial, de controle de recursos humanos, de carteira de pedidos, de planejamento das vendas, de acompanhamento de negócios etc.

Os sistemas de apoio às operações têm como objetivo auxiliar os departamentos e atividades a executarem suas funções operacionais (compras, estocagem, produção, vendas, faturamento, recebimentos, pagamentos, qualidade, manutenção, planejamento e controle de produção etc.).

5.2 SISTEMAS DE APOIO À GESTÃO

Classificamos como sistemas de informações de apoio à gestão os sistemas ligados à vida econômico-financeira da empresa e às necessidades de avaliação de desempenho dos administradores internos. Fundamentalmente, esses sistemas são utilizados pelas áreas administrativa e financeira da empresa, e pela alta administração da companhia, com o intuito de planejamento e controle financeiro e avaliação de desempenho dos negócios. São exemplos desses sistemas o sistema de informação contábil, o sistema de custos, de orçamento, de planejamento de caixa, planejamento de resultados, centros de lucros etc.

Os sistemas de apoio à gestão preocupam-se basicamente com as informações necessárias para gestão econômico-financeira da empresa. O sistema de informação contábil é um sistema de apoio à gestão, juntamente com os demais sistemas de controladoria e finanças. Os sistemas de apoio à gestão têm como base de apoio informacional as informações de processo e quantitativas geradas pelos sistemas operacionais.

É importante salientarmos, contudo, que os dois grandes grupos de sistemas de informações devem agir em conjunto. Assim, podemos dizer, de forma bastante genérica, que os sistemas de apoio à gestão são a expressão econômico-financeira dos sistemas de apoio às operações.

5.3 INTEGRAÇÃO ENTRE SISTEMAS DE APOIO ÀS OPERAÇÕES E SISTEMAS DE APOIO À GESTÃO

Para que o sistema global de informações empresariais funcione adequadamente, a um custo aceitável, é necessária a perfeita integração desses dois grandes grupos de sistemas. Desse modo, a mensuração econômica dos eventos gerados e controlados pelos sistemas de apoio às operações deve ser feita a partir deles mesmos. Exemplificando, o método de mensuração de um sistema de custos deve estar totalmente fundamentado nos sistemas de estrutura do produto e do processo de fabricação. Isso significa uma perfeita interação entre os sistemas operacionais e os sistemas de apoio à gestão.

5.4 SISTEMAS DE INFORMAÇÃO DE APOIO À DECISÃO

Como refinamento dos sistemas de apoio à gestão, existem sistemas específicos desenhados para um auxílio direto à questão das decisões gerenciais. São normalmente denominados *DSS – Sistemas de Suporte à Decisão e EIS – Sistemas de Informações Executivas* (Decision Suport Systems e Executive Information Systems). Eles se utilizam da base de dados dos sistemas operacionais e dos sistemas de apoio à gestão e têm como foco flexibilizar informações não estruturadas para tomada de decisão.

Podemos definir sistemas de suporte à decisão como sistemas em extensão dos modelos de contabilidade gerencial para manuseio de problemas de planejamento semiestruturados e estratégicos, tais como: adicionar ou abandonar linhas de produtos, decisões de fazer ou comprar, decisões de alugar ou comprar, decisões de canais de distribuição etc.

Mais recentemente, um avanço nesse tipo de sistema de informação, com a inclusão da Internet e seu acoplamento com os sistemas integrados de gestão, tem denominado esses sistemas *Business Intelligence* (BI) ou Sistemas de Inteligência dos Negócios.

5.5 CARACTERÍSTICAS DOS SISTEMAS DE SUPORTE À DECISÃO

Devem ser dinâmicos, flexíveis, possuir interação homem/máquina, suporte à decisão e auxílio nas previsões sobre o futuro.

Devem ter como relevância o suprimento de informações para promover a eficácia operacional e decisorial.

5.6 ESTRUTURA DOS SISTEMAS DE INFORMAÇÕES

A classificação dos sistemas de informações, identificando os sistemas de apoio às operações e os sistemas de apoio à gestão, é importante também para evidenciar o fluxo de informações dentro da empresa, que culminam, junto à alta administração, com os Sistemas de Suporte à Decisão.

A Figura 5.1 tem a representação da integração sistêmica entre os três tipos de sistemas de informação.

Figura 5.1 Estrutura e integração dos sistemas de informações.

Os sistemas de informações de apoio à gestão necessitam constantemente de informações qualitativas e quantitativas que são capturadas nos sistemas de apoio às operações, como, por exemplo, número de funcionários, número de horas trabalhadas, quantidades produzidas, quantidades estocadas, quantidades vendidas, quantidade de pedidos, quantidade de desenhos, quantidade de refugos, quantidade de reclamações etc. Essas informações são alocadas nos sistemas de apoio à gestão e analisadas juntamente com o impacto econômico-financeiro que elas apresentam.

Além disso, informações de caráter semiestruturada e não estruturada, tais como tamanho de mercado, concorrentes, previsão de crescimento do PIB, população, importações etc., são colocadas nos sistemas de apoio à decisão, que, mais as informações capturadas dos sistemas de apoio à gestão, permitem aos executivos e à alta administração da companhia efetuarem estudos e simulações, que permitam orientá-los no processo de tomadas de decisões de maneira mais flexível.

5.7 INTEGRAÇÃO E NAVEGABILIDADE DE DADOS

Consideramos um sistema de informação contábil como integrado quando todas as áreas necessárias para o gerenciamento da informação estejam abrangidas por um único sistema de informação. Todos devem utilizar-se de um mesmo e único sistema de informação.

O que caracteriza um sistema de informação integrado é a *navegabilidade dos dados*. A partir do momento em que um dado é coletado e processado (e ele só pode ser coletado pelo sistema se for um dado operacional), ele deve ser utilizado em todos os segmentos do sistema de informação.

Sua utilização e o eventual tratamento diferenciado em um ou outro subsistema podem acontecer, mas o dado ou a informação básica deve ser a mesma em todos os subsistemas de um sistema considerado integrado.

Para tanto, é necessário estudo específico para o tratamento de cada dado e informação constante do sistema integrado. A formatação e a modelação de cada tipo específico de informação devem ser feitas pensando na utilização por igual para todos os subsistemas de um sistema integrado, e para todos os usuários da informação.

Podemos exemplificar com a coleta, modelação, processamento e armazenamento dos dados sobre uma venda. Todos os dados úteis da nota fiscal de venda devem estar disponíveis nos subsistemas. Adicionalmente, neste exemplo, deverão estar adequadamente caracterizados os conceitos de valor de venda. Em algum momento deverá haver um processamento que determinará, por exemplo, qual o valor líquido da venda realizada. Assim, além dos dados constantes da nota fiscal, como os impostos de IPI, ICMS, ISS etc., deverá ainda ser efetuado um cálculo para excluir outros impostos não explícitos no documento fiscal, como PIS e Cofins sobre a venda. Também a receita líquida de venda não deve incorporar resultados financeiros, caso haja, nas vendas a prazo.

Num sistema de informação integrado, só deve existir uma conceituação de valor para uma informação. Assim, definido o tratamento conceitual de determinada informação, essa será a única forma em que deverá ser entendida em todos os segmentos do sistema de informação.

Diante disso, o dado ou a informação *navegam* por todos os segmentos do sistema (os subsistemas) de informação. Originários de uma coleta e de um processamento em determinado subsistema, a informação ou o dado navegarão para todos os subsistemas, da forma como originariamente registrado, pelos diversos meios da base tecnológica do sistema integrado. Não deve haver necessidade de reclassificação ou reprocessamento em outros subsistemas, assim como de reintrodução do dado em algum sistema particular de um outro setor ou departamento da empresa. A informação deverá ser sempre fornecida pelo mesmo e único subsistema de informação.

Em outras palavras, todos os usuários do sistema de informação integrado receberão a mesma informação e "falarão a mesma língua".

6

Sistemas Integrados de Gestão Empresarial (ERP)

6.1 CONCEITUAÇÃO

São assim denominados os sistemas de informações gerenciais que têm como objetivo fundamental a integração, consolidação e aglutinação de *todas* as informações necessárias para a gestão do sistema empresa. Os Sistemas Integrados de Gestão Empresarial também têm sido denominados ERP (*Enterprise Resources Planning*) – Planejamento de Recursos Empresariais.

Esses sistemas unem e integram todos os subsistemas componentes dos sistemas operacionais e dos sistemas de apoio à gestão, por meio de recursos da tecnologia de informação, de forma tal que todos os processos de negócios da empresa possam ser visualizados em termos de um fluxo dinâmico de informações que perpassam todos os departamentos e funções.

Permitem, com isso, uma visão horizontal e de processo, em oposição à visão tradicional verticalizada da hierarquia funcional das empresas. O sistema de informação contábil deverá estar completamente integrado ao sistema de gestão empresarial.

6.2 FATORES QUE CONDUZEM AO SIGE/ERP

Fundamentalmente, foram as grandes corporações mundiais que sempre desejaram uma arquitetura totalmente integrada e padronizada. Assim, podemos elencar os três fatores principais que têm levado as empresas a adotar esta solução:

a) movimento da integração mundial das empresas transnacionais, exigindo tratamento único e em tempo real das informações;
b) a tendência de substituição de estruturas funcionais por estruturas ancoradas em processos;
c) a integração, viabilizada por avanços na tecnologia de informação, dos vários sistemas de informação em um sistema único.

6.3 TECNOLOGIA DE INFORMAÇÃO E SIGE

Fundamentalmente, a diferença entre os sistemas integrados de gestão empresarial e os sistemas de informação elaborados por meio da arquitetura tradicional está na concepção do que seja integração e, principalmente, no componente tecnologia.

As necessidades informacionais dos gestores sempre existiram, mas, na realidade, sua transformação em sistemas de informação com adequada relação custo/benefício esbarravam no componente tecnologia.

Os enormes avanços tecnológicos na área de informação, em nível de *hardware*, *software*, telecomunicações, multimídia etc., permitiram que as empresas fornecedoras de sistemas de informações gerenciais desenhassem sistemas com grau de integração muito forte e traduzissem em sistemas de informação o fluxo dos processos de negócios das empresas.

6.4 SIGE E CONCEPÇÃO DE INTEGRAÇÃO

A tecnologia disponível permitiu também a realização de uma concepção de integração sistêmica e funcional muito avançada e praticamente em linha com o processo físico-operacional da empresa.

A integração mais comum existente entre os diversos subsistemas de informação é a integração via *interface* (Figura 6.1) Todos os subsistemas informacionais são conectados tradicionalmente uns aos outros por meio de *programas-ponte*, denominados *interfaces*.

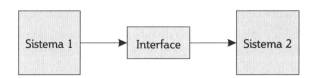

Figura 6.1 Concepção de integração tradicional (interface).

As interfaces tradicionais partem da identificação das informações que um subsistema necessita de outro subsistema e, por meio de um programa, carregam automaticamente as informações desejadas para o sistema subsequente. Isso evita a redundância de dados, e portanto, causa a integração.

Contudo, esta concepção de interface parte do pressuposto de trazer *apenas* as informações desejadas ou identificadas pelos principais usuários do sistema subsequente. A interface tradicional não possibilita que *todas* as informações dos subsistemas anteriores fiquem disponíveis para os usuários de outros subsistemas.

Nesse sentido, uma nova concepção de interface, fundamentalmente baseada na possibilidade advinda do avanço tecnológico, permite a construção de um sistema de informação único para empresa, em que os módulos (ou subsistemas) específicos sejam totalmente integrados entre si, em sua maior abrangência (Figura 6.2).

Com isso, todos os dados estão disponíveis para a empresa, dentro de uma visão de fluxo ininterrupta, já que não são apenas algumas informações que navegam dentro das interfaces, mas todas as informações estão disponíveis, desde seu nascedouro até seu impacto final, normalmente um impacto patrimonial, ou seja, econômico-financeiro.

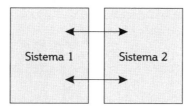

Figura 6.2 Concepção moderna de integração (visão de fluxo).

Enquanto na concepção tradicional a interface, apesar de fazer uma integração, é parcial e, portanto, restritiva, na concepção atual os dois sistemas estão se sobrepondo e, portanto, além da integração estar completa, ela ainda é recorrente, ou seja, movimenta-se para frente e para trás, e não apenas num sentido.

6.5 INTEGRAÇÃO INTERFUNCIONAL: PROCESSOS DE NEGÓCIOS

A possibilidade de uma completa integração entre os subsistemas de informação, sejam eles operacionais ou de apoio à gestão, faz com que os sistemas integrados de gestão empresarial permitam o que se denomina de *integração interfuncional*, focalizando os processos de negócios.

A base da integração interfuncional é o que denominamos de *visão de fluxo*. Todos os subsistemas que têm necessidade de se comunicar com outros subsistemas, devem fazê-lo de forma total, independentemente de que áreas, setores ou departamentos sejam responsáveis por determinadas informações ou mesmo subsistemas.

Com isso, o que prevalece é a visão funcional e dos processos de negócios, em vez de setores, departamentos ou divisões. Em outras palavras, a base do Sige é a integração *horizontal*, que se sobrepõe à hierarquia da empresa, ou seja, a disposição *vertical*.

Vemos, na Figura 6.3, uma apresentação gráfica exemplificativa da integração funcional.

6.6 ABRANGÊNCIA DO SIGE

Como introduzimos neste capítulo, a proposta do Sige é a construção de um sistema de informação que atenda a empresa como um todo, dentro de um conceito de integração total. Obviamente, nem tudo será possível, pois existem especificidades dentro de uma empresa que necessitarão de sistemas de informação complementares. Porém, dentro de uma apreciação geral, um Sige só pode ser concebido dentro desta visão de abrangência total.

Assim, todos os subsistemas de informação necessários para a gestão do sistema empresa deverão ser cobertos pelo Sige, que integrará todas as áreas e necessidades informacionais da produção, comercialização e administração.

Ressalte-se novamente, que, como proposta do Sige, *todos* os subsistemas deverão ser integrados, e portanto, estarão interligados computacionalmente, por meio do conceito de

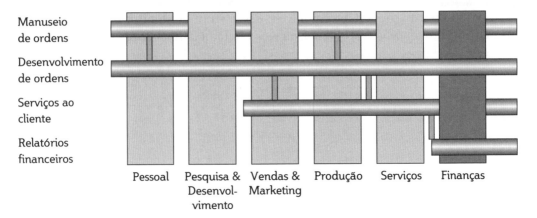

Fonte: Revista SAP.

Figura 6.3 Processos de negócios.

banco de dados e outros conceitos computacionais que permitam a navegabilidade dos dados e sua reestruturação em termos de informação útil, por meio dos sistemas de apoio à decisão.

O Sige é segmentado em diversos subsistemas especialistas para cobrir todos os setores e necessidades informacionais da empresa. Contudo, dependendo da visão e da arquitetura do sistema, alguns subsistemas poderão estar aglutinados e outros subsistemas estarão divididos.

Apresentamos na Figura 6.4, um quadro orientador, buscando evidenciar os principais sistemas que devem compor um Sige. Basicamente, a proposta do Sige parte da necessidade de acompanhar todas as operações e procedimentos que são necessários para a operação e a gestão do sistema empresa.

6.7 SIGE × SISTEMAS ESPECIALISTAS (*BEST-OF-BREED*): VANTAGENS E DESVANTAGENS

A proposta do Sige, sendo conceitualmente um sistema único, traz dentro de si uma série de vantagens, claramente decorrentes da tecnologia de informação empregada, da integração total a que se propõe e da proeminência da visão dos processos sobre as estruturas. Contudo, algumas desvantagens podem ser identificadas, principalmente no processo de comparação com a manutenção dos conceitos de sistemas especializados para as diversas áreas da empresa, ligados ainda sob o conceito de interfaceamento.

Denominam-se sistemas especialistas os sistemas (*softwares*) desenvolvidos com foco em determinada área operacional, sem uma preocupação inicial de navegabilidade de dados. Por exemplo, existem empresas especializadas em sistemas de informação para gestão dos recursos humanos, cujo *software* conseguiu um grau de especialização muito forte, podendo ser considerado o melhor no mercado. O mesmo se pode dizer de outras áreas, em que empresas se especializam em sistemas de contabilidade, de controle patrimonial, de compras etc.

Os sistemas especialistas têm sido denominados *best-of-breed* (literalmente, o melhor da raça), no sentido de que cada um deles se propõe a ser o melhor na área em que se especializam.

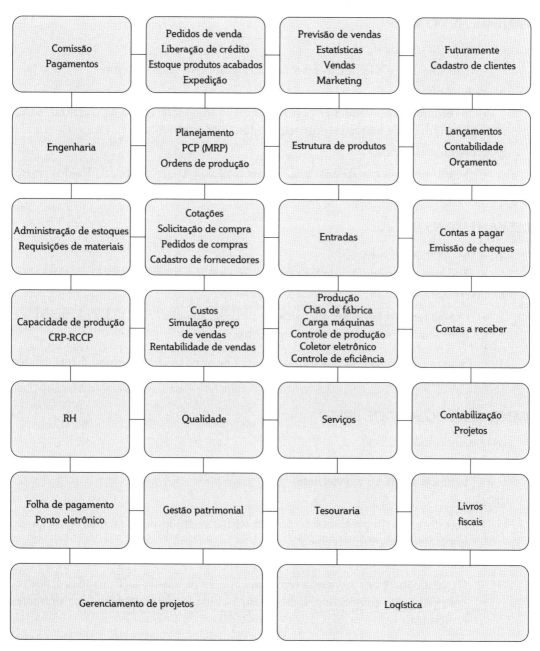

Fontes: Folhetos Oracle e Microsiga.

Figura 6.4 Abrangência e subsistemas de um Sige/ERP.

Damos a seguir as vantagens da adoção do conceito de Sige, em que todos os sistemas especialistas são considerados apenas como "*módulos*" de um sistema único integrado, bem como suas desvantagens, ambas em comparação com a possibilidade de ter-se sistemas especialistas unidos por interfaces.

VANTAGENS DO SIGE

a) *uma única solução de venda;*
- Um só contato com fornecedor facilita a manutenção do sistema.

b) *viabilidade;*
- As empresas que vendem o Sige têm mais condições de escala de viabilizar novas ocorrências de mercado, pois seu produto está consolidado.

c) *proposta abrangente.*
- Sendo um sistema abrangente, é mais fácil adaptar as necessidades dos novos empreendimentos da corporação aos conceitos atuais.

DESVANTAGENS DO SIGE

a) *tempo de implantação;*
- Todos os componentes do Sige demandam longo tempo de análise e implantação.

b) *diversidade.*
- O Sige tenta vender em seu *software* todas as soluções para todas as empresas e nem sempre isso traz vantagem adicional.

Vejamos agora as vantagens e desvantagens da opção por sistemas especialistas ligados por interfaceamento.

VANTAGENS DO *BEST-OF-BREED*

a) *especialização;*
- Como regra geral, sistemas especialistas têm mais condições de evidenciar a competência essencial em sua área.

b) *tempo;*
- Os esforços de implementação podem ser mais bem focados e reduzir o tempo de implantação significativamente.

c) *escolha.*
- Os vendedores dos *softwares* têm mais opções de ajustar as funcionalidades requeridas pelos compradores, incluindo facilidades de adaptação (denominadas customizações).

DESVANTAGENS DO *BEST-OF-BREED*

a) *consolidação potencial;*
- É uma desvantagem mercadológica. É a possibilidade de o produtor especialista e sua empresa serem absorvidos por outras empresas de *softwares* maiores, prejudicando, eventualmente, os atuais usuários.

b) *opções de interfaceamento.*
- Apesar das tecnologias emergentes, os interfaceamentos ainda têm grandes limitações para o processo de integração.

A QUESTÃO DO TEMPO DE IMPLANTAÇÃO

O tempo de implantação tem sido um dos aspectos considerados como uma grande desvantagem para o Sige. Obviamente, por ser um sistema único, que congrega uma grande diversidade de módulos, os quais têm, em princípio, de funcionar em conjunto de forma integrada, demanda um tempo considerável para sua completa implantação.

Os sistemas especialistas são implantados um a um, e, individualmente, demandam menos tempo. No conjunto, incluindo os programas de interfaces, provavelmente demandarão tempo similar ao da implantação do Sige.

De qualquer forma, mais recentemente, os fornecedores da solução Sige/ERP têm dado uma atenção cada vez maior para esse aspecto, e desenvolvido e oferecendo metodologias que reduzam significativamente o tempo de implementação do sistema, incluindo, dentre elas, a possibilidade de implantação de forma modular e gradativa, sem prejudicar o conceito básico da integração entre os módulos.

VANTAGEM ADICIONAL DO SIGE/ERP – PROCESSO EDUCACIONAL

Uma vantagem adicional na implantação de uma solução tipo Sige/ERP é o que denominamos de processo educacional de seus participantes. Pela condição básica da integração de todos os módulos, privilegiando o processo, os responsáveis pela implantação de cada módulo têm que, necessariamente, trocar informações com os demais responsáveis pelos demais módulos.

Essa troca de informações, objetivando a correta estruturação de cada módulo provoca, automaticamente, uma necessidade de conhecer cada uma das integrações que unem os processos entre os módulos mais próximos uns dos outros. Esse tipo de atuação traz um benefício altamente recomendável para todo o pessoal envolvido funcionando como um instrumento poderoso de capacitação, treinamento e desenvolvimento do pessoal envolvido.

6.8 ESTRUTURAÇÃO OU PARAMETRIZAÇÃO DOS MÓDULOS DO SIGE E EVENTUAL CUSTOMIZAÇÃO

Em linhas gerais, todos os módulos do Sige já apresentam uma solução sugerida para gestão dos processos e atividades, dentro do conceito de integração. Contudo, todos os módulos são parametrizáveis. Em outras palavras, todos os módulos podem sofrer uma estruturação que mais se ajuste às características de cada empresa. É óbvio que essa estruturação ou parametrização nunca poderá violentar a estrutura conceitual básica sob que cada módulo foi desenvolvido. Todavia, dentro de uma faixa de possibilidades, cada módulo pode ser ajustado às condições e características dos negócios e processos da empresa.

Os fornecedores do Sige/ERP naturalmente buscam, constantemente, incorporar as melhores práticas dos negócios para cada processo ou atividade (*best practices*). Dessa maneira, as soluções oferecidas dentro dos módulos do sistema, para a gestão dos processos e atividades empresariais, tendem a ser boas soluções. Com isso, o processo de adaptação fica extremamente facilitado.

A nomenclatura mais atualizada para o processo de estruturação e parametrização de cada módulo do Sige tem sido denominada *set-up* (literalmente, preparação ou montagem de um conjunto).

Quando da elaboração do *set-up* de cada módulo é possível que se identifique que certa particularidade do processo específico da empresa não seja possível de ser atendido pelo módulo como originalmente concebido. Diante disso, surgem basicamente duas possibilidades:

a) a empresa fornecedora do Sige/ERP entende que é uma alteração significativa e de cunho genérico, que pode e deve ser estendida para todas as empresas. Nesse caso, a própria empresa incumbe-se de alterar a estrutura do módulo, incorporando a alteração como uma *best-practices*;

b) a empresa fornecedora do Sige/ERP entende que a alteração é de cunho exclusivo da empresa e que não justifica alterar sua solução ofertada. Nesse sentido, a empresa implantadora do sistema deve-se adaptar à solução ofertada, ou, caso negativo, desenvolver um programa ponte para atender à característica complementar de seu processo. Quando isso acontece, dá-se o nome de customização (do inglês *customer*, cliente) ao programa que adapta o módulo do Sige à característica específica da empresa.

6.9 ERP: AQUISIÇÃO *VERSUS* DESENVOLVIMENTO INTERNO

O conceito de ERP já está consolidado em âmbito empresarial. Contudo, algumas empresas entendem que a aquisição de um ERP de empresas fornecedoras dessa tecnologia não atende adequadamente suas necessidades específicas e optam por desenvolver seu próprio ERP.

Essa possibilidade sempre existirá, porém deve ser utilizada com a máxima cautela, uma vez que pode trazer consequências negativas no futuro. As eventuais vantagens do desenvolvimento de um ERP internamente podem ser facilmente perdidas com as desvantagens, tanto na implantação quanto no futuro.

A questão principal que envolve a decisão de estruturar e implementar um ERP desenvolvido internamente reside na capacitação dos envolvidos no projeto.

Ao desenvolver internamente um projeto, *a equipe só conseguirá introduzir seu atual conhecimento e sua capacitação e os atuais processos de trabalho*. Contudo, não quer dizer que o conhecimento e a capacitação da equipe que desenvolverá internamente o ERP sejam bons, ou os melhores. Assim, *a possibilidade de incorporar no ERP desenvolvido internamente as falhas atuais e pouco conhecimento de conceitos e processos é grande*.

As principais vantagens e desvantagens são as seguintes:

VANTAGENS

- Formato particularizado sobre a estrutura organizacional específica da empresa e do grupo corporativo.
- Agilização dos atuais procedimentos e processos de negócios à estrutura empresarial.
- Domínio da tecnologia de informação utilizada.

DESVANTAGENS

- Possibilidade de não incorporar ao ERP desenvolvido internamente as melhores práticas (*best practices*) atuais dos procedimentos e processos de negócios.
- Internalização no ERP de práticas atuais incorretas, existentes por hábitos, vícios ou costumes de gestão, ou decorrentes da atual estrutura hierárquica que está inadequada.
- Exigência pesada de atualização das mudanças legais e tributárias que ocorrem a todo instante.
- Dificuldades de atualizar os módulos do ERP com novas necessidades gerenciais desenvolvidas no mercado, bem como dos novos avanços da tecnologia de informação.
- Impossibilidade de acesso imediato às mudanças necessárias aos sistemas de informações contábeis e fiscais decorrentes de alterações legais.

No geral, nosso entendimento é de que as vantagens de um ERP adquirido tendem a ser maiores que as de um ERP desenvolvido internamente.

7

Aplicativos Genéricos e Tecnologias de Apoio a Sistemas de Informação

O avanço tecnológico em geral e especialmente o avanço da tecnologia da informação permitiram a existência de um número muito grande de opções informacionais, operacionais e logísticas à humanidade, que podem ser cooptadas pelas empresas objetivando incrementar, flexibilizar e agilizar seus sistemas de informação.

Particularmente, os Sige permitem uma utilização muito forte de aplicativos genéricos e tecnologias de apoio, aumentando sua integração e a velocidade de processamento de informações. Algumas tecnologias, sistemas e aplicativos são de tamanha relevância que já estão se tornando vitais e elementos diferenciais entre as empresas, quando utilizados dentro de seus sistemas de informação.

Sem a pretensão de esgotarmos as possibilidades, principalmente porque a tecnologia em desenvolvimento permitirá sua inovação, substituição ou incrementação, apresentaremos a seguir um breve painel desses aplicativos genéricos e tecnologias de apoio à empresa e aos sistemas de informação.

7.1 TECNOLOGIAS DE APOIO

Podemos citar as seguintes:

LEITURA ÓTICA

Tecnologia e sistemas de leitura automática, normalmente efetuada por meio do conceito de código de barras.

ETIQUETA INTELIGENTE (*Smart Tag* ou *E-Tag*)

Podemos considerar como evolução do código de barras. A etiqueta (*smart tag* ou *e-tag*) é um *microchip* capaz de armazenar grande quantidade de informações, como, por exemplo, data de validade, processo de produção, descrição do produto e lote, que podem ser acessados por meio de radiofrequência (*Radio-Frequency Identification*, ou identificação por radiofrequência – RDIF). O uso desse mecanismo pode permitir que processos como o inventário na central de distribuição, estoque ou nas próprias gôndolas sejam feitos de forma instantânea, agilizando a operação, reduzindo custos, diferenças físicas e contábeis.

SCANNERIZAÇÃO

Tecnologia de copiagem de documentos, com palavras, números ou imagens, transformando-os em entradas de dados para os sistemas de informação.

COLETORES ELETRÔNICOS DE DADOS

Tecnologias e sistemas de coleta de dados de diversas origens, tipo cartão de ponto de trabalho automático, sistemas de controle de pessoal (crachá eletrônico), coleta de dados automática de equipamentos computadorizados (tempo de operação de máquina, tempo de máquina parada, tempo de montagem de dispositivos) etc.

EDI – TROCA ELETRÔNICA DE DADOS (*ELECTRONIC DATA INTERCHANGE*)

Tecnologias e sistemas de transmissão e retransmissão de dados interempresas, pelos diversos meios computacionais e de telecomunicações. Utilizado entre as empresas e seus parceiros, como bancos comerciais, clientes, fornecedores etc.

MULTIMÍDIA

Incorporação de som e imagem (vídeo, televisão) aos sistemas de informação. Ferramentas importantes para o processo de venda das empresas, bem como de identificação de produtos e pessoas.

TELECOMUNICAÇÃO E SATÉLITES

Incorporação de sistemas e tecnologias para comunicação entre empresas e dentro da empresa, tais como palestras e conferências eletrônicas, reuniões a distância, via rádio, circuito interno de televisão, sistemas de segurança etc.

DISPOSITIVOS PORTÁTEIS

Equipamentos como telefones celulares, *smartphones*, *pagers*, *laptops*, *notebooks*, *palmtops*, *gadgets*, *tablets* etc. cada vez mais ganham espaços dentro das corporações como elementos exteriores das atividades do pessoal externo. Muitos deles permitem conexão direta com a Internet, via satélite, viabilizando acesso remoto às informações corporativas, bem como enviando dados para tomada imediata de decisões e acumulação de informações, ampliando o conceito do sistema empresa como uma rede de atuação. Normalmente, são utilizados, além dos gerentes, pelos compradores, vendedores, promotores de marketing e assistentes técnicos que atuam mais diretamente no campo.

WIRELESS – COMUNICAÇÃO SEM FIO

Considerada até a nova revolução da informação, é toda e qualquer tecnologia que provenha conectividade sem nenhuma ligação fixa, como cabos ou fibras óticas. Geralmente, as tecnologias *wireless* são baseadas em radiofrequência (telefonia celular, por exemplo) como meio físico de conexão, existindo então uma série de protocolos agindo sobre esse meio (um deles é o protocolo WAP (*Wireless Access Potocol*). Tem sido também denominada Wi-Fi (*Wireless Fidelity*).

BIOMETRIA

Tecnologia que identifica as pessoas com base em suas características físicas ou comportamentais, através de comparação com dados armazenados. Em qualquer circunstância que seja necessária a identificação de um indivíduo, a biometria é a escolha indicada devido a sua segurança e a facilidade de utilização. Esse sistema não implica a memorização de senhas. Dispositivos de autenticação biométrica incluem *scanners*, sistemas de verificação de íris e voz.

Existem várias formas de sistemas biométricos. As mais utilizadas são: reconhecimento da impressão digital, reconhecimento da assinatura manuscrita, reconhecimento facial e reconhecimento através da íris e da retina.

VoIP – *VOICE INTERNET PROTOCOL* – (PROTOCOLO DE RECONHECIMENTO DE VOZ)

Tecnologia de rede de telecomunicações que surgiu efetivamente ao final dos anos 90, para o reconhecimento de voz no tráfego da Internet, como alternativa para a telecomunicação digital.

ANÁLISE DE LINGUAGEM CORPORAL

Softwares ligados a câmeras que capturam os movimentos e expressões faciais de pessoas, principalmente consumidores de lojas, para tentar identificar emoções, como surpresa, insatisfação, confusão ou hesitação. O *software* captura, analisa e emite sinais para os gestores das lojas melhorarem o atendimento a seus clientes.

APLICATIVOS DE GEOLOCALIZAÇÃO

Softwares como Global Positioning System (GPS), são sistemas de navegação por satélite, que podem ser acoplados a quaisquer equipamentos, celulares etc. e permitem a localização de pessoas, situações climáticas, locais etc. em qualquer parte do mundo tendo como referência instrumentos receptores.

7.2 APLICATIVOS GENÉRICOS

Alguns aplicativos, que denominamos genéricos, podem e devem ser incorporados aos sistemas de informação, com o objetivo de agilização e complemento do processo de integração. São exemplos de sistemas disponíveis:

WORKFLOW

Sistema de apoio aos demais sistemas de informação da empresa, notadamente o Sige, que permite desenhar os procedimentos e fluxos de trabalho. Esses desenhos e fluxos de trabalhos podem ser ligados depois aos sistemas operacionais, de tal forma que sua conexão permita a criação de paradas e procedimentos obrigatórios no desenvolvimento das tarefas daqueles procedimentos desenhados em forma de fluxo.

Workflow = sistema de gerenciamento e distribuição de informações de forma eletrônica de um processo, dentro de uma organização.

DATA WAREHOUSING

Mais que um aplicativo, *data warehouse* é um repositório para informações organizacionais. Em seu nível mais fundamental, *data warehouse* é uma área de plataforma para informação de suporte de decisão. Ela coleta dados a partir de diversas aplicações em um sistema operacional de uma organização, integra os dados em áreas lógicas de assuntos dos negócios, armazena a informação de forma que ela fique acessível e compreensível a pessoas não técnicas responsáveis por tomadas de decisões e entrega informação aos tomadores de decisão da empresa por várias ferramentas de busca e relatórios.

Em outras palavras, podemos dizer que *data warehousing* é um sistema complementar de banco de informações, organizado para permitir que toda a empresa realize a busca e coleta de dados oriundos de diversas bases e sistemas operacionais. A característica é que é um "armazém" organizado de informações de todos os sistemas, acessível de forma pretensamente inteligível para qualquer usuário dentro da empresa.

INTERNET

Talvez uma das mais importantes tecnologias de apoio, pois permite que a empresa e seus subsistemas se integrem à rede mundial de computadores. A rede Internet é uma via de várias utilizações, tanto para expor a empresa e seus produtos, como para consultas gerais e de mercado, bem como para o próprio processo de compras e comercialização, e outras opções que provavelmente surgirão.

Internet = rede mundial de computadores que se comunicam entre si, utilizando uma linguagem comum.

INTERNET DAS COISAS

Ligação em rede de máquinas e aparelhos, permitindo a troca de informações entre eles.

BROWSER

Software que permite e facilita a pesquisa e captação de informações (navegabilidade) dentro de um sistema ou rede de computadores. É utilizado para as redes de Internet e Intranet ou mesmo para sistemas ou subsistemas empresariais.

CARTÃO DE CRÉDITO

O acoplamento da rede mundial de cartões de crédito, junto com a Internet, permite à empresa agilizar o processo de pagamento e recebimento de contas a distância.

CORREIO ELETRÔNICO, *E-MAIL*, INTRANET

Variações do tema de comunicação e pesquisa eletrônica dentro e fora da empresa. Complementos aos sistemas de comunicações existentes.

E-mail = serviço de troca de mensagens entre dois usuários, por meio de computador.

Intranet = disponibilização de informações da empresa utilizando o padrão WWW (da Internet).

GERENCIAMENTO ELETRÔNICO DE DOCUMENTOS (GED)

É o caminho natural com utilização maciça do ambiente *Web* e *Workflows*. Não faz sentido automatizar processos de uma empresa e continuar mantendo os famosos arquivos de documentação em pastas físicas. Deve incluir documentação via Internet.

O GED é definido como o reagrupamento de um conjunto de técnicas e de métodos que tem por objetivo facilitar o arquivamento, o acesso, a consulta e a difusão dos documentos e das informações que ele contém. Pode-se entender, então, que o gerenciamento eletrônico de documentos é o somatório de todas as tecnologias e produtos que visam gerenciar informações e conhecimentos de forma eletrônica.

SRM – *STORAGE RESOURCE MANAGEMENT* (ADMINISTRAÇÃO DOS RECURSOS EM ESTOQUE)

Storage significa basicamente gestão do armazenamento, parte importante no controle de custos das corporações. Informação não gerenciada é custo sem perspectiva de receita. O SRM permite gerenciar as diversas plataformas de armazenamento utilizadas por uma empresa, abrangendo desde relatórios para classificar os dados e políticas de alocação, até o gerenciamento baseado na aplicação e monitoração do desempenho.

SISTEMA DE COLABORAÇÃO

Conceito geral de integração de comunicação e transmissão de informações, tanto dentro da empresa quanto junto com entidades com que se relaciona. Surgiu para atender à necessidade de comunicação de grandes comunidades de usuários, que envolvem usuários internos e externos às organizações. Caracteriza-se pelas facilidades de conexão de diferentes sistemas de informação e pela interatividade entre diversos usuários na execução das atividades.

As ferramentas de colaboração incluem, principalmente, Internet, portais, EDI, *wirelesss*, VoIP, radiofrequência etc.

REDES SOCIAIS[1]

Rede social é composta por pessoas ou organizações, conectadas por um ou vários tipos de relações, que partilham valores e objetivos comuns. Uma das características fundamentais na definição das redes é a sua abertura e porosidade, possibilitando relacionamentos horizontais e não hierárquicos entre os participantes.

As redes sociais *online* podem operar em diferentes níveis, como, por exemplo, redes de relacionamentos (Facebook, Google+, Skype, Orkut, MySpace, Instagram, Twitter, Badoo, Stayfilm, Onlyfreak), redes profissionais (Linkedin, Rede Trabalhar), redes comunitárias (redes sociais em bairros ou cidades), redes políticas, dentre outras, e permitem analisar a forma como as organizações desenvolvem a sua atividade, como os indivíduos alcançam os seus objetivos ou medir o *capital social* – o valor que os indivíduos obtêm da rede social.

As redes sociais têm adquirido importância crescente na sociedade moderna. São caracterizadas primariamente pela autogeração de seu desenho, pela sua horizontalidade e sua descentralização.

Um ponto em comum dentre os diversos tipos de rede social é o compartilhamento de informações, conhecimentos, interesses e esforços em busca de objetivos comuns. A intensificação da formação das redes sociais, nesse sentido, reflete um processo de fortalecimento da Sociedade Civil, em um contexto de maior participação democrática e mobilização social.

COMPUTAÇÃO EM NUVEM (*cloud computing*)

O conceito de computação em nuvem (em inglês, *cloud computing*) refere-se à utilização da memória e das capacidades de armazenamento e cálculo de computadores e servidores compartilhados e interligados por meio da Internet, seguindo o princípio da computação em grade.

O armazenamento de dados é feito em serviços que poderão ser acessados de qualquer lugar do mundo, a qualquer hora, não havendo necessidade de instalação de programas ou de armazenar dados. O acesso a programas, serviços e arquivos é remoto, através da Internet – daí a alusão à nuvem. O uso desse modelo (ambiente) é mais viável do que o uso de unidades físicas.

Num sistema operacional disponível na Internet, a partir de qualquer computador e em qualquer lugar, pode-se ter acesso a informações, arquivos e programas num sistema único, independente de plataforma. O requisito mínimo é um computador compatível com os recursos disponíveis na Internet. O PC torna-se apenas um *chip* ligado à Internet – a "grande nuvem" de computadores – sendo necessários somente os dispositivos de entrada (teclado, *mouse*) e saída (monitor).

7.3 APLICATIVOS ESPECÍFICOS

Estamos chamando de aplicativos específicos aos *softwares* de apoio já existentes, normalmente às tarefas individuais, operadas pelos atuais microcomputadores. De modo geral,

---

[1] Adaptado de Wikipedia, junho/2014.

é necessário que esses aplicativos específicos, quando utilizados, tenham condição de que o resultado de sua operação possa ser canalizado para os demais subsistemas de informação da empresa. São exemplos:

PLANILHAS ELETRÔNICAS

Softwares de apoio às tarefas de cálculo e apresentação numérica.

PROCESSADORES DE TEXTOS

Softwares de apoio às tarefas de comunicação escrita.

SISTEMAS DE APRESENTAÇÃO GRÁFICA

Softwares de apoio à apresentação de gráficos, imagens e palestras.

SISTEMAS DE BANCOS DE DADOS ESPECÍFICOS

Softwares que permitem a construção de bancos de dados específicos, notadamente de cunho de trabalhos individuais ou setoriais. É importante que dentro da empresa sua utilização não seja redundante com os bancos de dados gerais da companhia.

SISTEMAS MATEMÁTICO-ESTATÍSTICOS

Softwares desenhados especialmente para necessidades avançadas de matemática, para cálculos, bem como os *softwares* de apoio às necessidades de tabulação estatísticas de processos, atividades ou medições de controle interno. Como exemplo, podemos citar os *softwares* para números finitos, *softwares* para controle estatístico do processo (CEP), matemática não linear, inteligência artificial, *softwares* de modelos econométricos etc.

SISTEMAS DE ENGENHARIA (CAD/CAE/CAM)

Sistemas especialistas para o processo de desenvolvimento de produtos e processos de fabricação. Normalmente são utilizados pelos departamentos de engenharia da empresa, para projeto e desenho dos produtos, suas partes e peças e seus processos de fabricação.

- *Computer Aided Design* (CAD)
- *Computer Aided Engineering* (CAE)
- *Computer Aided Manufacturing* (CAM)

SISTEMAS PARA INTEGRAÇÃO DE MANUFATURA (CIM, AGV)

O conceito de CIM (*Computer Integrated Manufacturing*) – Manufatura Integrada por Computador – é um conceito de automação industrial, que busca integrar o processo de desenho, processo e manufatura, via computador. Assim, os sistemas CAD/CAE/CAM são ligados computacionalmente aos equipamentos de produção (máquinas a CNC), sejam elas

FMS, máquinas comuns, robótica etc., com o objetivo de tornar totalmente automática a produção ou parte dela.

O conceito de CIM pode avançar ainda mais, até o estoque, e para tanto, integra-se a movimentação interna de materiais por meio dos AGV – Veículos Guiados Automaticamente.

- *Flexible Manufacturing System* (FMS)
- *Auto Guided Vehicles* (AGV)
- *Comando Numérico Computadorizado* (CNC)

SISTEMAS DE LOGÍSTICA

De modo geral, considera-se logística o estudo do processo de movimentação de materiais e distribuição de produtos, objetivando viabilizar a produção e entrega dos produtos dentro de custos menores. A logística inclui o estudo pormenorizado dos locais de origem dos materiais, os meios de comunicação e transporte até a fábrica, os locais de destino dos produtos e os meios de comunicação e transporte aos clientes ou mercados de distribuição.

Desta maneira, existem sistemas de informação especialistas para apoiar as atividades de logística dentro das empresas.

CUSTOMERS RELATIONSHIP MANAGEMENT (CRM)

Significa Gerenciamento das Relações com os Clientes. É uma especialização da área do Sige/ERP mais voltada para gestão das relações com clientes e marketing. Compreende alguns módulos específicos voltados para o relacionamento com clientes, com os módulos de Vendas e de Entradas de Pedidos, bem como tecnologias e módulos de trabalho direto com os clientes, tais como *Call-Center*, Telemarketing, *Help-Desk* (atendimento e manutenção a distância) etc.

Dada a importância natural dos clientes como uma entidade fundamental para a gestão do sistema empresa, o conceito de *chairman* tem-se solidificado, tornando-se um conjunto e conceito inseparável do Sige/ERP.

EFFICIENT CUSTOMER RESPONSE (ECR)

Significa Resposta Eficiente ao Cliente. É um aplicativo de apoio à reposição imediata das necessidades de mercadorias aos clientes. Trabalha no conceito de *Just in Time*, e tem como finalidade básica integrar computacionalmente o fornecedor ao cliente, de tal forma que haja um reabastecimento contínuo dentro das necessidades dos clientes. É muito utilizado pelas cadeias de supermercados, que trabalham em parceria com os principais fornecedores.

São conceitos similares Reabastecimento Contínuo (CRP) e Gerenciamento dos Estoques em Consignação (VMI).

DATA MINING

Significa literalmente mineração de dados. Essa tecnologia utiliza algoritmos matemáticos para pesquisar padrões em grandes volumes de dados que se relacionem a questões comerciais. O objetivo é transformar riqueza (volume) de dados em informações ricas, partindo do pressuposto que as empresas podem ter bastante dados, mas podem ser pobres as informações disponíveis, decorrentes desses dados. Os objetivos do *data mining* centram-se em descobrir novos clientes e reduzir custos.

PROCUREMENT ONLINE

Também denominado *e-procurement*. São *softwares* especializados em cotação e compra de produtos e serviços por meio da Internet. O objetivo é agilizar e baratear o processo de cotação, pedidos e compras bem como ligar o máximo possível de fornecedores qualificados à empresa, via Internet.

INTELIGÊNCIA ARTIFICIAL

Linguagem de programação que procura reproduzir a lógica da mente humana no processo de pesquisa, raciocínio e tomada de decisões. Como exemplo cita-se a inteligência Neural, que são conceitos de inteligência artificial desenvolvidos dentro dos *softwares*, quase permitindo que eles pensem, fazendo rastreamento e sugerindo decisões.

BIG DATA

Tecnologia capaz de cruzar um número exorbitante de dados, objetivando transformar dados para diversas decisões de negócios ao revelar padrões comportamentais e de tendências. Em tecnologia da informação, **Big Data** ("megadados", em português) refere-se a um grande armazenamento de dados e maior velocidade. Diz-se que o *Big Data* se baseia em 5 "V": *velocidade, volume, variedade, veracidade* e *valor*.

IMPRESSÃO 3D

Impressão de peças e objetos com plástico e outros materiais. Possibilita economia de materiais e agilidade na produção.

7.4 SUGESTÃO DE ARQUITETURA DE SI/TI (EAI)

Coordenando o conceito de Sistemas Integrados de Gestão (Sige/ERP), com as tecnologias e aplicativos de apoio, surgiu o conceito de *Enterprise Application Integration* (EAI), literalmente Integração dos Aplicativos Empresariais.

O fundamento do conceito EAI é que similarmente ao conceito de integração do Sige/ERP, todos os sistemas de informações, sejam eles centrais (ERP) sejam complementares (CRM, EVR etc.) e mais as tecnologias de apoio (WEB/Internet, EDI etc.), devam ser também totalmente integrados, dentro do conjunto desses componentes utilizados pela empresa.

Provavelmente, esse conceito deverá evoluir e tornar-se o mais utilizado em um futuro próximo. Damos a seguir uma visão desse conceito, selecionando as principais tecnologias e aplicativos de apoio, tendo como o Sige/ERP, que estamos denominando arquitetura de SI/TI (Sistema de Informação + Tecnologia de Informação).

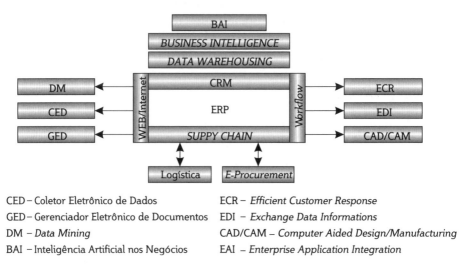

CED – Coletor Eletrônico de Dados
GED – Gerenciador Eletrônico de Documentos
DM – *Data Mining*
BAI – Inteligência Artificial nos Negócios

ECR – *Efficient Customer Response*
EDI – *Exchange Data Informations*
CAD/CAM – *Computer Aided Design/Manufacturing*
EAI – *Enterprise Application Integration*

Figura 7.1 Arquitetura de SI/TI em sugestão – EAI.

Nessa sugestão, mostramos o Sige/ERP com suas duas frentes principais: O CRM para lidar com os clientes e o *Supply Chain* para trabalho com os fornecedores. Potencializado e permeando todo o ERP estão os aplicativos de *Workflow* e a tecnologia WEB/Internet, objetivando comunicação instantânea e utilização de procedimentos internados computacionalmente.

Complementando as principais áreas operacionais suportadas pelo ERP, destacamos o *e-procurement* e os sistemas de logísticas para apoiar a área de compras e movimentação de materiais e produtos. Para suportar as vendas e reposição de produtos, há o ECR. Para a troca de dados, a tecnologia de EDI, normalmente utilizada pelos setores de contas a receber e a pagar. Para suportar as áreas de engenharia e desenvolvimento de produtos, o complexo CAD/CAM.

Para suportar a pesquisa de marketing, o *Data Mining*. Para suportar a coleta de informações do chão de fábrica, a tecnologia do Coletor Eletrônico de Dados. Suportando todo o processo de arquivo, o Gerenciador Eletrônico de Documentos.

O *Data Warehousing*, como um banco de dados de informações mais trabalhadas e já com grau de inteligência, suporta a empresa em sua totalidade para um primeiro estágio de informações para tomada de decisão. Num nível acima, em que há necessidade de maior flexibilidade para tomada de decisão, está o *Business Intelligence*, como representante de um *software* de apoio ao processo decisorial para o corpo diretivo e gerencial. Por último, a possibilidade de utilização de *softwares* mais especializados e poderosos, com linguagem de inteligência artificial, também objetivando auxiliar a tomada de decisão e o processo de planejamento estratégico.

Contabilidade dentro do Sige e do Processo de Gestão

8.1 PROCESSO DE GESTÃO

O processo de gestão, também denominado processo decisório, caracteriza-se pelo ciclo Planejamento, Execução e Controle. O planejamento subdivide-se em duas fases: *Planejamento estratégico* e *planejamento operacional*.

PLANEJAMENTO ESTRATÉGICO

É fase de definição de políticas, diretrizes e objetivos estratégicos, e tem como produto final o equilíbrio dinâmico das interações da empresa com suas variáveis ambientais. Nesta etapa realizam-se as leituras dos cenários do ambiente e da empresa, comumente confrontando as ameaças e oportunidades dos cenários vislumbrados com os pontos fortes e fracos da empresa.

PLANEJAMENTO OPERACIONAL

Define os planos, políticas e objetivos operacionais da empresa e tem como produto final o orçamento operacional. Realiza-se, geralmente, por meio do processo de elaboração de planos alternativos de ação, capazes de implementar as políticas, diretrizes e objetivos do plano estratégico da empresa e do processo de avaliação e aprovação dos mesmos.

PROGRAMAÇÃO

É a fase do processo de planejamento em que se replaneja a curto prazo, adequando-se às expectativas, frente às alterações do ambiente externo e interno.

EXECUÇÃO

É a etapa do processo de gestão onde as coisas acontecem. A execução deve estar em coerência com o planejado.

CONTROLE

O controle é um processo contínuo e recorrente que avalia o grau de aderência entre os planos e sua execução, compreendendo a análise dos desvios ocorridos, procurando identificar suas causas e direcionando ações corretivas. Além disso, deve observar a ocorrência de variáveis no cenário futuro, visando assegurar o alcance dos objetivos propostos.

Quadro 8.1 Processo de gestão – visão resumida.

Fases do processo	Finalidade	Produto
Planejamento estratégico	Garantir a missão e continuidade da empresa	Diretrizes e políticas estratégicas
Planejamento operacional	Otimizar o resultado a médio prazo	Plano operacional
Programação	Otimizar o resultado a curto prazo	Programa operacional
Execução	Otimizar o resultado de cada transação	Transação
Controle	Corrigir e ajustar para garantir a otimização	Ações corretivas

8.2 CONTABILIDADE NO PROCESSO DE GESTÃO

A contabilidade se caracteriza, essencialmente, por ser a ciência do controle. Contudo, é importante ressaltar que o conceito de controle contábil não é o conceito apenas de controle *a posteriori*. A função contábil na empresa e, consequentemente, sua grande importância, implica um processo de acompanhamento e controle que perpassa todas as fases do processo decisório e de gestão e, seguramente, as etapas do planejamento.

Nesse sentido, entendemos controle conforme a abordagem controlística da ciência contábil. As funções de controle econômico constituem, segundo Fabio Besta,[1] o objetivo principal da contabilidade. Subdividem-se nas seguintes espécies:

a) antecedente;
b) concomitante;
c) subsequente.

Jucius e Schlender[2] denominam essas atividades de controle ao longo do tempo em: controle preliminar, controle concorrente e pós-controle.

Essa abordagem implica que dentro do próprio planejamento estratégico há uma função de controle, denominada antecedente ou preliminar. O termo controle, normalmente, se aplica ao processo de execução. Contudo, entendemos também que dentro do processo de estabelecimento de diretrizes, construção de cenários, já há um processo de controle implícito, identificando e priorizando as variáveis em relação aos objetivos maiores do sistema empresa.

---

[1] Apud VIANA, Cibilis da Rocha. *Teoria geral da contabilidade*. 3. ed. Porto Alegre: Sulina, 1966. p. 53.
[2] JUCIUS, Michael J.; SCHLENDER, William E. *Introdução à administração*. 3. ed. São Paulo: Atlas, 1990. p. 128.

A título de exemplo de como a contabilidade está presente controlando e avaliando dentro do processo de planejamento estratégico, são os subsistemas contábeis de informação das variáveis da conjuntura social, econômica, setorial e de mercado que devem ser acumulados e tratados de forma sistêmica e que são parte dos subsídios para o processo de gestão da estratégia.

Em suma, a contabilidade está presente em todas as etapas do processo gestional, seja nas fases de planejamento, execução ou propriamente controle.

8.3 CONTABILIDADE DENTRO DO SIGE

O papel da contabilidade, e por extensão, do Sistema de Informação Contábil dentro de um Sistema Integrado de Gestão Empresarial – Sige –, é reforçado pelas próprias características da ciência contábil e da função do setor contábil.

Tendo em vista que, para a empresa cumprir sua missão, é necessário sua continuidade, e para tal, é necessária a realização de lucros que satisfaçam plenamente todos os envolvidos com o sistema empresa (acionistas, credores, diretores, funcionários, governo etc.); a parametrização do Sige deve ser feita a partir das necessidades informacionais dos gestores sobre os eventos econômicos realizados pelas diversas áreas e atividades empresariais.

Em outras palavras, todas as ações da empresa, dentro das áreas de produção, comercialização e finanças, devem conduzir a resultados econômicos positivos (lucros). Sendo a Ciência Contábil a única especializada em avaliar economicamente a empresa e seus resultados, todas as ações terminam por convergir para o Sistema de Informação Contábil, que é, essencialmente, um sistema de avaliação de gestão econômica.

Analisando o fluxo de informações dentro da empresa, verifica-se que, em linhas gerais e de alguma forma e em algum momento, todas as informações existentes ou geradas na empresa terminam por "cair" na contabilidade, para o processo de mensuração dos eventos econômicos a que elas pertencem. A contabilidade, por meio de sua metodologia de registro – o lançamento – mensura os eventos econômicos, classifica-os e incorpora-os a seu sistema de informação, fazendo seu papel de controle e avaliação econômicos do sistema empresa.

Algumas informações vão direto para a contabilidade, dos setores onde se originam, sendo que outras passam por várias áreas antes de serem captadas pelo sistema contábil. A título de exemplo, podemos visualizar um fluxo geral de informações das principais áreas operacionais e o caminho que percorrem até chegar ao sistema de informação contábil.

A Figura 8.1 deixa ver bem o papel importante que a contabilidade representa dentro do Sige. Toda e qualquer informação constante nos demais subsistemas componentes do Sige devem ser trabalhadas, analisadas, parametrizadas e formatadas, com a consciência clara das necessidades de contabilização.

8.4 MODELAÇÃO DAS INFORMAÇÕES DOS SISTEMAS OPERACIONAIS E A CONTABILIDADE

Conforme vimos, todas as informações terminam por convergir, direta ou indiretamente, parcial ou integralmente, para o processo de gestão contábil, em qualquer etapa do processo decisório, desde o planejamento e programação até o controle.

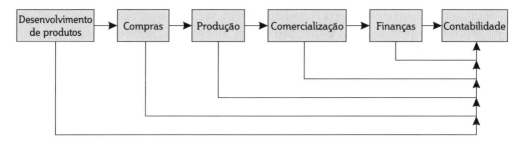

Figura 8.1 Fluxo das informações das áreas operacionais para a contabilidade.

Não que a Contabilidade seja o subsistema mais importante. Ele é de importância igual aos demais subsistemas operacionais da empresa. Contudo, como a mensuração econômica da empresa, que é a mensuração final de todo o processo operacional, é elaborada pela contabilidade, este sistema tem esta missão específica e especial dentro da empresa.

Dessa maneira, toda a parametrização das informações necessárias para os setores, áreas e sistemas operacionais ou de apoio à gestão deve ser feita dentro de modelos que incluam a totalidade das necessidades informacionais contábeis. Tanto em nível de sintetização como em nível de detalhamento de informações, nos níveis de identificação, classificação e acumulação, elas devem respeitar as necessidades contábeis, por serem as necessidades informacionais contábeis a última instância do processo operacional e de gestão.

Nesse sentido, o fluxo apresentado na Figura 8.1 pode ser visto de forma inversa, como na Figura 8.2. A modelação das informações dos demais subsistemas do Sige deve ser feita após cuidadosa verificação das necessidades do sistema de informação contábil, que, por sua vez, já estão parametrizadas de acordo com as reais e totais necessidades de informação que a empresa, por meio de sua cúpula, já identificou na formação do sistema contábil.

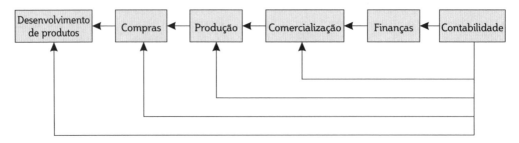

Figura 8.2 Modelação das informações das áreas operacionais e a contabilidade.

8.5 PARAMETRIZAÇÃO DOS MÓDULOS DO SIGE

Com base nas necessidades informacionais dos gestores sobre as atividades da empresa, deve ser feita a parametrização dos módulos do Sige no que concerne às necessidades contábeis, de tal forma que permita o adequado processo de integração, bem como o processo de extração e transferência de dados para o sistema de informação contábil.

Por meio de uma análise minuciosa do fluxo de informações dentro da empresa, notamos que, geralmente, todas as informações geradas na empresa convergem para a Contabilidade.

Algumas informações vão direto dos setores de onde originam para a Contabilidade; outras passam por diversas áreas antes de serem processadas pelo sistema contábil.

No processo de estruturação de um sistema de informação, é importante o armazenamento em banco de dados bem estruturado e confiável, processando as informações com segurança, minimizando erros e atendendo às necessidades dos usuários com informações precisas e com agilidade.

O impacto contábil de cada transação processada em cada módulo do Sige deverá ser parametrizado dentro de cada um desses módulos, segundo orientação da Contabilidade, que, por sua vez, seguirá as orientações definidas nas etapas anteriores. Na Figura 8.3, apresentamos um quadro com exemplos de parametrização de alguns módulos do Sige.

Módulo do Sige	Parametrização Contábil
Estrutura do Produto	Código do Produto para Contas de Receitas
	Conta de Classificação de Consumo de Materiais
Processo de Fabricação	Centros de Custo
	Definição dos Recursos:
	a) Mão de Obra Direta
	b) Equipamentos Utilizados (Depreciação)
	c) Serviços de Terceiros
Faturamento	Contas de Clientes
	Contas de Receitas por Transação
	Contas de Controle dos Impostos
Contas a Receber	Contas de Receitas e Despesas Complementares (Juros, Descontos etc.)
Compras e Recebimentos	Contas de Despesas por Centros de Custo e Destino dos Materiais
	Contas de Estoques
	Contas de Controle dos Impostos
Folha de Pagamento	Contas de Despesas de Mão de Obra
	Centros de Custo
Contas a Pagar	Contas de Receitas e Despesas Complementares (Juros, Descontos etc.)
Projetos	Contas para Acumulação das Ordens de Trabalho
Custos	Contas para:
	a) Estoques
	b) Consumo
	c) Produtos etc.

Figura 8.3 Alguns exemplos de parametrização de alguns módulos no Sige.

Na Figura 8.3 percebemos que cada módulo gera informações para o módulo contábil. Por exemplo: o módulo Faturamento envia dados para as contas contábeis: clientes, contas de receitas e contas de controle dos impostos.

9

Sistemas Operacionais

O objetivo deste capítulo é apresentar uma breve descrição dos sistemas de informações de apoio às operações, com o intuito de permitir uma visão geral do fluxo operacional de uma empresa, com enfoque na indústria, para que se possa fazer uma ligação entre as necessidades informacionais dos sistemas operacionais e sua captação e interação com o sistema contábil.

É necessário que o profissional contábil, responsável pelo sistema de informação contábil, compreenda profundamente o processo operacional da empresa e as informações necessárias geradas pelos sistemas que apoiam as operações, para que o sistema de informação contábil seja completamente integrado aos demais, o que, além de evitar a redundância de dados, seguramente possibilitará a ampliação da importância da informação contábil dentro da empresa.

Daremos ênfase especial à produção, evidenciando, neste caso, as atuais correntes, ou filosofias, de administração de produção, pois elas têm impacto profundo na forma de mensurar determinados eventos contábeis.

9.1 PRINCIPAIS ÁREAS OPERACIONAIS DA EMPRESA

Classicamente, a empresa apresenta três grandes áreas de gestão:

- produção;
- comercialização;
- administração.

Além dessas grandes áreas, outras áreas de porte existem dentro da empresa, que, em alguns organogramas, podem adquirir o *status* de área, ou então, divisão ou departamento. Alguns exemplos dessas áreas de porte podem ser:

- compras;
- estoques;
- logística e distribuição;
- marketing;
- desenvolvimento de produtos;
- administração de recursos humanos;
- informática e telecomunicações;
- finanças etc.

Muitas dessas atividades envolvem grande complexidade de operação, razão pela qual existem sistemas de informação altamente desenvolvidos para suprir a necessidade de gestão operacional dessas atividades.

Normalmente, a área que congrega maior quantidade de operações é a área de produção. Eventualmente, determinado segmento de negócio pode apresentar maior complexidade na área de comercialização ou distribuição, mas o mais comum é que a área de produção necessite de maior quantidade de sistemas informacionais de apoio, devido tanto à complexidade quanto ao próprio tamanho, tanto em termos de instalações quanto na necessidade de funcionários.

Antes de passarmos para uma breve apresentação dos sistemas de informação operacionais mais conhecidos, faremos uma apresentação sintética de tecnologias de produção e dos principais conceitos de administração de produção.

9.2 TECNOLOGIAS DE PRODUÇÃO

As tecnologias de produção caminham inexoravelmente para ambientes monitorados computacionalmente, de modo que garantam os conceitos de qualidade total e manufatura de classe mundial. O conceito de ambiente de produção totalmente integrado computacionalmente é expresso pelo CIM – *Computer Integrated Manufacturing* (Fabricação Integrada por Computador).

O ambiente CIM busca agilizar e integrar o processo produtivo, a partir do desenvolvimento do produto, até a fabricação final. Além de procurar assegurar a qualidade, o ambiente CIM objetiva reduzir drasticamente os tempos de preparação de máquinas (*setup*), por meio do conceito de células de produção. Com isso, a produção torna-se flexível, ou seja, pode produzir componentes com lotes menores, com rapidez, possibilitando atendimento aos clientes dentro de prazos considerados curtos em relação a processos anteriores de produção, ao mesmo tempo que alarga as possibilidades de individualização de produtos especificados para cada cliente.

O ambiente CIM é integrado computacionalmente com sistemas de planejamento de produção e movimentação automática de materiais.

Apresentamos na Figura 9.1 um esquema sintético do ambiente CIM e seus principais componentes, conceituados a seguir.

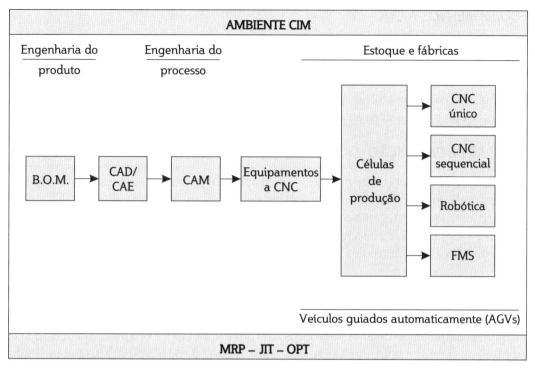

Figura 9.1 Tecnologia da produção integrada.

BILL OF MATERIAL (BOM)

Representa a estrutura do produto, decorrente da engenharia de desenvolvimento. Denomina-se também Lista de Materiais. É necessária para o desenvolvimento de engenharia, controle e movimentação de materiais.

COMPUTER AIDED DESIGN/COMPUTER AIDED ENGINEERING (CAD/CAE)

Podemos traduzir como Computador Ajudando o Desenho/Computador Ajudando Engenharia. O produto e suas partes e peças são especificados e desenvolvidos por computador, para integração com a fase seguinte do processo CIM, que é a feitura do processo. O CAD/CAE corresponde, juntamente com o BOM, às etapas de desenvolvimento do produto, ligadas à engenharia de desenvolvimento, ou engenharia de produto.

COMPUTER AIDED MANUFACTURING (CAM)

A sequência computacional do CAD/CAE é o CAM – Computador Ajudando a Fabricação. Esse ferramental computacional parte dos dados especificados no CAD/CAE e os transforma em linguagem das máquinas que vão trabalhar as peças, identificando e especificando como as peças deverão ser fabricadas. É a etapa que denominamos engenharia do processo ou engenharia de fábrica.

EQUIPAMENTOS A CNC

O CAM alimenta os diversos equipamentos existentes na fábrica a CNC – Comando Numérico Computadorizado. Estamos denominando CNC todos os equipamentos controlados por meio computacional. Integrado com o sistema de planejamento e controle de produção e com o sistema de controle e movimentação de materiais, conclui-se o ambiente CIM, a integração computadorizada entre os produtos e a fabricação.

CÉLULAS DE PRODUÇÃO

Entende-se por células de produção um grupo de duas ou mais máquinas automatizadas dentro da companhia. No nosso esquema figurativo, incluímos também o CNC único como se fosse uma célula, no sentido de que também uma máquina só pode fazer parte do ambiente CIM. Porém, o conceito de célula de produção pressupõe duas ou mais máquinas automatizadas ligadas entre si.

FLEXIBLE MANUFACTURING SYSTEM (FMS)

O sistema FMS é o que espelha adequadamente o conceito de célula de produção. As máquinas componentes do FMS são controladas por computador e programadas para mudar rapidamente de um estágio de produção para outro. A chave de um FMS é o fluxo automatizado de materiais para a célula, por meio do sistema automático de movimentação de materiais, e a remoção automática dos componentes produzidos, após sua conclusão.

Outro fundamento do FMS é a possibilidade de eliminação do tempo de preparação (*setup*) entre uma máquina e outra componente da célula, aumentando drasticamente a velocidade de produção, com a eliminação dos tempos de preparação e movimentação de material, além do incremento da qualidade e redução de estoques.

9.3 ADMINISTRAÇÃO DE PRODUÇÃO

Os conceitos de administração de produção mais em evidência são o MRP, o JIT e a OPT. O MRP – *Material Requirements Planning* (Planejamento das Necessidades de Materiais) é o conceito tradicional e mais antigo. Parte dos estoques existentes e das necessidades geradas pelo programa de produção e estrutura do produto, para fazer o acionamento das requisições de materiais e colocar as ordens de produção dos subconjuntos, conjuntos e produto final para a fábrica. O MRP tem como conceito trabalhar com e gerar estoques, por meio do conceito de lote econômico de produção.

O JIT (*Just in Time*), como já vimos, busca eliminar os estoques e tem como filosofia só produzir se houver um pedido firme de cliente. Portanto, como teoria, não trabalha com programa de produção, para não gerar estoques.

A OPT – *Optimized Manufacturing Technology* (Tecnologia da Produção Otimizada) é decorrente da Teoria das Restrições, que já citamos na introdução. Essa teoria centra-se nas restrições ou gargalos do processo de manufatura, entendendo que esses gargalos tornam ineficiente o total da cadeia produtiva e admite os estoques apenas para evitar eventuais gargalos ou restrições.

Esses três enfoques de administração, apesar de nascerem objetivando cada um deles ser completo e definitivo, ultimamente têm sido trabalhados em conjunto, e já existem empresas que empregam os três conceitos ou pelos menos dois deles conjuntamente.

MATERIAL REQUIREMENTS PLANNING (MRP)

MRP significa Planejamento das Necessidades de Materiais. Pode ser definido como um conjunto de técnicas que utiliza listas de materiais, dados do controle de estoques e programa de produção, para calcular as necessidades de materiais, acionar e controlar a emissão de pedidos e ordens de fabricação, controlar e gerenciar estoques e produção.

O sistema MRP já evoluiu para o sistema MRP – II – Manufacturing Resource Planning (Planejamento de Recursos de Manufatura) e para o MRP-III, onde é utilizado conjuntamente com o *Just in Time*.

Basicamente, o MRP trabalha com três grandes bancos de dados dentro da empresa:

a) programa mestre de produção;
b) controle de estoques;
c) lista de materiais ou arquivo da estrutura do produto (BOM – *Bill of Material*).

Além disso, também utiliza os dados das engenharias de processos, bem como as informações dos tempos de compra, produção e espera (*lead times*).

O MRP objetiva:

a) calcular e planificar as necessidades de materiais, comprados e fabricados;
b) liberar os pedidos e reprogramar os pedidos em aberto;
c) liberar as ordens de fabricação e reprogramar as ordens em aberto;
d) calcular e planificar as necessidades de capacidade de produção;
e) planejar e controlar a produção e os estoques.

A Figura 9.2 mostra uma visão geral do MRP.

JUST-IN-TIME

A filosofia de administração de produção JIT – *Just-in-Time* (no momento certo) nasceu da visão de que os estoques são elementos encorajadores e acobertadores de ineficiência gerencial e lentidão do processo fabril. Os seguidores dessa filosofia entendem que, com cuidadoso planejamento e controle, os estoques podem ser drasticamente reduzidos e até eliminados, com isso, reduzindo os custos.

Conceitualmente, o JIT enfoca que as compras de materiais só devem ser feitas em quantidade e no momento exato da necessidade da produção, processadas em seguida e os produtos concluídos devem imediatamente ser expedidos aos clientes. Assim, a empresa não deve ter estoques de materiais, pois os fornecimentos de materiais devem ser feitos no momento certo do início da produção; não deveria ter estoques de produção em processo porque as partes e peças só devem ser montadas no momento certo de conclusão dos produtos e não deveria ter estoques de produtos acabados porque os produtos só devem ser concluídos no momento certo de entrega aos clientes.

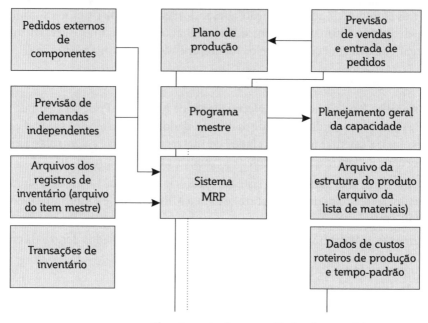

- Planejamento das necessidades de materiais.
- Notificações de ações para liberação das ordens e reprogramação de pedidos em aberto.
- Planejamento das necessidades de capacidade.
- Listas de despacho.
- Programas de compras.
- Plano de recursos de manufatura.
- Relatórios de desempenho.

Fonte: Adaptada de RITZMAN, Larry P.; KRAJEWSKI, Lee J. *MRP*. São Paulo: Imam, 1989.

Figura 9.2 MRP – Visão geral.

Podemos fazer um fluxo figurativo da produção e estoques dentro de um sistema JIT e compará-lo com o mesmo fluxo num sistema tradicional. Observe as Figuras 9.3 e 9.4.

Figura 9.3 Fluxo de produção e estoques num sistema tradicional.

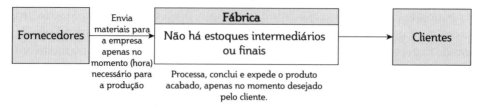

Figura 9.4 Fluxo de produção e estoques num sistema JIT.

ELEMENTOS FUNDAMENTAIS NUM SISTEMA JIT E EXPANSÃO DO CONCEITO

A implementação e manutenção de um sistema JIT envolve pelo menos quatro elementos fundamentais para seu sucesso:

a) a empresa deve aprender a trabalhar com poucos fornecedores, de confiança e que assegurem a qualidade e prazos de entrega de materiais;

b) os fornecedores devem ter condições de entregar os materiais em lotes pequenos, de maneira rápida, contínua e integrada com o fluxo de produção da empresa compradora, em intervalos de tempo pequenos, diários ou até horários;

c) a empresa deve implementar a filosofia TQC, de modo que a qualidade durante todo o processo de fabricação seja assegurada e que nenhum defeito seja permitido durante o processamento fabril;

d) a empresa dever ter operários multiespecializados, que atendam a produção de forma flexível e provavelmente, deve rearrumar a fábrica dentro do conceito de ilhas ou células de produção.

O JIT é um sistema de gerenciamento dos estoques e da produção. Aliado aos conceitos de TQC, a filosofia JIT agregou outros conceitos, tornando-se um sistema amplo de gerenciamento fabril. Assim, a expansão do conceito JIT tornou-se uma filosofia empresarial, lastreada basicamente em três ideias centrais:

1. Todas as atividades que não agregam valor ao produto devem ser eliminadas.

Essa ideia pode ser exemplificada pela seguinte equação no caso de tempo de fabricação:

> Tempo de Fabricação = Tempo de Processamento + Tempo de Inspeção + Tempo de Movimentação + Tempo de Espera

A única atividade do processo produtivo que agrega valor é o tempo de processamento. As demais são atividades que não agregam valor e deveriam ser eliminadas.

2. Um compromisso deve ser feito para atingir e manter a qualidade em todas as atividades da empresa.

3. Um compromisso deve ser feito para o contínuo aperfeiçoamento da eficiência das atividades dentro da empresa e da utilidade dos dados gerados para gerenciamento.

Nakagawa[1] expressa esses conceitos através do que denomina *filosofia de excelência empresarial*. A filosofia de excelência empresarial é baseada em dois princípios fundamentais:

- contínuo aperfeiçoamento;
- eliminação de desperdícios.

Os três pilares da excelência empresarial, segundo Nakagawa, são:

---

[1] NAKAGAWA, Masayuki. *Gestão estratégica de custos.* São Paulo: Atlas, 1991.

- fazer as coisas corretamente na primeira vez;
- extrema rapidez de preparação de equipamentos em células de produção e, por conseguinte, de produção;
- envolvimento das pessoas.

TEORIA DAS RESTRIÇÕES/TECNOLOGIA DA PRODUÇÃO OTIMIZADA (TOC/OPT)

A Teoria das Restrições (*Theory of Constraints*) também denominada GDR (Gerenciamento das Restrições) desenvolvida por Goldratt e Cox[2] traduziu-se numa filosofia de manufatura denominada OPT – *Optimized Manufacturing Technology* (Tecnologia da Produção Otimizada), que é considerada uma variante da filosofia JIT.

Segundo Goldratt, o que determina a resistência, "a força" de uma corrente (um processo fabril, por exemplo), é seu elo fraco. Só existe um elo fraco numa corrente. Este elo fraco restringe o melhor desempenho de toda a corrente (de todo o processo). Essa restrição ou gargalo é que deve ser imediatamente trabalhada. Eliminada a primeira restrição, outras restrições, outros elos fracos da corrente irão aparecer e assim sucessivamente, num contínuo aperfeiçoamento e fortalecimento do processo produtivo e empresarial.

Para colocar a teoria em prática, segundo Goldratt, cinco passos são necessários:

1. identificar a restrição do sistema, que é justamente o elo mais fraco;
2. explorar a restrição, ou seja, eliminar as perdas e aumentar o ganho;
3. subordinar tudo à decisão anterior;
4. ultrapassar a restrição;
5. voltar ao primeiro passo e identificar a nova restrição.

Dentro da filosofia OPT, um inventário é deliberadamente mantido apenas para impedir que os pontos de restrições ou gargalos impeçam o desenvolvimento contínuo do fluxo de produção e as vendas. Exceto nesses casos, mantém-se a filosofia JIT de meta de estoque inexistente.

Um outro enfoque que Goldratt tem enfatizado em suas palestras por todo o mundo, é que a ênfase de um negócio, ou seja, sua meta, deve estar ligada aos resultados da companhia, aos seus ganhos. Nessa linha de pensamento, todo o processo de filosofia empresarial deve estar centrado nas receitas e não nas despesas e custos. As despesas e custos são apenas recursos para produzir receitas e ganhos.

Conceitualmente, Goldratt tem expressado, até de uma forma violenta, que a contabilidade de custos não tem valor nenhum para a empresa, sendo até um empecilho para o atingimento de suas metas de resultados positivos. Partindo do pressuposto de que quem faz o preço é o mercado, uma contabilidade de custos para apenas apurar custos e formar preço de venda não tem sentido nenhum. Segundo ele, deve haver uma mudança radical no pensamento dos empresários, de forma que "abandonem o mundo dos custos, para qual foram treinados, e ingressem no mundo dos ganhos, onde está a intuição e os resultados positivos".

---

[2] GOLDRATT, Eliyahu; COX, Jeff. *A meta*. São Paulo: Imam, 1986.

No Quadro 9.1 apresentamos um resumo das características desses três enfoques de gerenciamento de produção, baseado em Fullmann.[3]

Quadro 9.1 Análise comparativa entre MRP-JIT-TOC.

Conceito	MRP	JIT/Kanban	TOC/OPT
Visão do Inventário	Vantagem.	Mal, uma perda.	Um dreno na posição competitiva.
Filas e Pulmões – Estoque em Processo	Grandes, em todos os lugares.	Pequenos, em todos os lugares.	Apenas em pontos críticos, para proteger as vendas.
Programação:			
Ponto de programa-mestre	Pedidos/montagem final.	Montagem final.	Recursos críticos.
Controle para adesão ao programa	Lançamento do pedido, fazer o seguimento. OK para fazer antes, para manter ocupado.	Limite de pulmão reforçado rigorosamente.	Adesão ao programa é uma medição de alta prioridade de desempenho nos pontos críticos.
Restrições	Podem deixar de ser reconhecidas.	O impacto aparecerá à medida que os pulmões forem reduzidos e os melhoramentos feitos.	A função crítica reconheceu, administrou de perto, concentrou os melhoramentos feitos.
Tamanhos do lote	Lote econômico grande.	Lotes pequenos de transferência. Flexível de processo, direção para tamanho do lote = 1.	Lotes pequenos de transferência. Lote flexível de processo, escolha para maximizar as vendas, direção para muito pequenos.
Redução do tempo de preparação	Pouca prioridade, lotes econômicos para diluir o custo.	Preparação com um dígito em todos os lugares.	Melhorar a preparação nos recursos críticos primeiros.
Mão de obra e capacidade	Empenho para equilibrar com a demanda, mas, na verdade, terá excesso para reagir contra os problemas.	Permitir algum excesso para proporcionar flexibilidade.	Romper os gargalos, aumentar as vendas, permitir algum excesso em outro lugar para flexibilidade. Os investimentos não são gargalos, são perdas.
Identificação e oportunidade de melhoramento	Buscar quando as oportunidades surgirem.	Reduzir os pulmões, para forçar a solução dos problemas, permitir paradas.	Identificar os recursos críticos e concentrar-se neles, manter o máximo de vendas.
Qualidade	Aceitar níveis moderados de defeitos.	Zero defeito.	Começar pelas operações críticas, melhoramentos contínuos, auxiliados pelas operações sincronizadas.

---

[3] FULLMANN, Claudiney. *Gerenciamento das restrições*. São Paulo: Imam, 1989. p. 257.

Recentemente, a empresa Volkswagen instalou uma fábrica de caminhões em nosso país, adotando um conceito de produção bastante agressivo, que a própria empresa denominou de *produção modular*. Essa abordagem produtiva centra-se em manter a pesquisa e desenvolvimento e o projeto do produto dentro da empresa, entregando grande parte da sequência dos processos (da cadeia de valor) para terceiros. A relevância desta abordagem produtiva está em que os fornecedores devem fornecer os materiais, subconjuntos e conjuntos, concluindo os processos dentro da empresa montadora. Assim, os funcionários das empresas fornecedoras de componentes executam parte (ou até a totalidade, no caso da pintura) das tarefas na outra empresa, a montadora.[4]

SISTEMA *LEAN* DE PRODUÇÃO – A PRODUÇÃO ENXUTA

Apesar de ser inevitável a intensificação das tecnologias de apoio à produção, nem sempre as tecnologias mais avançadas e automatizadas respondem com flexibilidade necessária à dinâmica das necessidades sempre diferentes das empresas. Equipamentos e tecnologias dentro da concepção CIM, que incluem robótica e AGVs, além de exigirem investimentos financeiros substanciais, podem não ter flexibilidade necessária quando da necessidade de alterações na estrutura dos produtos, dentro de um grau de rapidez e flexibilidade desejada.

Assim nasceu o conceito de produção enxuta (*lean production*), para tecnologias e processos de produção ajustados às necessidades das variações de itens produzidos dentro das empresas, buscando flexibilidade, agilidade e redução de custos com menos investimentos. Dentro do conceito de manufatura *lean*, as células de produção são estruturadas com equipamentos de menor porte, em maior quantidade, onde a sequência dos diversos processos não é totalmente automatizada, sendo a movimentação dos itens e a carga dos itens nos equipamentos substituídas pelo elemento humano.

Dentro da *lean production*, destaca-se o conceito de *takt-time*. É uma metodologia que visa ao sincronismo produtivo entre o fornecedor ao cliente. Matematicamente, é definido como a razão entre o tempo disponível para a produção interna, ou seja, o número total de horas considerando as perdas, pelo volume previsto ou o número de peças requerido pelo cliente. Nesse sentido, o *takt-time* é um tempo-tarefa, ou tempo objetivo. Por exemplo, determinado lote de produtos a ser entregue a um cliente exigirá da fábrica uma quantidade determinada de horas de trabalho. Esse é o *takt-time*. Imediatamente, a fábrica deverá flexibilizar suas células de produção, de tal forma que atendam o mais rápido possível às horas demandadas pela encomenda do cliente.

9.4 SISTEMAS DE INFORMAÇÃO DE APOIO À PRODUÇÃO

Além do MRP, o sistema de informação central de planejamento e controle da produção, os principais sistemas que existem são os que seguem, sendo importante ressaltar que não é uma apresentação que exaure o assunto, mas os principais sistemas geralmente conhecidos existentes.

---

[4] *Gazeta Mercantil*, 23 jun. 1993.

CAPACIDADE FABRIL

Sistema de informação com o objetivo de mensurar, planejar e monitorar a capacidade física de fabricação dos produtos. Os principais dados que o sistema processa são relacionados com os recursos à disposição da área de produção, quantificados nas unidades específicas de cada recurso, que, obviamente, estão relacionados aos tipos de produtos e aos diversos processos que a empresa executa internamente. Basicamente, os recursos que devem ser mensurados estão ligados à estrutura física (áreas de prédio, máquinas e equipamentos) e de pessoal direto da produção.

A característica do sistema é confrontar as diversas capacidades existentes contra as necessidades que serão geradas pelos programas de produção. Caso as necessidades dos programas de produção esperados sejam maiores que as existentes, provavelmente serão necessários novos investimentos. Caso as necessidades sejam inferiores, o sistema apontará capacidade ociosa e a empresa decidirá se há possibilidade ou não de aproveitamento com programa adicional ou novo tipo de ocupação fabril.

Em resumo:

Capacidade existente × capacidade necessária para os programas de produção;

Capacidade existente > capacidade necessária = capacidade ociosa;

Capacidade existente < capacidade necessária = novos investimentos.

No Quadro 9.2, temos, como exemplo, diversos tipos de mensuração de capacidades fabris.

Quadro 9.2 Diferentes mensurações de capacidade fabril.

Recurso	Medida de capacidade
Edificações	m^2 de área
Pátios	m^2 de área
Recipientes (silos, tanques etc.)	litros ou quilos
Máquinas	horas de operação
Equipamentos de produção contínua	volume máximo processado
Mão de obra Direta	horas diretas possíveis
Equipamentos de transporte	autonomia de rodagem média
Equipamentos de transporte	volume transportável etc.

Normalmente, os sistemas de medição da capacidade fabril apresentam-se em dois principais subsistemas:

a) medição da capacidade global;
b) medição da capacidade individual.

O primeiro subsistema normalmente é trabalhado numa etapa anterior à programação, mais ligada ao planejamento estratégico e tático. Com ele busca-se uma visualização da capacidade fabril em linhas gerais, sem entrar em detalhamentos. É também denominado sistema de capacidade bruta.

O segundo sistema já entra no detalhamento dos diversos equipamentos, evidenciando com minúcias os eventuais gargalos específicos. Em outras palavras, de modo geral os grandes equipamentos e edifícios podem atender às necessidades dos programas, mas, analisando mais detalhadamente, um ou outro pavilhão, ou um outro equipamento não dará conta das necessidades. Os investimentos serão, provavelmente, menores. Este subsistema é denominado capacidade fabril refinada.

CHÃO DE FÁBRICA

É um sistema em prolongamento ao sistema de capacidade fabril, aliado ao MRP. Este sistema mensura, planeja, configura e monitora equipamento por equipamento, juntamente com todas as fases do processo necessárias para a execução dos programas de produção, conciliando-os com os efetivos de mão de obra direta à disposição da empresa, em seus diversos setores e especialidades.

É o dia a dia do controle de produção. Responde tais necessidades informacionais:

a) que máquina vai fazer tal operação ou fase de trabalho;
b) que máquina vai fazer tal componente;
c) que funcionário acionará tal máquina;
d) quais as fases subsequentes e que máquina e funcionário deverão fazer;
e) que ordem de produção está sendo elaborada;
f) qual o lote de fabricação;
g) qual o ferramental a ser utilizado;
h) quais os padrões de tolerância técnica a serem obedecidos etc.

Este sistema trabalha, então, com o estoque em processo, razão por que também é denominado Sistema de Produção em Processo. Outra nomenclatura dada é Sistema de Carga de Máquinas, ou mesmo Sistema de Controle de Produção. Como o primeiro nome diz, é o sistema que monitora o *chão de fábrica*.

Normalmente, é esse sistema que emite as Ordens de Produção ou de Serviço (ou Ordens de Trabalho). Também é esse sistema que permite uma avaliação geral da *eficiência* da fábrica. Esta eficiência pode ser medida confrontando as horas e recursos efetivamente utilizados para os processos com as horas e recursos previstos pela programação.

Este sistema utiliza maciçamente os aplicativos de coletores eletrônicos de dados, uma vez que os dados das horas gastas de mão de obra direta também alimentarão outros sistemas, e os dados dos equipamentos, por meio dos conceitos do CIM, também permitem a utilização sem redundância.

ESTOQUE DE PRODUTOS EM PROCESSO

Sistema destinado a controlar os itens, subconjuntos, conjuntos e produtos em fase de finalização, de forma quantitativa.

Fundamentalmente, o sistema deve conter:

a) quantidades de entrada, saída e saldo;
b) identificação das movimentações por tipo de entrada e saída;
c) número da ordem de fabricação;
d) quantidades da ordem e quantidades executadas;
e) fase em que se encontra o estoque;
f) centro de custo anterior, centro de custo atual e próximo centro de custo;
g) dados e etiquetas de identificação etc.

9.5 ENGENHARIA E PROJETOS

De modo geral, as empresas consideram a atividade interna de engenharia em duas grandes áreas: engenharia de desenvolvimento ou engenharia de produtos, e a engenharia de fábrica, ou engenharia de processos. Essas atividades são apoiadas por dois grandes sistemas de informação, já considerados clássicos, quais sejam, a estrutura de produto e processo de fabricação.

ESTRUTURA DE PRODUTO

Também conhecido mundialmente como BOM (Bill Of Material), este sistema é desenhado para elaborar as listas dos materiais constantes de cada produto final, dentro de um encadeamento lógico de estruturação das partes para os conjuntos, até se chegar ao produto final. Os dados do BOM passam a existir após a aprovação do projeto de um produto final, e a partir do trabalho de detalhamento do projeto (*breakdown*).

A sequência da estrutura de produto é a seguinte, em linhas gerais:

partes e peças → subconjuntos → conjuntos → produto final especificado

Os dados do sistema são:

a) número de identificação de cada item, seja parte, subconjunto, conjunto ou produto final (número-chave ou *part-number*);
b) descrição do item;
c) quantidade necessária;
d) unidade de medida;
e) origem do item (se comprado, fabricado, importado etc.);
f) nível dentro da estrutura do produto;
g) relacionamento para aglutinação;
h) relacionamento para detalhamento etc.

PROCESSO DE FABRICAÇÃO

Este sistema de informação destina-se a planejar e elaborar os processos de fabricação de cada componente e do produto final, considerando todas as etapas (fases ou roteiros) necessárias para a fabricação de cada componente, incluindo as fases de montagem intermediária e final.

Além dos processos fabris necessários, máquina a máquina, operação por operação, o processo de fabricação inclui fases de manuseio e inspeção. Assim, roteiros como transporte interno, estocagem intermediária, limpeza, inspeção de qualidade etc., também fazem parte do processo de fabricação, antes da remessa para outra etapa, até a produção ou estoque final. Fundamentalmente, o mais comum é a quantificação do tempo necessário para cada processo, para o planejamento da capacidade de fábrica.

Os dados do sistema, em linhas gerais, são:

a) número do item;
b) processos a serem executados;
c) equipamentos utilizados em cada processo;
d) tempo para montagem do equipamento (tempo de *setup*);
e) lote de fabricação médio;
f) tempo de fabricação do lote despendido pelo equipamento em cada fase;
g) tempo de fabricação despendido pela mão de obra direta nas operações;
h) fases subsequentes;
i) ferramental e dispositivos necessários para executar as operações;
j) material indireto a ser utilizado;
k) materiais ou fase de tratamento do material;
l) tolerância permitida etc.

GERENCIAMENTO E CONTABILIZAÇÃO DE PROJETOS

Não necessariamente os projetos de uma empresa são de responsabilidade das engenharias. Contudo, o mais comum são projetos de desenvolvimento de novos produtos e novas tecnologias e, com isso, é forte a associação de projetos com a engenharia.

De qualquer modo, é muito comum que os projetos se iniciem com engenharias, sejam elas de produtos, de processos, ou mesmo de obras civis e novas plantas. Dessa maneira, um sistema operacional que tem sido desenvolvido é um sistema de gerenciamento e contabilização de projetos.

Fundamentalmente, esse sistema trabalha com marcos e cronogramas e outras técnicas de gerenciamento de projetos, como PERT-CPM, pontos críticos etc.

Além de gerenciar as atividades físicas, o sistema, normalmente, é preparado para registrar, coletar e armazenar os dados econômicos, sendo possível com isso alimentar toda a orçamentação financeira do projeto, a contabilização dos dados reais e a análise das variações real × orçado.

CONTROLE DAS ATIVIDADES DE ENGENHARIA

Sistema de apoio para controle das atividades de cada funcionário dos setores de engenharia de fábrica e processos, objetivando apropriação e controle das horas nos diversos projetos de desenvolvimento e aplicação de engenharia, seja de produtos inéditos ou seja de aplicações específicas para determinados clientes.

9.6 COMPRAS

A área de compras ou de suprimentos, como é também chamada, é uma área clássica operacional, que envolve, normalmente, grandes volumes de recursos financeiros, e portanto, seu eficiente controle é necessário para a otimização dos resultados da atividade de compras.

A área de compras é ligada à área de estocagem e à área fiscal, que serão tratadas a seguir. A área de compras é uma área onde os aplicativos de *workflow* e correio eletrônico ensejam muita utilização, pois as solicitações de compras tradicionais em papel estão sendo substituídas por meio eletrônico.

Os principais sistemas de compras são os seguintes:

CADASTRO DE FORNECEDORES

Compreende os dados de todos os fornecedores da empresa. Normalmente, o sistema de cadastro de fornecedores é utilizado pela organização toda, e não apenas pelo setor de compras. Os outros setores que mais utilizam este sistema são:

- recebimento físico;
- recebimento fiscal;
- escrita fiscal;
- contas a pagar;
- contas a receber (para encontro de contas e devoluções);
- controle patrimonial;
- engenharia de produtos (para normalização de materiais e fornecedores);
- contabilidade;
- controle de qualidade;
- controle de produção etc.

A função do cadastro de fornecedores vai além de informações tipicamente cadastrais para a colocação de pedidos. Abarca funções de qualificação de fornecedores, bem como dados para o desenvolvimento do sistema de logística e auxílio ao controle mestre de produção, entre outras.

Os principais dados do sistema são:

a) nome, endereço e dados legais do fornecedor;
b) dados de análise de capacidade financeira e de fornecimento;
c) classificação do fornecedor para o sistema de qualidade;
d) sistema de entrega utilizado ou necessário;
e) principais produtos fornecidos;
f) dados para desenvolvimento de novos fornecimentos etc.

PEDIDOS DE COMPRA E COTAÇÕES

Junto com o sistema de cadastro de fornecedores, é o sistema de informação central de apoio à atividade de compras. Nele são registradas as cotações dos diversos fornecedores e, posteriormente, todos os pedidos formalizados. Normalmente, este sistema é alicerçado por normas e procedimentos, tanto gerais como em meio eletrônico, que indicam os diversos graus de autonomia do pessoal envolvido nas solicitações internas de materiais como na emissão dos pedidos de compra.

Normalmente, o sistema de compras é associado aos diversos tipos de materiais que são solicitados pelas diversas áreas da empresa. Em linhas gerais, o sistema tende a seguir a filosofia geral do MRP, que abre em duas grandes áreas de necessidades de materiais:

a) demanda dependente;
b) demanda independente.

Um material é considerado de *demanda dependente* quando está associado a uma *estrutura de produto* que, por sua vez, faz parte do programa de produção que alimenta o MRP.

Os demais materiais são considerados de demanda independente, pois não são associados a alguma estrutura. São, normalmente, os materiais indiretos, auxiliares, de manutenção, de expediente etc., cuja necessidade de utilização não tem uma rotina preestabelecida e são adquiridos eventualmente, ou pelo conceito de média de consumo.

Os principais dados do sistema de compras são:

a) número de identificação do item (material);
b) principais fornecedores possíveis;
c) cotações ou listas de preços;
d) preços efetivamente praticados das últimas compras;
e) quantidades compradas;
f) comprador ou autorizador das compras;
g) transportador ou local de entrega principal;
h) utilização do material;
i) centro de custo a ser debitado;
j) conta contábil para contabilização;
k) dados para a parte fiscal;
l) centro de estoque ou inventário principal etc.

IMPORTAÇÕES

Dadas as características específicas das compras efetuadas junto aos mercados estrangeiros, normalmente há a criação de um sistema específico para as importações ou compras do mercado externo.

Em linhas gerais, as necessidades de informações para gestão das importações são similares às mesmas para compras do mercado interno. A própria alimentação das necessidades de itens e quantidades a serem importadas é decorrente dos mesmos sistemas de planejamento de materiais, fundamentalmente o MRP. Contudo, a operacionalização das importações exige uma burocracia muito maior, além do fato de se negociar em moeda estrangeira.

As características adicionais que tornam necessário um subsistema para controle e operacionalização das importações são as seguintes:

a) regulamentação governamental específica para importações;
b) emissão da documentação oficial (Declaração de Importação);
c) obrigatoriedade de incorporação dos dados ao Sistema de Informação de Comércio Exterior do governo (Siscomex);
d) negociação em moeda estrangeira;
e) fechamento de câmbio e remessa das divisas;
f) passagem pelo sistema aduaneiro;
g) intermediação de despachantes;
h) contratação de diversos tipos de fretes e seguros internacionais;
i) logística especial para importação;
j) apuração de custos da importação;
k) regime tributário específico para mercadorias do comércio exterior ou regimes especiais de tributação etc.

CONTRATOS E TERCEIRIZAÇÕES

Os novos conceitos de gestão empresarial e qualidade e consolidação de globalização e competitividade de mercados têm exigido das empresas concentração cada vez maior em suas especialidades ou atividades-fins, liberando espaço para que atividades consideradas atividades-meio sejam executadas por terceiros, em ambiente de parceria.

O processo de terceirização traduz-se numa maior horizontalização do processo produtivo e comercial, bem como da área administrativa. Quando não se transforma em fornecimento de materiais, o processo de terceirização se caracteriza, geralmente, por recebimento de serviços contínuos, normalmente regulados por contratos.

Dependendo da formatação do sistema de compras e pedidos, as necessidades informacionais para a administração dos contratos e terceirizações poderão ser atendidas por este sistema. Contudo, dada a relevância dos valores envolvidos e a possibilidade de quarteirização (terceirização da administração de contratos com terceiros), tem sido comum o desenvolvimento de um sistema de informação específico para administração de contratos.

Além dos dados cadastrais, já incluído no cadastro de fornecedores, este sistema congrega normalmente mais os seguintes dados:

a) controle dos serviços recebidos e medição das quantidades, se for o caso;
b) controle com os valores contratuais;
c) autorização para pagamento e escrita fiscal;
d) controle da vigência e vencimento dos contratos;

e) emissão dos contratos;
f) controle das cláusulas de reajuste;
g) planilhas de cálculo e elementos para negociação;
h) cadastro dos fornecedores concorrentes para os serviços;
i) acompanhamento geral dos serviços e suas especificações etc.

9.7 ESTOQUES E RECEBIMENTO DE MATERIAIS

Fluxo subsequente da área de compras, o controle dos estoques tem um ou mais sistemas específicos para seu controle. Os estoques das indústrias são:

a) estoques de matérias-primas, componentes, embalagens e materiais indiretos;
b) estoques de produção em processo;
c) estoques de produtos acabados.

ESTOQUES

O controle do estoque em linhas gerais é simples e prevê os seguintes principais dados:

a) número do item, descrição do item, aplicação nos produtos intermediários ou finais;
b) quantidades de entrada, saída e saldo;
c) ponto de pedido, estoque mínimo, estoque de segurança;
d) identificação das movimentações por tipo de entrada e por tipo de saída;
e) autorizador, centro de custo requisitante, debitado e/ou recebedor;
f) dados para guarda dos itens (local, prateleira, escaninho etc.);
g) tipo de embalagem para movimentação dos materiais;
h) emissão de etiquetas de identificação etc.

A entrada dos estoques é integrada com a baixa no sistema de compras, ao mesmo tempo que inicia a contabilização e área fiscal.

RECEBIMENTO FÍSICO

É o processo de receber os materiais, seja de origem externa ou de origem de setores internos. Além das conferências físicas e documentais, ele aciona normalmente o sistema de qualidade.

RECEBIMENTO FISCAL

Os dados obtidos pelo recebimento físico e, também, pelo sistema de estoque, são canalizados e completados dentro do sistema de recebimento fiscal das entradas de mercadorias, bens e serviços. Fundamentalmente, este é o sistema do livro fiscal de entradas e registro das compras, para fins contábeis e de inventário.

Neste sistema são checados e identificados os códigos fiscais, créditos de impostos, apuração de custo para inventário, contabilização das compras, emissão dos livros fiscais e preparação para o sistema de contas a pagar.

CONSUMO DE MATERIAIS DO ESTOQUE

Este subsistema do sistema de estoque é destinado a classificar e valorizar as requisições de materiais, para débitos nos departamentos ou centros de custos requisitantes/debitados, ou ordens de produção ou serviço.

Em linhas gerais, o sistema traz as seguintes informações:

a) quantidade requisitada;
b) unidade de medida;
c) preço unitário médio de aquisição (para fins contábeis);
d) preço de reposição (para fins gerenciais);
e) valor total consumido;
f) almoxarifado cedente;
g) ordem de produção ou serviço debitada;
h) centro de custo requisitante;
i) centro de custo debitado etc.

9.8 COMERCIALIZAÇÃO E LOGÍSTICA

A estrutura da área de comercialização tende a ser muito específica por tipo de produto ou setor, e nem todas as empresas necessitam da mesma complexidade em termos de informações. Uma empresa que terceiriza, por meio de revendedores, por exemplo, a área de comercialização, tem necessidade menor de sistemas de informação para apoio a essas atividades. Apresentamos, a seguir, os principais sistemas que auxiliam o processo de gestão da comercialização.

Com relação a logística, em muitas empresas este assunto é tratado pela área de compras. Para fins didáticos, a colocamos na área de comercialização, visto que a distribuição de produtos tende a ter complexidade maior do que a entrada de materiais.

CADASTRO DE CLIENTES

É a base de todo o macrossistema de comercialização. Similarmente ao cadastro de fornecedores, o sistema de cadastro de clientes é praticamente utilizado por todos os setores da empresa.

O cadastro de clientes pode ter abrangência muito grande, e com isso, conter dados e informações para diversas atividades de comercialização. Assim, pode ter os seguintes conjuntos de informações:

a) informações cadastrais;
b) informações para análise de crédito;

c) informações para o corpo de vendas da empresa;
d) informações para o marketing da empresa (decorrentes de pesquisas de mercado);
e) informações para o setor de serviços de assistência técnica etc.

O cadastro de clientes pode ter tamanha magnitude, que tem a possibilidade de ser um ativo intangível, dado o grande número de informações mercadológicas que pode conter. Ele pode conter informações fruto de anos de pesquisas da empresa sobre seus clientes.

Com isso, ele é base fundamental para a elaboração de relatórios gerenciais de rentabilidade de vendas por canais de distribuição, regiões, clientes, produtos etc., sendo utilizado fortemente para tabulações e análises estatísticas.

CONFIGURADOR DE PEDIDOS

Dependendo da complexidade do produto, em que ele pode ser oferecido com várias alternativas ao cliente, tanto em características, quanto em opcionais (computadores, veículos, equipamentos semisseriados, imóveis etc.), o sistema de configurador de pedidos é necessário para adequar a estruturação do produto ao cliente (chamado também de customização).

Em linhas gerais, o sistema é aparelhado para emitir o pedido do cliente, junto ao mesmo, de forma interativa, normalmente com computadores pessoais ligados a uma central da empresa vendedora.

Fundamentalmente, o sistema de configuração de pedidos contém:

a) todos os produtos oferecidos pela empresa;
b) todas as versões dos produtos;
c) todos os opcionais à disposição do produto;
d) todas as diversas características de opção do cliente;
e) todas as listas de preços dos produtos;
f) todos os preços dos opcionais que entram e que saem;
g) os prazos disponíveis para entrega;
h) formalizador do pedido etc.

O sistema é conectado ao cadastro de clientes, que, em seguida, fornece dados para os sistemas subsequentes de gestão de produção, logística e faturamento.

APROPRIADOR DE PEDIDOS E CARTEIRA DE ENCOMENDAS

Este sistema recebe as informações do configurador de pedidos e passa a funcionar como o sistema que controla os pedidos de venda ou carteira de encomendas. Os pedidos firmados pelos clientes têm toda uma administração, que é gerenciada por este sistema.

Dependendo do produto e do processo produtivo, um subsistema é denominado apropriador de pedidos. A finalidade deste subsistema é ligar um pedido a determinado produto. Esse produto pode estar disponível no estoque de produtos acabados ou ainda estar em processo de elaboração. Depois de ligado o pedido à quantidade estocada, ou a uma ordem de fabricação em andamento, o produto passa a ser considerado não disponível para venda.

ESTOQUE DE PRODUTOS ACABADOS

Dependendo do tipo de comercialização, há necessidade de um sistema de informação específico para o controle do estoque de produtos acabados, principalmente se a empresa lida com uma quantidade muito grande de canais de distribuição.

Este sistema, além de administrar a distribuição, também faz o balanceamento dos estoques necessários em cada ponto de venda, considerando as expectativas e probabilidades de vendas por produto e por local.

LOGÍSTICA, DISTRIBUIÇÃO E TRANSPORTE

Poderemos ter um sistema específico para gerenciar a distribuição de produtos acabados, bem como poderemos ter um sistema que congregue toda a cadeira logística e de transporte.

Alguns sistemas são construídos na base da *cadeia de suprimentos* (*suply chain*), outros são concebidos na base da distribuição, e outros são concebidos na base de todos os transportes, tanto de mercadorias internadas quanto de mercadorias remetidas.

Em outras palavras, o conceito de logística pode ser aplicado setorialmente (compras ou vendas), como pode ser aplicado no conjunto de toda a movimentação de materiais e produtos, incluindo o transporte interno.

PREVISÃO DE VENDAS

Sistema de informação abastecido primariamente pelo sistema de pedidos em carteira, acoplado às estimativas de vendas, que tem como objetivo elaborar a previsão de vendas, seja em nível orçamentário, seja em nível de simulação em diversos cenários.

Quando há uma previsão firme para determinado número de períodos, este sistema abastece o MRP para elaboração do Plano Mestre de Produção.

COMISSÕES

Subsistema específico para empresas que trabalham com vendedores ou representantes comissionados, que pode ser construído como um módulo específico ou pode ser incorporado ao sistema de carteira de pedidos, ou ao sistema de faturamento.

9.9 FATURAMENTO E ÁREA FISCAL

Compreende os seguintes sistemas principais:

EMISSÃO DE NOTAS FISCAIS E FATURAMENTO

Normalmente é um sistema de grande envergadura, destinado à emissão das notas fiscais de todos os estabelecimentos da empresa, em todas as suas diversas operações fiscais.

É alimentado, geralmente, pelos seguintes outros sistemas operacionais:

a) cadastro de clientes;
b) pedidos em carteira;

c) estrutura de produtos;
d) listas de preços;
e) arquivo fiscal de itens;
f) cadastro de fornecedores etc.

Forma um arquivo muito grande de dados, pois contém a base de todas as informações estatísticas de vendas da empresa.

Abastece primariamente os seguintes sistemas:

a) faturamento e contas a receber;
b) escritura fiscal de saídas;
c) contabilidade;
d) marketing e serviços de assistência técnica;
e) sistema da qualidade.

EXPORTAÇÃO

Similarmente às importações, dada a característica de forte exigência burocrática e governamental, tem havido a necessidade de um sistema específico para controle e operacionalização das vendas para o mercado externo.

As informações são também similares ao sistema de entradas do comércio exterior.

ESCRITA FISCAL

Sistema decorrente do sistema de emissão de notas fiscais, que reclassifica, armazena e elabora todos os arquivos e livros fiscais decorrentes das saídas da empresa, e dá as informações para o recolhimento dos impostos sobre vendas.

9.10 SERVIÇOS E QUALIDADE

SERVIÇOS

Sistemas destinados ao controle e monitoramento dos serviços pré-venda e serviços pós-venda. Envolvem os serviços prestados antes de vender o produto, em termos de estudos especiais ou aplicações específicos, como podem envolver o controle dos serviços de assistência técnica, dentro e fora da garantia.

Normalmente, têm os seguintes dados:

a) identificação do engenheiro ou assistente técnico do serviço;
b) cliente beneficiado;
c) serviço específico prestado (conserto, oferta, assistência dentro ou fora da garantia);
d) produto ou equipamento que recebeu o serviço;
e) horas trabalhadas;

f) valor cobrado e materiais aplicados;

g) valor e materiais não cobrados;

h) avaliação do cliente etc.

QUALIDADE

Sistema para planejamento e monitoramento do sistema de qualidade da empresa. Pode envolver:

a) elaboração e controle das normas e procedimentos de qualidade;

b) acompanhamento dos indicadores de qualidade, conformidade e não conformidade;

c) custos da qualidade etc.

9.11 RECURSOS HUMANOS

Esta área normalmente é abastecida com dois grandes sistemas principais: sistema de folha de pagamento e sistema de administração de recursos humanos.

FOLHA DE PAGAMENTO

Sistema destinado à operacionalização e ao armazenamento dos dados e informações dos pagamentos aos funcionários, da apuração e controle dos encargos sociais relacionados com os funcionários da empresa. Deve conter:

a) cadastro dos funcionários;

b) coletor de horas trabalhadas;

c) coletor de serviços consumidos pelos funcionários (transporte, refeições, assistência médica etc.);

d) cálculo, pagamento e contabilização dos salários;

e) geração e guarda dos arquivos e livros trabalhistas;

f) cálculo, pagamento e contabilização dos encargos trabalhistas etc.

ADMINISTRAÇÃO DE RECURSOS HUMANOS

Hoje, talvez, um dos sistemas de informação mais importantes da empresa. Desde que os recursos humanos são o diferencial das empresas, este sistema deve ser ampliado o máximo possível, com informações de qualidade e visão de futuro. Os seguintes subsistemas, enfoques e informações devem constar num sistema de administração de recursos humanos abrangente e proativo:

a) subsistema para recrutamento e seleção de pessoal;

b) subsistema para controle, planejamento e monitoramento de treinamentos internos e externos;

c) informações sobre as características individuais de cada funcionário, incluindo saúde; e criatividade, sugestões, potencial etc.;

d) controle de desempenho, qualificação profissional e carreira;

e) controle e pesquisa de salários;

f) equipamentos e local de trabalho de cada funcionário;

g) controle dos benefícios utilizados;

h) clima organizacional etc.

9.12 FINANÇAS E TESOURARIA

Alguns autores classificam o setor de finanças como sendo da área contábil. Para os objetivos desta obra, entendemos finanças como uma área operacional, que tem o objetivo de efetivar financeiramente as operações da empresa, bem como administrar eficientemente a movimentação dos recursos financeiros da organização.

Desta maneira, entendemos que os sistemas de apoio a finanças e tesouraria são sistemas operacionais. São os seguintes os principais sistemas de apoio a finanças:

CONTAS A RECEBER

Abastecido pelo sistema de emissão de notas fiscais e faturamento, é o sistema responsável pelo recebimento dos valores dos clientes e também de outros recebíveis.

CONTAS A PAGAR

Abastecido pelo sistema de recebimento fiscal, é o sistema responsável por efetivar os pagamentos aos fornecedores de materiais, serviços, e outros pagamentos.

MOVIMENTAÇÃO DE TÍTULOS

Normalmente, são subsistemas de contas a receber e a pagar, destinados à movimentação eletrônica de cobrança de títulos e pagamento de duplicatas e contas.

ANÁLISE DE CRÉDITO

Este subsistema pode ser tanto individualizado, como pode estar incorporado em outros sistemas. Por exemplo, pode estar no sistema de Carteira de Pedidos ou no sistema de Contas a Receber.

FINANCIAMENTOS

Sistema específico para controle e monitoramento dos financiamentos da empresa. Deve ser um sistema alimentador da contabilidade para evitar redundância de dados.

EXCEDENTES DE CAIXA

Sistema para controle e monitoramento das aplicações financeiras. Além das questões de aplicações, resgate, juros previstos, juros contábeis, impostos sobre as receitas financeiras, o sistema deve prever um mínimo de conceito sobre análise de risco ou concentração de aplicações. Deve também ser alimentador da contabilidade.

PLANEJAMENTO FINANCEIRO OU ADMINISTRAÇÃO DO FLUXO DE CAIXA

Sistema destinado a monitorar e controlar o fluxo de caixa, real e projetado. É um sistema que deve ser alimentado pelos demais sistemas alimentadores (folha de pagamento, contabilidade, orçamento, contas a receber, contas a pagar, financiamentos etc.).

Tem como escopo todo o processo de simulação e planejamento do caixa.

Dentro deste sistema deve haver possibilidade de controle banco a banco, para análise de risco, concentração, entrega de serviços etc., incluindo as reciprocidades exigidas pelos agentes financeiros.

CONCILIAÇÃO BANCÁRIA

Com as tecnologias de *scannerização* e troca eletrônica de dados, hoje temos sistemas de informação para operacionalizar uma das tarefas mais volumosas, árduas e importantes do processo de controle contábil, que é a conciliação bancária. Sistemas de informação com um bom grau de inteligência têm tornado este trabalho bastante rápido, de forma integrada, eliminando redundância de dados e serviços.

QUESTÕES E EXERCÍCIOS – PARTE I

1. O que é sistema e quais são seus componentes?
2. Conceitue o que é enfoque sistêmico.
3. Conceitue sistema aberto e sistema fechado.
4. Qual a necessidade de se conhecer o objetivos de um sistema?
5. Caracterize o funcionamento básico de um sistema e suas partes.
6. Caracterize a empresa como um sistema aberto.
7. Explique eficiência e eficácia dentro do sistema empresa.
8. Explique como as variáveis concorrentes e sociedade podem afetar o sistema empresa.
9. Explique quais poderiam ser as influências das variáveis demografia e tecnologia no sistema empresa.
10. Como as variáveis recursos naturais e governo podem afetar o sistema empresa?
11. Como as variáveis cultura e economia podem afetar o sistema empresa?
12. Quais são os subsistemas do sistema empresa. Explique resumidamente cada um deles.
13. Identifique influências da variável clima em alguns tipos de empresa.
14. Justifique como o sistema empresa pode ser afetado pelas variáveis política e educação.
15. Tome como referência uma empresa que você conheça e identifique e descreva os principais componentes de cada subsistema dessa empresa.
16. A classificação das variáveis e entidades que afetam o sistema empresa entre ambiente próximo e ambiente remoto não é a mesma para cada empresa. Tome como referência uma empresa de:
    a) rede de supermercado;
    b) usina de açúcar e álcool;
    c) usina siderúrgica;
    d) fabricação de computadores;
    e) rede de alimentação *fast food*;
    f) serviços de consultoria empresarial.

    Pede-se: reclassifique as variáveis e entidades para cada tipo de empresa, se são de características mais próximas ou mais remotas em relação a cada uma delas.
17. Tomando como referência os mesmos tipos de empresa apresentados na questão anterior, analise e evidencie como as variáveis a seguir podem afetar cada uma delas:
    a) tecnologia;
    b) clima;
    c) recursos naturais;
    d) sindicatos;
    e) cultura;
    f) demografia;

g) concorrentes;

h) sociedade.

18. Tomando como exemplo empresas do tipo listadas a seguir, descreva resumidamente como pode funcionar o subsistema físico-operacional de cada uma delas:

    a) fabricante de televisores;

    b) montadora de veículos;

    c) fabricante de tintas industriais e para construção civil;

    d) fabricante de cerveja.

19. Conceitue Tecnologia de Informação. Dê exemplos.

20. Exemplifique a aplicação da TI na fábrica e no escritório.

21. Quais os três pontos estratégicos que devem estar estreitamente relacionados para que a TI opere com sucesso?

22. Defina informação, dado e comunicação.

23. Caracterize o valor da informação.

24. Escolha três características de uma boa informação e explique resumidamente cada uma delas.

25. Defina o que são informações estruturadas e não estruturadas e explique seu relacionamento com os tipos de sistemas de informações.

26. O que é banco de dados?

27. Conceitue sistemas de apoio à decisão.

28. Conceitue sistemas operacionais.

29. Quais os conceitos fundamentais de um SIGE/ERP?

30. Qual deve ser a abrangência do SIGE?

31. Identifique três tecnologias de apoio ao SIGE e explique sua interação e importância.

32. Explique o conceito usual de integração e o conceito de integração de um SIGE.

33. Explique resumidamente as funções e interações básicas do subsistema MRP.

34. Por que se deve buscar o desenvolvimento e a utilização de sistemas integrados?

35. Discuta as principais vantagens e desvantagens na utilização de um SIGE/ERP.

36. Cite dois sistemas operacionais que auxiliem a contabilidade na tomada de decisão e sua função principal.

37. Explique o conceito de parametrização dentro de um sistema de informação e dê dois exemplos de como informações de módulos do SIGE devem obedecer à parametrização contábil.

O objetivo desta parte do livro é apresentar os fundamentos operacionais e científicos para analisar e construir um sistema de informação contábil de cunho gerencial, ou seja, um sistema de informação contábil que atenda a todas as necessidades informacionais dos usuários da informação contábil.

A área de controladoria é que normalmente exerce o papel de responsável pelo sistema de informação contábil e é, em nosso entendimento, o setor que operacionaliza a função máxima da contabilidade como ciência do controle.

Desta maneira, adotaremos os conceitos de controladoria como instrumento da contabilidade. A controladoria é, em outras palavras, a contabilidade gerencial. Juntando a esta as necessidades informacionais de cunho legal e fiscal, temos o conjunto de informações contábeis que devem fazer parte de um sistema de informação contábil gerencial.

Apresentaremos, também, nesta parte do livro, conceitos e visões sobre a metodologia contábil, considerados os mais avançados, buscando evidenciar o enorme potencial da informação contábil, que, na realidade, já nasce com a escrituração e, em nossa obra, é tratada de forma bastante ampliada e científica.

10

Contabilidade e Controladoria

10.1 CONTROLADORIA

Segundo Mosimann et al.[1] "a controladoria consiste em um corpo de doutrinas e conhecimentos relativos à gestão econômica. Pode ser visualizada sob dois enfoques:

a) como um órgão administrativo com uma missão, funções e princípios norteadores definidos no modelo de gestão e sistema empresa e
b) como uma área do conhecimento humano com fundamentos, conceitos, princípios e métodos oriundos de outras ciências".

"Sob esse enfoque, a Controladoria pode ser conceituada como o conjunto de princípios, procedimentos e métodos oriundos das ciências da Administração, Economia, Psicologia, Estatística e principalmente da Contabilidade, que se ocupa da gestão econômica das empresas, com o fim de orientá-las para a eficácia."[2]

Na visão desses autores, a controladoria é uma ciência autônoma e não se confunde com a contabilidade, apesar de utilizar pesadamente o instrumental contábil. Consideramos questionável este aspecto da definição desses autores. Em nossa opinião, a controladoria pode ser entendida como a ciência contábil evoluída. Como em todas as ciências, há o alargamento do campo de atuação. Esse alargamento do campo de abrangência da contabilidade conduziu a que ela seja melhor representada semanticamente pela denominação de *controladoria*.

---

[1] MOSIMANN, Clara Pellegrinello et al. *Controladoria*: seu papel na administração de empresas. Florianópolis: UFSC, 1993. p. 85.
[2] Idem, p. 96.

10.2 CONTROLADORIA E CONTABILIDADE: DEFINIÇÕES

Tendo em vista a grande interação com a contabilidade e a pouca informação sobre controladoria como ciência, passamos, primeiramente, a apresentar a contabilidade como ciência, em que existem diversos estudos, artigos e obras sobre o assunto.

As pesquisas sobre contabilidade como ciência levam-nos à escola de pensamento contábil italiana, já que a escola americana não se preocupa profundamente com o assunto. Esta última busca tratar a contabilidade mais como ferramenta administrativa e sua utilização nas empresas.

Apresentamos a seguir definições selecionadas sobre a ciência contábil. Damos, primeiramente, algumas definições que refletem a visão da escola italiana.

"Contabilidade é a ciência que estuda e pratica as funções de orientação, controle e registro relativos aos atos e fatos da administração econômica."[3]

"Considerada em seu aspecto teórico, é a ciência que estuda e enuncia as leis do controle econômico das empresas de todas as classes e deduz as normas oportunas a seguir para que esse controle seja verdadeiramente eficaz, persuasivo e completo. Considerada em sua manifestação prática, é a aplicação ordenada das ditas normas."[4]

"A Contabilidade, como ciência autônoma, tem por objeto o estudo do patrimônio aziendal sob o ponto de vista estático e dinâmico. Serve-se da escrituração como instrumento para demonstrar as variações patrimoniais. A Contabilidade não se confunde, nem com a organização, nem com a gestão."[5]

Da escola americana, destacamos as seguintes definições:

"Contabilidade é um processo de comunicação de informação econômica para propósitos de tomada de decisão tanto pela administração como por aqueles que necessitam fiar-se nos relatórios externos."[6]

"Contabilidade é o processo de identificação, mensuração e comunicação de informação econômica para permitir formação de julgamentos e decisões pelos usuários da informação."[7]

Dessas definições apresentadas, podemos verificar duas vertentes conceituais sobre contabilidade. A primeira enfoca o conceito de controle econômico do patrimônio e de suas mutações (controle estático e dinâmico) e a segunda enfatiza o conceito de processo de comunicação de informação econômica.

---

[3] D'AURIA, Francisco. Apud D'AMORE, Domingos; CASTRO, Adaucto de Souza. *Curso de contabilidade*. 14. ed. São Paulo: Saraiva, 1967. p. 50.
[4] BESTA, Fabio. Apud D'AMORE, Domingos; CASTRO, Adaucto de Souza. Op. cit., p. 51.
[5] HERRMANN JR., Frederico. *Contabilidade superior*. 10. ed. São Paulo: Atlas, 1978. p. 29.
[6] HENDRIKSEN, Eldon S. *Accounting theory*. 3. ed. Homewood: Richard D. Irwin, 1977. p. 100.
[7] A.A.A. 1966. Apud GLAUTIER, M. W. E.; UNDERDOWN, B. *Accounting theory and practice*. Londres: Pitman, 1977. p. 2.

10.3 CONTABILIDADE E CONTROLE

O conceito de controle econômico está fundamentalmente ligado à escola italiana, precursora da contabilidade como ciência, e o conceito de comunicação de informação econômica está mais ligado à escola norte-americana, que é entendida como a abordagem da comunicação da contabilidade.[8]

Segundo Catelli,[9] a controladoria tem por objeto a identificação, mensuração, comunicação e decisão relativos aos eventos econômicos.[10] Ela deve ser a gestora dos recursos da empresa, respondendo pelo lucro e pela eficácia empresarial.

Tomando como referencial a definição de Mosimann et al. sobre controladoria,

"... que se ocupa da gestão econômica das empresas, com o fim de orientá-las para a eficácia",

a definição de Fabio Besta sobre contabilidade,

"... que estuda e enuncia as leis do controle econômico das empresas de todas as classes e deduz as normas oportunas a seguir para que esse controle seja verdadeiramente eficaz, persuasivo e completo",

a visão de Catelli sobre controladoria,

"identificação, mensuração, comunicação e a decisão relativos aos eventos e econômicos... respondendo pelo lucro e pela eficácia empresarial",

e entendendo que a gestão econômica se faz precipuamente por meio da decisão sobre os eventos econômicos, podemos compreender que na realidade contabilidade e controladoria têm o mesmo campo de atuação e estudam os mesmos fenômenos.

Podemos confirmar isso por meio de colocações de outros autores sobre a ciência contábil. Segundo Viana,[11]

"o controle assume maior amplitude no que diz respeito à administração econômica, isto é, às ações que visam à obtenção, à transformação, à circulação e ao consumo de bens. O órgão que acompanha toda a atividade econômica, que estuda os fenômenos que lhe são inerentes, suas causas e seus efeitos, pondo-os em evidência, que demonstra os efeitos da administração sobre o patrimônio da 'azienda' e que desta forma constrange os órgãos da administração a atuarem em consonância com o programa estabelecido, denomina-se o órgão de contabilidade, ou seja, aquele que exerce a função da contabilidade".

É interessante notar nesta conceituação uma visão muito abrangente e objetiva sobre o que se entende por controladoria.

---

[8] IUDÍCIBUS, Sérgio de. *Teoria da contabilidade*. São Paulo: Atlas, 1980. p. 24.
[9] CATELLI, Armando. Apontamentos de sala de aula. Disciplina Controladoria. Doutorado FEA/USP, jun./94.
[10] Evento econômico é uma ocorrência no ambiente da empresa, tanto interno como externo, que tem uma significância econômica para os tomadores de decisão da empresa. COLANTONI, Claude S. et al. A Unified Approach to the Theory of Accounting and Information Systems. *The Accounting Review*, Jan. 1971.
[11] VIANA, Cibilis da Rocha. *Teoria geral da contabilidade*. 3. ed. Porto Alegre: Sulina, 1966. p. 48-49.

Segundo Herrmann Jr.,[12]

"Fayol enquadrou a Contabilidade entre as seis operações administrativas fundamentais, emitindo a esse respeito os seguintes conceitos: 'É o órgão visual das empresas. Deve permitir que se saiba a todo instante onde estamos e para onde vamos. Deve fornecer sobre a situação econômica da empresa ensinamentos exatos, claros e precisos. Uma boa contabilidade, simples e clara, fornecendo uma ideia exata das condições da empresa, é um poderoso meio de direção'".

Como já vimos no Capítulo 8, as funções de controle econômico constituem, segundo Besta, o objetivo principal da contabilidade. Subdivide-se nas seguintes espécies:

a) antecedente;
b) concomitante;
c) subsequente.

Vê-se que a visão italiana, por meio de um de seus maiores expoentes, é extremamente abrangente, positiva e de largo alcance da contabilidade, antevendo o que se convencionou hoje chamar de controladoria.

10.4 FASES DA CONTABILIDADE

Glautier[13] apresenta uma evolução histórica da contabilidade, que, em nossa opinião, contribui para o esclarecimento das funções contábeis e de controle, bem como do permanente processo evolutivo da ciência da contabilidade ou controladoria.

CONTABILIDADE DO PROPRIETÁRIO

A primeira fase da contabilidade, segundo Glautier (*Stewardship Accounting*), é a visão contábil de um instrumental ligado diretamente ao dono do empreendimento. Essencialmente, envolvia o registro ordenado das transações dos homens de negócios para proteção de sua riqueza, desenvolvida desde os tempos históricos até a Revolução Industrial.

CONTABILIDADE FINANCEIRA

Teve sua origem na Revolução Industrial, em consequência dos grandes negócios e da alteração pelos quais passaram a ser financiados. Com essa fase é associado o crescimento da relevância dos relatórios contábeis (Balanço Patrimonial e Demonstração Anual de Lucros) relacionados com a prestação de contas para a sociedade capitalista, para redirecionamento dos investimentos para os projetos mais rentáveis.

---

[12] Op. cit., p. 31.
[13] Op. cit., p. 3.

CONTABILIDADE GERENCIAL

É também associada com o advento do capitalismo industrial, e apresentou um desafio para o desenvolvimento da Contabilidade como ferramenta de gerenciamento industrial. Surgiu da necessidade do gerenciamento contábil interno em função das novas complexidades dos processos de produção, objetivando informações para tomada de decisão.

A contabilidade gerencial mudou o foco da contabilidade, passando dos registros e análise das transações financeiras para a utilização da informação para decisões que afetem o futuro.

CONTABILIDADE DE RESPONSABILIDADE SOCIAL

Fase inteiramente nova no desenvolvimento da contabilidade, deve seu nascimento à revolução social e está tendo lugar no mundo ocidental nos últimos anos.

A contabilidade de responsabilidade social alarga o escopo da contabilidade por considerar os efeitos sociais das decisões dos negócios, bem como seus efeitos econômicos.

A esse respeito, a utilidade da contabilidade como ciência social depende dos benefícios que pode trazer para a sociedade, que deve prevalecer sobre as vantagens que ela pode conferir a seus membros.[14]

Como exemplos do enfoque da contabilidade como responsabilidade social, que vão exigir necessidades de informações adicionais dentro do sistema de informação contábil, estão os seguintes temas:

a) balanço social;
b) valor adicionado;
c) balanço ecológico.

10.5 CONTABILIDADE GERENCIAL E CONTABILIDADE FINANCEIRA

A contabilidade financeira, que podemos entender como a contabilidade tradicional, é relacionada basicamente como o instrumental contábil necessário para a feitura dos relatórios para usuários externos e necessidades regulamentadas. A contabilidade gerencial é vista essencialmente como supridora de informações para os usuários internos da empresa.

CONTABILIDADE GERENCIAL

Vejamos algumas definições de contabilidade gerencial.

Segundo Sérgio de Iudícibus,[15]

"a contabilidade gerencial pode ser caracterizada, superficialmente, como um enfoque especial conferido a várias técnicas e procedimentos contábeis já conhecidos e tratados na contabilidade financeira, na contabilidade de custos, na análise financeira e de balanços

---

[14] GLAUTIER, M. W. E.; UNDERDOWN, B. Op. cit., p. 2.
[15] IUDÍCIBUS, Sérgio de. *Contabilidade gerencial*. 4. ed. São Paulo: Atlas, 1987. p. 15.

etc., colocados numa perspectiva diferente, num grau de detalhe mais analítico ou numa forma de apresentação e classificação diferenciada, de maneira a auxiliar os gerentes das entidades em seu processo decisório".

Robert N. Anthony[16] é bastante sintético em sua caracterização da disciplina: "A Contabilidade Gerencial, que constitui o foco deste livro, preocupa-se com a informação contábil útil à administração."

Segundo a Associação Nacional dos Contadores dos Estados Unidos, em seu relatório nº 1A,

"Contabilidade Gerencial é o processo de identificação, mensuração, acumulação, análise, preparação, interpretação e comunicação de informações financeiras utilizadas pela administração para planejamento, avaliação e controle dentro de uma organização e para assegurar e contabilizar o uso apropriado de seus recursos".

CONTABILIDADE FINANCEIRA

A contabilidade financeira está essencialmente ligada aos princípios de contabilidade geralmente aceitos. A contabilidade gerencial está ligada à necessidade de informações para planejamento, controle, avaliação de desempenho e tomada de decisão.

A contabilidade financeira, presa aos princípios contábeis, é objeto de muita crítica, uma vez que nem todos os princípios utilizados são necessariamente vistos como os mais corretos em nível conceitual (princípio do custo histórico, princípio da realização da receita etc.). Nesse sentido, a contabilidade financeira, apesar de cumprir seu papel regulamentar, é tida como "fraca" conceitualmente, para fins de gerenciamento empresarial, e até indutora de erros na gestão empresarial.

Dessa forma, alguns entendem que a verdadeira contabilidade, que realmente auxilia os gestores empresariais, é a contabilidade gerencial. Nessa linha de raciocínio, entendem que a contabilidade financeira é uma ciência diferente da contabilidade gerencial, que seria outra ciência, e que receberia o nome de *controladoria*.

Podemos resumir a contabilidade financeira ou tradicional nos seguintes pontos:

a) vinculada aos Princípios Contábeis Geralmente Aceitos (Princípios Fundamentais de Contabilidade, como são chamados em nosso país);
b) contabilidade utilizada para fins fiscais;
c) contabilidade utilizada para fins societários e regulatórios (Lei das S.A., CVM, legislação comercial);
d) base de escrituração de dados passados;
e) controle *a posteriori*;
f) mensuração em moeda corrente.

---

[16] ANTHONY, Robert N. *Contabilidade gerencial*. São Paulo: Atlas, 1979. p. 17.

Contudo, em nosso entendimento, esses dois segmentos da contabilidade fazem parte de um todo, que é a ciência contábil. Fundamentalmente, a ciência contábil nasceu para gerar informações para controle e tomada de decisão sobre empreendimentos negociais e de quaisquer outras entidades.

Sua utilização para fins de relatórios externos, e a consequente fixação de determinados princípios para normalização e padronização para fins regulamentares, é decorrente da grande vantagem do sistema de informação contábil sobre outros sistemas de informação, que é a mensuração econômica de todos os eventos operacionais num único sistema e em uma única base, a monetária.

Portanto, a contabilidade financeira é um subsistema do Sistema de Informação Contábil, que precipuamente nasce da necessidade de controle, no sentido mais amplo possível, das operações empresariais ou de qualquer entidade.

Outrossim, também não se pode "culpar" a ciência contábil pela fraca utilização, ou visão restrita, que eventualmente é feita pelos próprios contadores. Quando se diz que a contabilidade é um simples registro econômico de fatos passados, servindo apenas para fins legais e fiscais, significa apenas despreparo técnico de quem emite ou aceita tal afirmativa. A ciência contábil é ampla e nasceu para auxílio à gestão empresarial em todos os seus segmentos. Essa é a verdadeira missão da contabilidade. Classificar a contabilidade financeira dos princípios contábeis geralmente aceitos como uma ciência diferente de uma suposta contabilidade gerencial é desconhecer os fundamentos da ciência e das teorias contábeis.

COMPARAÇÃO ENTRE CONTABILIDADE GERENCIAL E CONTABILIDADE FINANCEIRA

Os métodos da contabilidade financeira e da contabilidade gerencial foram desenvolvidos para diferentes propósitos e para diferentes usuários das informações financeiras. Há, contudo, numerosas similaridades e áreas de sobreposição entre os métodos da contabilidade financeira e da gerencial.

A contabilidade gerencial é relacionada com o fornecimento de informações para os administradores – isto é, aqueles que estão dentro da organização e que são responsáveis pela direção e controle de suas operações. A contabilidade gerencial pode ser contrastada com a contabilidade financeira, que é relacionada com o fornecimento de informações para os acionistas, credores e outros que estão de fora da organização.

Quadro 10.1 Comparação entre contabilidade gerencial e contabilidade financeira.

Fator	Contabilidade financeira	Contabilidade gerencial
Usuários dos relatórios	Externos e internos	Internos
Objetivos dos relatórios	Facilitar a análise financeira para as necessidades dos usuários externos.	Objetivo especial de facilitar o planejamento, controle, avaliação de desempenho e tomada de decisão internamente.
Forma dos relatórios	Balanço Patrimonial, Demonstração dos Resultados, Demonstração dos Fluxos de Caixa e Demonstração das Mutações do Patrimônio Líquido.	Orçamentos, contabilidade por responsabilidade, relatórios de desempenho, relatórios de custo, relatórios especiais não rotineiros para facilitar a tomada de decisão.
Frequências dos relatórios	Anual, trimestral e, ocasionalmente, mensal.	Quando necessário pela administração.
Custos ou valores utilizados	Primariamente históricos (passados).	Históricos e esperados (previstos).
Bases de mensuração usadas para quantificar os dados	Moeda corrente.	Várias bases (moeda corrente, moeda estrangeira, moeda forte, medidas físicas, índices etc.)
Restrições nas informações fornecidas	Princípios contábeis geralmente aceitos.	Nenhuma restrição, exceto as determinadas pela administração.
Característica da informação fornecida	Deve ser objetiva (sem viés), verificável, relevante e a tempo.	Deve ser relevante e a tempo, podendo ser subjetiva, possuindo menos verificabilidade e menos precisão.
Perspectiva dos relatórios	Orientação histórica.	Orientada para o futuro, para facilitar o planejamento, controle e avaliação de desempenho antes do fato (para impor metas), acoplada com uma orientação histórica para avaliar os resultados reais (para o controle posterior do fato).

10.6 UNIDADE ADMINISTRATIVA DE CONTROLADORIA

MISSÃO DA CONTROLADORIA

Conforme Catelli, a missão da controladoria é assegurar a eficácia da empresa por meio da otimização de seus resultados.

"Segundo Heckert & Wilson, à Controladoria não compete o comando do navio, pois esta tarefa é do primeiro executivo; representa, entretanto, o navegador que cuida dos mapas de navegação. É sua finalidade manter informado o comandante quanto à distância percorrida, ao local em que se encontra, e à velocidade da embarcação, à resistência encontrada, aos desvios da rota, aos recifes perigosos e aos caminhos traçados nos mapas, para que o navio chegue ao destino.

Dessa forma, podemos explicitar a missão da Controladoria: dar suporte à gestão de negócios da empresa, de modo a assegurar que esta atinja seus objetivos, cumprindo assim sua missão."[17]

É interessante ressaltar aqui a grande proximidade da visão de Heckert & Willson e de Fayol. Os primeiros compararam o controlador com o navegador, que mantém o capitão permanentemente informado sobre o navio e a viagem. Fayol disse que a contabilidade "deve permitir que se saiba a todo instante onde estamos e para onde vamos".

É ao mesmo tempo a visão do controle permanente e do alerta permanente. Controlar, informar, influenciar, para assegurar a eficácia empresarial. Nunca é uma posição passiva, mas ativa, sabendo da responsabilidade que tem a controladoria de fazer acontecer o planejado.

CONTROLLER E SUAS FUNÇÕES

Adotamos a posição de Horngren[18] sobre o *controller*:

"O *Controller*. O título de *controller* se aplica a diversos cargos na área de contabilidade, cujo nível e cujas responsabilidades variam de uma empresa para outra... Neste livro, o termo *controller* (às vezes escrito com *p*, *comptroller*, derivado do francês *compte*, que quer dizer conta), significa o principal executivo da área de contabilidade administrativa. Já vimos que o *controller* moderno não faz controle algum em termos de autoridade de linha, exceto em seu próprio departamento. Contudo, o conceito moderno de controladoria sustenta que, num sentido especial, o *controller* realmente controla: fazendo relatórios e interpretando dados pertinentes, o *controller* exerce uma força ou influência ou projeta uma atitude que impele a administração rumo a decisões lógicas e compatíveis com os objetivos."

A essência da função de *controller*, segundo Heckert & Willson,[19] é uma visão proativa, permanentemente voltada para o futuro.

"Essencial para a compreensão apropriada da função de controladoria é uma atitude mental que energiza e vitaliza os dados financeiros por aplicá-los ao futuro das atividades da companhia. É um conceito de olhar para a frente – um enfoque analiticamente treinado, que traz balanço entre o planejamento administrativo e o sistema de controle."

Segundo os mesmos autores[20] são as seguintes as funções do *controller*:

a) função de planejamento;
b) função de controle;

---

[17] PELEIAS, Ivan Ricardo et al. O processo de planejamento e a controladoria. *RBC*, nº 77, p. 65, out./dez. 1991.
[18] HORNGREN, Charles T. *Introdução à contabilidade gerencial*. 5. ed. Rio de Janeiro: Prentice-Hall, 1985. p. 9.
[19] HECKERT, J. Brooks; WILLSON, James D. *Controllership*. 2. ed. New York: Ronald Press, 1963. p. 9.
[20] Idem, p. 13-17.

c) função de reporte;
d) função contábil.

Horngren et al.[21] entendem que as funções do *controller* incluem:

1. Planejamento e Controle.
2. Relatórios internos.
3. Avaliação e Consultoria.
4. Relatórios externos.
5. Proteção dos Ativos.
6. Avaliação Econômica.

Peleias assim procura resumir as funções do *controller*:

"Podemos dizer que hoje é a Controladoria a grande responsável pela coordenação de esforços com vista à otimização da gestão de negócios das empresas e pela criação, implantação, operação e manutenção de sistemas de informação que deem suporte ao processo de planejamento e controle."

CONTROLADORIA NA ORGANIZAÇÃO

Segundo Francia,[22] "o *controller* é uma posição de *staff* incluída na alta administração da empresa. O *controller* é responsável por todo o processamento da informação contábil da organização".

Ainda segundo Francia,[23] o *controller* deve responder ao diretor ou vice-presidente administrativo e financeiro, e tem suas funções diferenciadas do responsável pela aplicação e captação de recursos, que denomina de tesoureiro.

Fundamentalmente, concordamos com a posição do *controller* separada do responsável pela tesouraria. Entendemos que a função de tesouraria, ou de finanças, é uma atividade de linha e operacional, que basicamente tem como função o suprimento de recursos para as demais atividades desenvolvidas internamente na companhia, atividade essa que deve ser avaliada, igualmente às demais, pela controladoria.

Com relação à questão de a controladoria ser um órgão de *staff* ou de linha, concordamos com a posição de Horngren et al.,[24] quando dizem: "...as organizações estão enfatizando a importância de equipes para alcançar seus objetivos. Essas equipes podem incluir tanto administração de *staff* como de linha, resultando que as tradicionais distinções entre *staff* e linha são menos claras do que foram a décadas atrás".

---

[21] HORNGREN, FOSTER, DATAR. *Cost accounting*: a managerial emphasis. 8. ed. Englewood Cliffs: Prentice Hall, 1994. p. 14.
[22] FRANCIA, Arthur J. et al. *Managerial accounting*. 9. ed. Houston: Dame Publ., 1991. p. 27.
[23] Idem, p. 9.
[24] HORNGREN, Charles T. et al. Op. cit., p. 12.

Figura 10.1 Controladoria na organização.

Assim, entendemos que a controladoria, que tem uma missão específica e, por conseguinte, objetivos a serem alcançados, é um órgão que pode ser melhor caracterizado como de linha, apesar de que nas suas funções em relação às demais atividades internas da companhia as características sejam mais de um órgão de apoio.

Apresentamos a seguir a Figura 10.2, que resume a controladoria na organização, sua missão e suas relações com as demais áreas empresariais.

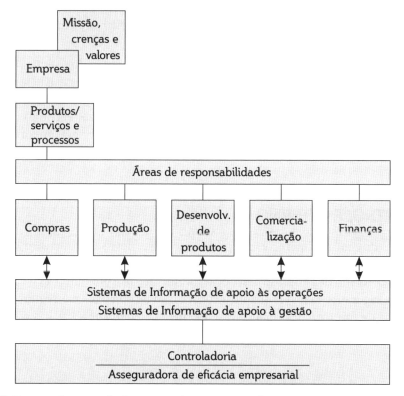

Figura 10.2 Missão da controladoria e as demais áreas da empresa.

ESTRUTURA DA CONTROLADORIA

Basicamente a controladoria é a responsável pelo sistema de informação contábil gerencial da empresa e sua missão é assegurar o resultado da companhia. Para tanto, ela deve atuar fortemente em todas as etapas do processo de gestão da empresa, sob pena de não exercer adequadamente sua função de controle e reporte na correção do planejamento.

A controladoria não se pode furtar, também, a suas funções de execução das tarefas regulamentares. Assim, além das funções gerenciais, deve assumir as funções regulatórias, normalmente vinculadas aos aspectos contábeis societários e de legislação fiscal.

Além disso, a estruturação da controladoria deve estar ligada aos sistemas de informações necessários à gestão. Assim, podemos, primariamente, estruturar a controladoria em duas grandes áreas: a área contábil e fiscal e a área de planejamento e controle.

A área contábil e fiscal será responsável pelas informações societárias, fiscais e funções de guarda de ativos, tais como demonstrativos a serem publicados, controle patrimonial e seguros, gestão de impostos, controle de inventários etc.

A área de planejamento e controle incorpora a questão orçamentária, projeções e simulações, custos e contabilidade por responsabilidade. Entendemos fundamental dentro da controladoria um setor que se responsabilize pelo que denominamos de acompanhamento do negócio. Esse setor é responsável pelos dados estatísticos para análise de mercado, análise ambiental, análise conjuntural e projeção de cenários, elaboração e acompanhamento de projetos, análise de investimentos etc. Utiliza-se pesadamente dos sistemas de informações de apoio às operações, e é o setor que possibilita ao *controller* sua efetiva participação no processo de planejamento estratégico.

Na estrutura apresentada na Figura 10.3, colocamos a questão do sistema de informação gerencial como responsabilidade direta do *controller*. Objetivando a existência de sistema de informação integrado, a administração do sistema de informação gerencial deve ter o monitoramento permanente do *controller*, para alcançar essa integração. Partindo dos dados em sua maior parte coletados pela área de escrituração da controladoria, é importante que não exista a duplicação das informações existentes a serem utilizadas pela área de planejamento e controle.

10.7 CONTROLE INTERNO

A questão do controle interno é uma preocupação que deve ser de toda a organização, não apenas da controladoria. Para Boynton, Johnson e Kell,[25] controles internos são um processo operado pelo conselho de administração, pela administração e por outras pessoas, desenhado para fornecer segurança razoável quanto à consecução de objetivos nas seguintes categorias: confiabilidade de informações financeiras; obediência (*compliance*) às leis e regulamentos aplicáveis; e eficácia e eficiência de operações.

---

[25] BOYNTON, William C.; JOHNSON, Raymond N.; KELL, Walter G. *Auditoria*. São Paulo, Atlas, 2002. p. 320.

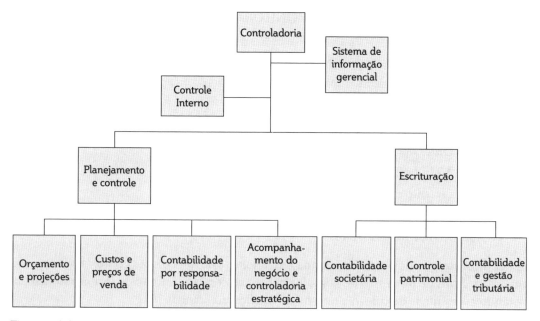

Figura 10.3 Estrutura da controladoria.

OBJETIVOS DO CONTROLE INTERNO

São os seguintes:

- garantir com grau razoável de segurança que o patrimônio empresarial seja protegido e utilizado para os fins da empresa;
- aumentar a exatidão, fidedignidade e tempestividade dos relatórios contábeis e gerenciais e outras informações de natureza operacional;
- auxiliar a administração na condução eficiente e ordenada dos negócios;
- promover e avaliar a eficiência operacional de todos os aspectos das atividades empresariais;
- comunicar diretrizes administrativas e estimular seu cumprimento.

IMPLEMENTAÇÃO

Para algumas empresas, há legislação específica para implementação de controles internos. Assim, basta identificar a atividade que a empresa exerce: se for uma empresa de capital aberto, com ações na Bolsa de Valores, deve seguir as regras de Governança Corporativa, também fiscalizada pela CVM (Comissão de Valores Mobiliários); se possuir ações negociadas nos Estados Unidos da América, deverá seguir a SOX (Lei Sarbanes-Oxley); se for uma seguradora, deverá seguir as regras da SUSEP; se for uma instituição financeira, deverá seguir as regras do Banco Central do Brasil e da Basileia.

TECNOLOGIA DE INFORMAÇÃO E MONITORAMENTO DOS CONTROLES INTERNOS

Os principais processos ou ciclos de procedimentos de trabalho de uma empresa, que também naturalmente são contemplados nos ERPs e merecem ação de controle interno, são os seguintes:

- Ciclo *Purchase to Pay* (Compras – Pagamentos).
- Ciclo *Order to Cash* (Pedidos – Recebimentos).
- Ciclo *Make to Demand* (Estoques – Produção).
- Recrutamento e Folha de Pagamento.
- Reembolso de Despesas.
- Aquisição de Investimentos.

A incorporação da operacionalidade de tecnologia de informação do *workflow* em cada um desses ciclos de processos de negócios permite o controle interno de forma automática, evitando necessidade de controle interno de verificação manual.

De certa forma, a identificação de todos os processos de negócios (ciclos de procedimentos) dentro de uma organização e a adoção de um *workflow*[26] específico para cada um deles, praticamente, realizam a maior parte dos trabalhos de controle interno da empresa.

AUDITORIA INTERNA, CONTROLADORIA E CONTROLE INTERNO

Não se confunde auditoria interna com controle interno. O controle interno não é uma responsabilidade da auditoria interna nem especificamente da controladoria; é uma responsabilidade de todos da organização, partindo da presidência.

Cabe à auditoria aplicar periodicamente, segundo suas metodologias de amostragem, procedimentos de checagens dos controles internos. Com relação à responsabilidade da controladoria, esta se restringe a participar da implementação dos *workflows* ou procedimentos manuais de controle interno sobre os ciclos dos processos de trabalho, bem como, por meio das conciliações contábeis, identificar a segurança dos controles internos para validar as demonstrações financeiras obrigatórias.

---

[26] *Workflow* (fluxo de trabalho) é uma tecnologia de informação que permite incorporar no ERP as normas e procedimentos de trabalho, introduzindo todas as referências de autoridade e delegação de responsabilidade, dentro da hierarquia, e considerando cada fluxo de trabalho específico.

11

Sistema de Informação Contábil e Enfoque Sistêmico Aplicado

O Sistema de Informação Contábil ou o Sistema de Informação de Controladoria são os meios que o contador geral, o contador gerencial ou o *controller* utilizarão para efetivar a contabilidade e a informação contábil dentro da organização, para que a contabilidade seja utilizada em toda a sua plenitude.

Para tanto, há necessidade de se aplicar ao sistema de informação contábil o enfoque sistêmico, pois, além de ser um sistema de informação, a contabilidade, como um sistema aberto, está inserida dentro do ambiente do sistema empresa.

11.1 OBJETIVOS DO SISTEMA DE INFORMAÇÃO CONTÁBIL

Do trabalho de Riccio[1] extraímos as seguintes definições de contabilidade e objetivos do sistema de informação contábil:

JOHN F. NASH

> "O Sistema de Informação Contábil é um veículo formal para o processamento operacional de dados contábeis e para as atividades de suporte à decisão."
>
> Inclui:
>
> - avaliação de desempenho;
> - dados estatísticos expressos em termos não monetários;
> - aceita *input* de outras fontes além das transações financeiras tradicionais.

---

[1] RICCIO, Edson Luiz. *Uma contribuição ao estudo da contabilidade como sistema de informação.* Tese (Doutorado) – Faculdade de Economia, Administração e Contabilidade da Universidade de São Paulo, São Paulo: USP, 1989.

SÉRGIO DE IUDÍCIBUS

"construção de um arquivo básico de Informação Contábil, que possa ser utilizado de forma mais flexível por vários tipos de usuários... porém extraídos todos os informes do arquivo básico ou data-base estabelecido pela Contabilidade..."

"... a função da Contabilidade (objetivo) permanece praticamente inalterada através dos tempos, ou seja, quanto a prover informação útil para a tomada de decisões econômicas".

YUJI IJIRI

"Contabilidade é um sistema para comunicação de eventos econômicos de uma entidade."

Evento Econômico é uma ocorrência no ambiente da firma, tanto externo como interno, que tem significância econômica para os tomadores de decisões da empresa.

PETER A. FIRMIN

"O Sistema de Informação Contábil, com sua estrutura altamente desenvolvida, poderia se constituir na estrutura fundamental para o Sistema de Informação Total da Empresa. Onde isto não acontecer, todo o potencial do Sistema de Informação Contábil não estará sendo entendido (aproveitado)."

DAVID H. LI

"Enquanto os atributos dos eventos incluídos em um Sistema de Informação Contábil amplo sejam difíceis de generalizar, eles têm duas características em comum:

(1) são antecipatórios (preditivos), e dizem respeito ao desempenho futuro da empresa, e

(2) têm um efeito monetário possível de ser estimado."

FREDERICK H. WU

"Um Sistema de Informação Contábil é uma entidade ou um componente, dentro de uma organização, que processa transações financeiras para prover informações para operação, controle e tomada de decisões aos usuários."

BARRY E. CUSHING

"o termo Sistema de Informação Contábil é definido como um conjunto de recursos humanos e de capital, dentro de uma organização, responsável pela preparação de informações financeiras e também das informações obtidas da coleta e processamento de transações".

"... é mais abrangente e frequentemente o maior dos subsistemas de informação nas empresas".

"Em muitas empresas, o Sistema de Informação Contábil é o único Sistema de Informação formalmente estabelecido, e assim efetivamente, é o Sistema de Informação Gerencial."

Dois papéis básicos do sistema de informação contábil no processo de decisão gerencial:

a) a informação contábil sempre provoca um estímulo à decisão pela gerência por mostrar situações em que uma ação é requerida;

b) a informação contábil sempre proporciona uma base para escolha de uma entre várias alternativas.

"... o Sistema de Informação Contábil deve ser desenvolvido para atender eficazmente a essas necessidades".

STEPHEN A. MOSCOVE & MARK G. SIMKIN

"... é um componente organizacional que acumula, classifica, processa, analisa e comunica informações financeiras relevantes para tomada de decisões, para entidades externas (como fisco, investidores em potencial e credores), e setores internos (principalmente a administração)".

"... o Sistema de Informação Contábil é realmente o maior componente de um Sistema de Informação Gerencial".

JAMES O. HICKS JR.

"O Sistema de Informação Contábil deve ser capaz de fornecer informações relevantes para utilização nos três níveis de decisão."

a) nível estratégico;

b) nível tático;

c) nível técnico.

JOSEPH W. WILKINSON

"Em reação, o Sistema de Informação Contábil deve ter seus limites expandidos."

- entrada e saída de informações não financeiras;
- novos tipos de transações ou valores;
- expressar em termos monetários o valor dos recursos humanos da empresa etc.

Finalizando, apresentamos duas outras definições, que, em nossa opinião, sumariam adequadamente o tema:

CVM-IBRACON-IPECAFI

"A Contabilidade é, objetivamente, um Sistema de Informação e Avaliação destinado a prover seus usuários com demonstrações e análises de natureza econômica, financeira, física e de produtividade, com relação à entidade objeto de contabilização.

Os objetivos da Contabilidade, pois, devem ser aderentes, de alguma forma explícita ou implícita, àquilo que o usuário considera como elementos importantes para seu processo decisório."

EDSON LUIZ RICCIO

"Assim, com base nas diversas proposições examinadas, podemos resumir os objetivos de um Sistema de Informação Contábil como sendo:

1. Prover informações monetárias e não monetárias, destinadas às atividades e decisões dos níveis Operacional, Tático e Estratégico da empresa, e também para os usuários externos à ela.

2. Constituir-se na peça fundamental do Sistema de Informação Gerencial da Empresa."

Essa conceituação é importante para entendermos os objetivos e a abrangência do sistema de informação contábil gerencial.

11.2 AMBIENTE DO SISTEMA DE INFORMAÇÃO CONTÁBIL

Adotamos também a posição de Riccio e extraímos de seu trabalho já citado a visão do ambiente do sistema de informação contábil.

Sendo um sistema que se insere no sistema maior, que é o sistema empresa, adotamos o conceito de ambiente expandido, em que, conjugando os conceitos de objetivos, limite inicial e limite final, podemos expandir o sistema de informação contábil até as fronteiras do sistema empresa.

Dessa maneira, partindo de uma visão dos primórdios da contabilidade, ou seja, a fase inicial da contabilidade como sistema de informação, podemos imaginar a contabilidade e seu sistema crescendo de tal maneira, até ser o sistema maior e mais importante dentro da organização.

FASE INICIAL DA CONTABILIDADE

- dar ao proprietário meios de controlar seus bens e direitos;
- controle exercido com segurança e eficiência, garantido pelos livros e pelo método das partidas dobradas;
- principal fonte de informação organizada.

AMBIENTE EXPANDIDO

- o sistema de informação contábil se estende até as fronteiras do "sistema empresa" e seus limites são os mesmos.

PONTOS DE FRONTEIRA

Dentro do conceito de ambiente expandido, os pontos de fronteira do sistema de informação contábil são as variáveis e entidades do ambiente externo onde o sistema está inserido, tais como:

- esferas governamentais;
- fornecedores;

- clientes;
- sindicatos empresariais e de trabalhadores;
- sistema bancário nacional e internacional;
- empresas de auditoria;
- bolsas de valores;
- empregados e suas famílias.

LIMITE INICIAL

Ocorrência de qualquer transação que resulte em alteração do patrimônio da empresa, quer quanto a sua classificação contábil quer quanto ao seu valor.

Em outras palavras: quais as transações que interessam e quais as que não interessam ao sistema?

LIMITE FINAL

Toda vez em que alguma decisão, seja em nível operacional, tático ou estratégico, tenha que ser tomada e que decorra daí qualquer alteração no patrimônio da empresa.

11.3 RECURSOS DO SISTEMA DE INFORMAÇÃO CONTÁBIL

Identicamente a qualquer sistema, o sistema de informação contábil necessita de recursos para processamento.

O sistema de informação contábil processa dados e os transforma em informações contábeis úteis para o processo decisório de toda a empresa, para todos os níveis.

Para o processo de transformação dos dados em informações contábeis úteis, os dois principais recursos são:

- recursos humanos (contadores) com capacitação adequada da ciência contábil, para o enfoque sistêmico da contabilidade e visão contábil gerencial completa, para atender às necessidades informacionais contábeis do sistema empresa;
- *software* de contabilidade que possibilite ao contador efetivar todo o potencial gerencial da informação contábil a ser gerada e utilizada.

Além disso, os demais recursos são os tradicionais para qualquer setor ou qualquer sistema:

- equipamentos de informática;
- equipamentos de comunicação;
- energia;
- serviços de terceiros;
- materiais de expediente;
- espaço físico etc.

11.4 SAÍDAS DO SISTEMA DE INFORMAÇÃO CONTÁBIL

As saídas do sistema de informação contábil são as informações contábeis necessárias para cumprir todos seus objetivos.

Fundamentalmente, as informações contábeis devem ser, no mínimo, as necessárias para atender a empresa e todos seus usuários.

Como ponto referencial, as saídas do sistema devem estar em coerência com a estrutura organizacional da contabilidade geral, ou controladoria, conforme a Figura 10.3 do Capítulo 10.

As informações contábeis, que são as saídas do sistema, podem ser efetivadas sob qualquer meio de comunicação:

a) sob a forma de relatórios contábeis;

b) sob a forma de análises contábeis;

c) sob a forma de informação eletrônica integrada para usuários específicos, dentro e fora da empresa;

d) sob a forma de informação eletrônica para qualquer usuário da empresa;

e) sob a forma de interfaces contábeis com outros sistemas de informações dentro da empresa;

f) sob a forma oral, como consultoria, assessoria, ou apresentação formal para os diversos níveis gerenciais da empresa;

g) sob a forma oral ou de apresentação organizada para usuários externos à empresa (bolsas de valores, analistas de investimentos etc.), ou grupos organizados diretamente interessados (sindicatos, comissão de empregados de participação nos lucros etc.);

h) sob a forma de palestras e treinamentos para usuários internos e externos etc.

11.5 GESTOR DO SISTEMA DE INFORMAÇÃO CONTÁBIL E SEU PAPEL

GESTOR DO SISTEMA

A administração do sistema é o componente humano e o que exerce papel decisivo no sucesso ou fracasso de seu desempenho.

O gestor ou administrador do sistema é o contador, seja sob o nome de *controller*, diretor administrativo e financeiro, gerente de contabilidade, contador geral etc.

Administrador (gestor) do sistema = contador

(*controller*, diretor financeiro, gerente de contabilidade etc.)

PAPEL DO CONTADOR OU DO GESTOR DO SISTEMA

O contador nunca deve impor sua visão da informação que está fornecendo. Sua obrigação é fornecer o que pedem, do jeito que pedem, dentro das diretrizes da empresa. O contador deve respeitar a posição do usuário e sua forma de enxergar e utilizar a informação contábil.

11.6 INFORMAÇÕES NO SISTEMA DE INFORMAÇÃO CONTÁBIL

DEFINIÇÃO DAS INFORMAÇÕES

Este tópico presta-se para resolver as seguintes questões fundamentais na estruturação de um sistema de informação contábil gerencial:

- *Quais informações devem estar no sistema de informação contábil?*
- *Como o gestor sabe ou deve proceder para definir as informações que irão ser incorporadas ao sistema?*

A definição de quais informações devem constar do sistema de informação contábil parte das necessidades informacionais da alta administração da empresa, que é, em última instância, a responsável pelo sistema empresa. Isso será feito por um processo interativo de definição de objetivos pela administração, bem como pela influência do gestor do sistema, que é o especialista e o conhecedor da ciência contábil.

LIMITE DA INFORMAÇÃO CONTÁBIL

O único limite a ser imposto pelo gestor do sistema de informação é o limite imposto pela Ciência Contábil. Como esta tem vasta abrangência, que inclui todo o controle do sistema empresa, seja o controle antecedente, concorrente ou subsequente, dificilmente o sistema de informação contábil não terá condições de absorver qualquer necessidade informacional de qualquer gestor interno da empresa.

11.7 ESTRUTURAÇÃO DO SISTEMA DE INFORMAÇÃO CONTÁBIL NO SIGE[2]

A metodologia para estruturar um sistema de informação contábil no Sige deve seguir o enfoque sistêmico, ou seja, partindo da análise do ambiente externo até a definição das necessidades informacionais, para que as saídas do sistema sejam coerentes com os objetivos do sistema contábil. A ênfase para a estruturação do sistema contábil deve ser o enfoque gerencial. Além disso, deve buscar a otimização da utilização das demais informações já existentes nos demais sistemas de informação operacionais, tornando-se imperiosa a total integração com os demais módulos do Sige. A Figura 11.1 mostra o fluxo seguido para estruturação adequada do sistema de informação contábil e a correlata adaptação dos demais módulos do Sige.

---

[2] Adaptada de PANTAROTO, José Carlos. *Modelo conceitual e processo de estruturação do sistema de informação contábil no sistema integrado de gestão empresarial.* Out. 2002. Dissertação (Mestrado em Administração) – Centro Universitário Nove de Julho.

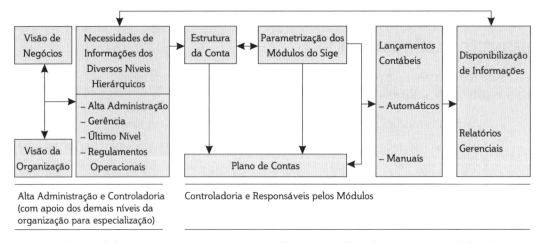

Figura 11.1 Modelo conceitual de estruturação do sistema de informação contábil no Sige.

PASSO 1 – ESTUDO DA EMPRESA, OBTENDO-SE A VISÃO DOS NEGÓCIOS E DA ORGANIZAÇÃO

Essa etapa qualifica-se como estratégica, uma vez que aborda e apreende todos os conhecimentos necessários da organização, que determinarão a maneira como ela deverá ser suportada pelo sistema de informação contábil gerencial. Nessa etapa, emergem os seguintes aspectos principais, a serem captados pelo responsável pela modelação do sistema de informação contábil:

Visão de Negócios

O conhecimento profundo dos negócios é necessário para definição dos seguintes elementos a serem incorporados no sistema de informação contábil:

a) produtos, linhas de produtos e subprodutos das diversas unidades de negócios;
b) materiais e principais insumos dos produtos e unidades de negócio;
c) processos básicos de produção e comercialização utilizados para os produtos nas unidades de negócio etc.

Visão da Organização

O conhecimento da estrutura e do funcionamento da organização é o caminho para a definição dos seguintes elementos a serem incorporados ao sistema de informação contábil:

a) segmentação da empresa em setores, departamentos, divisões, diretorias e áreas da empresa;
b) segmentação da empresa em atividades, se for o caso;
c) incorporação da hierarquia formal ao sistema de informação contábil;
d) definição dos produtos e serviços de cada divisão ou unidade de negócio;
e) definição das contas de despesas e receitas;
f) definição do grau de responsabilidade sobre os ativos, receitas e despesas etc.

PASSO 2 – IDENTIFICAÇÃO DAS NECESSIDADES DE INFORMAÇÕES DE TODOS OS USUÁRIOS DO SISTEMA DE INFORMAÇÃO CONTÁBIL

Obedecendo a todas as premissas obtidas na etapa anterior, esse passo caracteriza-se por detectar todas as informações necessárias e desejáveis que o sistema de informação contábil deverá modelar e disponibilizar. A responsabilidade por essas duas primeiras etapas é primariamente da alta administração e do setor de Controladoria, com o apoio dos demais responsáveis dos outros níveis da organização.

A definição da alta administração é fundamental. O contador deve, mediante contato com a alta administração, identificar quais informações a empresa necessita do sistema de informação contábil. A alta administração é que vai informar ao contador o grau de detalhamento da informação, a quantidade de departamentos ou centros de custo ou atividades, os tipos e formas de relatórios a serem extraídos do sistema contábil, as formas de agrupamento de informações (centros de lucro, centros de custo, ordem de execução, produtos etc.), os tipos de moeda, os prazos das informações etc.

Isso deverá ser feito por meio de um processo interativo de definição de objetivos pela administração, bem como da influência do contador, que é o especialista e o conhecedor da ciência contábil. Depois de definidas essas informações, o contador deverá procurar o próximo nível gerencial, agindo de maneira idêntica: definir objetivos e necessidades informacionais dos gestores intermediários, auxiliar no processo de decisão de quais informações devem ser liberadas pelo sistema de informação contábil e quais devem constar nele.

O contador repetirá esse processo até o menor nível decisorial da empresa, desde que se observem as decisões das hierarquias maiores. Finalmente, ele não pode deixar de observar as necessidades externas (bancos, acionistas, governo, legislação, auditorias etc.), assim como os recursos necessários (*hardware*, comunicações, equipamentos de telefonia, redes, aplicativos específicos etc.) para operacionalização dos subsistemas contábeis (custos, gestão patrimonial, orçamento, escrituração etc.).

Esse processo pode ser visualizado como apresentado na Figura 11.2.

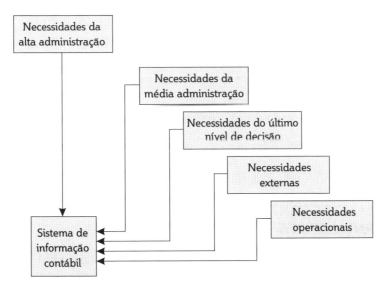

Figura 11.2 Processo de definição de informações para o sistema de informação contábil.

PASSO 3 – ESTRUTURAÇÃO DA CONTA CONTÁBIL

A análise conjunta das variáveis que conduzem os dois passos anteriores determinará como a conta contábil deve ser estruturada, seus segmentos, níveis e processo de aglutinação.

A estrutura da conta contábil tradicional é insuficiente para absorver todas as necessidades informacionais que fatalmente aparecerão na conclusão das etapas anteriores de análise dos negócios e da organização. Dessa maneira, faz-se necessário um conceito de estrutura de conta mais abrangente e de maior escopo, denominado *conta gerencial ou ampliada*.

Após o levantamento das necessidades de informações desde a alta administração até o menor nível decisorial da empresa e dos usuários externos, o contador inicia a estruturação da conta contábil.

A estrutura da conta contábil é constituída de segmentos. Cada segmento poderá receber de outros módulos do sistema empresa uma ou mais modalidades de informações por meio dos registros contábeis. Pela tecnologia da informação, o conceito de estrutura de conta contábil tem sido ampliado, permitindo que os *softwares* de contabilidade absorvam o conceito de lançamento contábil ampliado.

Podemos criar quantos segmentos da conta forem necessários, visando ao máximo à capacidade de armazenamento dos dados contábeis, para fins legais e, ao mesmo tempo, gerenciais. Essa estrutura receberá todos os lançamentos contábeis da empresa e os armazenará em bancos de dados que servirão para consulta e emissão de relatório. Não existe um número limite de segmentos, nem um número fixo de posições nesses segmentos, mas criam-se quantos forem necessários.

Esse tema será desenvolvido com maior detalhamento no Capítulo 15, seção 15.6.

PASSO 4 – PARAMETRIZAÇÃO DOS DEMAIS MÓDULOS DO SIGE

Nesta etapa, o contador deverá verificar se cada módulo do Sige está preparado para fornecer as informações necessárias para o sistema de informação contábil, bem como fazer a adequação de cada módulo à estrutura da conta contábil. Com base nas necessidades informacionais dos gestores sobre as atividades da empresa, deve ser feita a parametrização dos módulos do Sige no que concerne às necessidades contábeis, de tal forma que permita o adequado processo de integração, bem como o processo de extração e transferência de dados para o sistema de informação contábil.

O impacto contábil de cada transação processada em cada módulo do Sige deverá ser parametrizado dentro de cada um desses módulos, segundo orientação da contabilidade, que, por sua vez, seguirá as orientações definidas nas etapas anteriores.

Este tema já foi explorado no Capítulo 8, seção 8.5.

PASSO 5 – PLANO DE CONTAS E OPERACIONALIZAÇÃO DOS LANÇAMENTOS

Com os dados dos passos 3 e 4, estruturam-se o plano de contas central e o plano de contas complementares, bem como define-se como os lançamentos serão executados. O princípio para a elaboração dos planos de contas é o mesmo princípio do lançamento, ou seja, deve ser uma informação que leve à ação. O plano de contas é considerado uma ferramenta básica e indispensável ao atendimento e implementação de um eficiente sistema de informações para a elaboração de relatórios gerenciais.

Os planos de contas contábeis deverão ser construídos tendo em vista os relatórios futuros que deles se originarão e a necessidade da integração de todo o sistema de informação contábil, por meio da navegabilidade dos dados. Os planos contábeis normalmente procuram atender às necessidades legais. Contudo, as necessidades gerenciais sobrepõem-se às necessidades legais e, para isso, deverá ser feita uma estruturação que atenda a todas as necessidades detectadas nos passos anteriores, sempre com o objetivo voltado aos usuários finais de cada informação ou relatório contábil.

Esse tema será desenvolvido com maior detalhamento no Capítulo 16.

PASSO 6 – DISPONIBILIZAÇÃO DAS INFORMAÇÕES E DOS RELATÓRIOS GERENCIAIS

Etapa final, que corresponde às saídas do sistema, que devem estar coerentes com as necessidades detectadas nos passos 1 e 2. As etapas 3 a 6 serão coordenadas e executadas pela Controladoria, exceto a etapa 4, que terá a primazia da participação dos responsáveis por cada um dos módulos do Sige integrados, direta ou indiretamente, ao sistema de informação contábil.

Os relatórios gerenciais, por se constituírem no principal meio de comunicação de informação contábil, serão desenvolvidos no Capítulo 13, seção 13.4, pela apresentação de um modelo genérico.

Os Subsistemas do Sistema de Informação Contábil

Neste capítulo, faremos uma introdução aos componentes ou subsistemas do sistema de informação contábil. Posteriormente, na Parte III do livro, faremos uma apresentação detalhada de cada subsistema.

A proposta que apresentaremos pode ser trabalhada de forma diferente para cada empresa, observando as características de cada uma e suas necessidades informacionais. Entendemos que, em linhas gerais, esses são os principais componentes ou subsistemas contábeis e cada empresa poderá dar maior ou menor ênfase para cada um.

Esta proposta foi desenvolvida conforme a apresentação da estrutura da controladoria que apresentamos no Capítulo 10.

12.1 IDENTIFICAÇÃO DAS MISSÕES DO SISTEMA DE INFORMAÇÃO CONTÁBIL

Para configurar a abrangência do sistema de informação contábil, ou seja, para definir quais seus componentes ou subsistemas, devemos ter como linha norteadora a concepção da ciência contábil como controle patrimonial e que toda a informação contábil deve ser útil à administração.

A ciência contábil, mesmo considerando a unicidade de seu arcabouço teórico, ao longo de seu desenvolvimento no correr dos séculos, especializou-se em diversas áreas, segmentando seu sistema de informação para atender adequadamente aos diversos usuários e às diversas necessidades informacionais.

Essas segmentações deram origens a ramos específicos da contabilidade, que tem características peculiares que devem ser corretamente contempladas para atender a seus objetivos. Os segmentos do sistema contábil são os componentes do sistema maior, que é a contabilidade.

Nesse sentido, os componentes do sistema, ou seja, seus subsistemas, têm missões específicas para atender a necessidades específicas. Contudo, por serem componentes, suas missões têm que estar integradas com o objetivo global do sistema de informação contábil. Conforme Churchman[1] "a finalidade última do pensamento com relação aos componentes é descobrir esses componentes (missões) cujas medidas de rendimento são verdadeiramente relacionadas com a medida do rendimento do sistema global".

Outrossim, alguns subsistemas considerados contábeis por alguns autores, apesar de geridos eventualmente por contadores, não têm as características contábeis e, sim, atendem a missões operacionais. Como exemplos desses sistemas temos:

- compras;
- contas a pagar;
- contas a receber;
- tesouraria;
- folha de pagamento;
- faturamento etc.

Em nossa avaliação, esses sistemas são operacionais, mesmo que, eventualmente, operados pela contabilidade em algumas empresas.

Por outro lado, algumas informações ou algum subsistema contábil pode ser, no início do tratamento dos dados das transações, operado por outras áreas da empresa. Como exemplo, podemos citar:

- sistema de inventário físico;
- classificação contábil das compras;
- classificação contábil das vendas;
- custos da produção;
- contabilização de despesas e orçamento;
- folha de pagamento por centros de custos etc.

Considerando esses aspectos num Sige, alguns desses sistemas ou informações são trabalhados pelas áreas operacionais específicas e integrados às demais conforme as necessidades. Dentro da filosofia do Sige, não há necessidade de a contabilidade abarcar tudo em seu sistema de informação. A tecnologia de informação e o processo de integração permitem que o responsável pelo sistema de informação contábil tenha acesso aos demais sistemas, e, desta maneira, o resultado é o mesmo que se estivesse num único sistema.

12.2 SUBSISTEMAS CONTÁBEIS LEGAIS E GERENCIAIS

Mesmo que a ciência contábil propugne uma sistematização única para a informação contábil, as empresas têm, de um modo geral, partilhado os sistemas de informação contábil em duas grandes áreas: (a) a área societária e fiscal, a área legal, que denominamos de *escrituração*; e (b) a área gerencial, que denominamos de *planejamento e controle*.

---

[1] CHURCHMAN, C. West. *Introdução à teoria dos sistemas*. 2. ed. Petrópolis: Vozes, 1972. p. 68.

Esse partilhamento, contudo, é mais para fins de entendimento. Na realidade, as duas grandes áreas do sistema de informação contábil devem estar em perfeita integração e o responsável pelo sistema não deve fazer nenhuma diferenciação, principalmente na questão da relevância. Ambas as áreas têm a mesma importância para a empresa.

Dentro da parte considerada legal existem alguns subsistemas de informação para o primeiro gerenciamento da empresa, que, mesmo tendo conotação gerencial, são análises de elaboração rotineira, tal como análise de balanço e de caixa, e gestão dos impostos.

Em nosso entendimento, não é necessário que as duas áreas sejam operacionalizadas de forma diferente ou por setores diferentes. Todo o sistema de informação contábil, seja a parte denominada legal, seja a parte denominada gerencial, deve ser operacionalizado como um todo, sem dar maior ou menor importância a determinada área ou subsistema.

A escrituração dos lançamentos é tão importante como a mais profunda análise de custo, ou projeção de resultados.

Podemos apresentar o sistema de informação contábil em três grandes áreas e nos seguintes principais subsistemas:

Quadro 12.1 Áreas e subsistemas do sistema de informação contábil.

SISTEMA DE INFORMAÇÃO CONTÁBIL		
Área legal/fiscal	Área de análise	Área gerencial
• Contabilidade geral • Correção monetária integral • Contabilidade em outras moedas • Consolidação de balanços • Valorização de inventários • Controle patrimonial	• Análise de balanço • Análise de fluxo de caixa • Gestão de tributos	• Orçamentos e projeções • Custos e preços de venda • Contabilidade por responsabilidade • Centros de lucros e unidades de negócios • Acompanhamento do negócio e controladoria estratégica

12.3 ESCRITURAÇÃO COMO FONTE DOS DEMAIS SUBSISTEMAS CONTÁBEIS

O cerne do sistema de informação contábil é o subsistema de contabilidade geral (ou contabilidade financeira, como é também chamada), que tem como pano de fundo as necessidades legais, societárias e fiscais.

As áreas de análise e gerencial podem ser elaboradas e operacionalizadas a partir do subsistema de contabilidade geral. Em termos práticos, as áreas gerencial e de análise tendem a ser construídas com procedimentos contábeis complementares.

Por exemplo, a contabilidade geral tem como referencial, para fins de custo, o princípio de custo como base de valor. Se a empresa decide, para fins gerenciais, trabalhar como custo de reposição para fins gerenciais (custo, formação de preço de venda, análise de rentabilidade de produtos, por exemplo), far-se-ão registros complementares da diferença entre o custo histórico e o custo de reposição, para as áreas gerencial e de análise, sem interferir diretamente no banco de dados da contabilidade.

IMPORTÂNCIA DO LANÇAMENTO CONTÁBIL

Se o cerne do sistema de informação contábil é o subsistema de contabilidade geral, o cerne do subsistema de contabilidade geral é o lançamento contábil, ou seja, o processo de escrituração contábil.

Dessa maneira, para se ter um bom sistema de informação contábil de cunho gerencial é fundamental atenção especial para o registro da informação contábil, por meio do lançamento.

12.4 SUBSISTEMAS DE INFORMAÇÃO CONTÁBIL: VISÃO GERAL

Apresentamos na Figura 12.1 uma visão geral e compacta do sistema de informação contábil, seus principais subsistemas e suas interligações, bem como a interligação com os principais sistemas operacionais. Esses subsistemas serão analisados mais profundamente na Parte III deste livro.

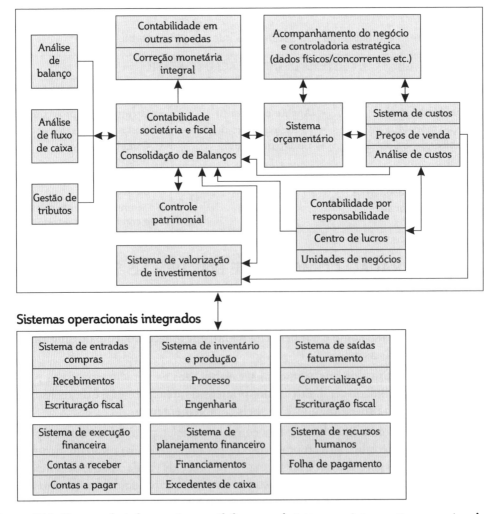

Figura 12.1 Sistema de informação contábil, seus subsistemas e integração operacional.

12.5 SISTEMA DE INFORMAÇÃO CONTÁBIL NO PROCESSO DE GESTÃO

Como já frisamos anteriormente, à Controladoria cabe acompanhar todo o processo de gestão, desde o planejamento estratégico, passando pelo planejamento operacional e pela programação, até a execução e o controle.

Dessa maneira, o Sistema de Informações de Controladoria, por meio de seus subsistemas, deve acompanhar todo esse processo.

Na Figura 12.2, podemos ver como todas as etapas do processo de gestão são acompanhadas e alimentadas pelos principais subsistemas de informação de contabilidade e controladoria.

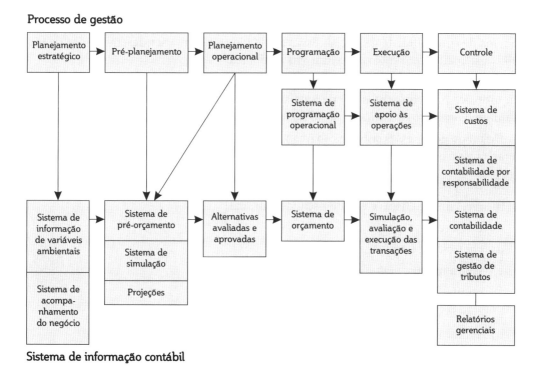

Figura 12.2 O processo de gestão e o sistema de informação contábil.

APÊNDICE

SISTEMA INTEGRADO DE INFORMAÇÕES EMPRESARIAIS (SIIE) PARA PEQUENAS EMPRESAS

Esta obra está desenvolvida tendo como base o conceito de sistema de informação contábil *completo*, incluindo a parte societária, fiscal, com ênfase para a parte gerencial, e portanto, dentro da visão de controladoria. Dentro dessa linha de pensamento elaboramos a Figura 12.1, em que situamos o sistema de informação contábil e os demais subsistemas empresariais.

Contudo, pequenos empreendimentos têm necessidades administrativas diferentes e, para tanto, podem ser atendidos com sistemas integrados de menor extensão, mas que cobrem a maior parte das necessidades de informações operacionais, contábeis e administrativas.

De um modo geral, esses sistemas não privilegiam módulos de análise financeira nem módulos de contabilidade gerencial. Essas atividades tendem a ser desenvolvidas de forma menos sistemática, por meio de aplicativos auxiliares.

Dessa maneira, os sistemas integrados oferecidos aos pequenos empreendimentos abrangem todos os procedimentos operacionais e administrativos básicos, de forma integrada, incluindo o processo de contabilização fiscal e societária.

De modo geral, esses sistemas abarcam as seguintes áreas da empresa e procedimentos operacionais e administrativos:

a) compras e pedidos de compras;
b) recebimento fiscal e escrita fiscal de entradas;
c) contas a pagar;
d) controle de estoque;
e) faturamento e pedidos de venda;
f) escrita fiscal de saídas;
g) contas a receber;
h) apuração fiscal;
i) controle bancário e fluxo de caixa;
j) folha de pagamento;
k) controle patrimonial;
l) contabilidade fiscal e societária.

Dentro do nosso conceito, são módulos contábeis apenas o controle patrimonial e a contabilidade fiscal e societária. Contudo, toda a parte fiscal de entradas e saídas é, normalmente, um serviço desenvolvido também pela contabilidade, além da folha de pagamento e controle de estoques, razão pela qual, geralmente, esses sistemas têm sido oferecidos como sistemas contábeis integrados.

Apresentamos na Figura 12.3 o fluxo básico da integração dos subsistemas dentro de um Sistema Integrado de Informações Empresariais para pequenos empreendimentos.

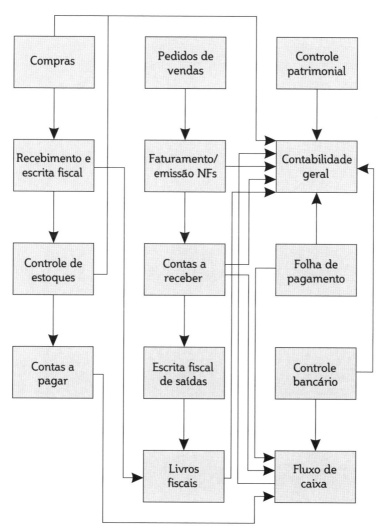

Figura 12.3 Sistema integrado de informações empresariais – pequenas empresas.

13

Informação Contábil e Teoria Contábil

A informação contábil, como toda informação, parte de dados coletados por toda a empresa, tratando-os conforme seus critérios, para dar um formato denominado contábil, que tem uma série de características e obedece necessariamente a uma metodologia.

Esta metodologia não é uma metodologia apenas de cunho ferramental, mas sim, tem como fundamento a Ciência Contábil.

Neste capítulo, desenvolveremos o estudo da informação contábil e suas características, seus pontos fortes e pontos fracos, lastreados na Ciência Contábil.

A Ciência Contábil é que transforma a Contabilidade, ou como entendemos nós a Controladoria, em uma ciência.

13.1 CONTABILIDADE/CONTROLADORIA COMO CIÊNCIA

Uma ciência pode ser confirmada fundamentalmente pelas suas teorias. Das teorias contábeis e de controle, destacamos a visão de Glautier, que apresentamos a seguir, de forma sintetizada.

AS RAÍZES DA TEORIA CONTÁBIL E DE CONTROLADORIA

Glautier[1] identifica as raízes da teoria contábil como sendo a teoria da decisão, a teoria da mensuração e a teoria da informação.

A teoria da decisão é tida como o esforço para explicar como as decisões são realmente feitas. A teoria da decisão, para a tomada de decisões, objetiva solucionar problemas e manter o caráter preditivo, por meio de um modelo de decisão.

---

[1] GLAUTIER, M. W. E.; UNDERDOWN, B. *Accounting*: theory and practice. Londres: Pitman, 1977. p. 30-38.

A tomada de decisões racionais depende de informações ou dados. A teoria da mensuração trabalha com o problema de avaliação dos dados e por isso é importante que esta seja estabelecida corretamente. A teoria da informação vem de acordo com seu propósito, que é possibilitar a uma organização alcançar seus objetivos pelo eficiente uso de seus outros recursos. Num sentido muito abrangente, a ideia de eficiência é expressada na relação entre *inputs* e *outputs*.

TEORIA DA DECISÃO

Conforme Glautier, nos últimos 20 anos, mudanças nas atitudes sociais, desenvolvimentos na tecnologia da informação, métodos quantitativos e das ciências comportamentais combinaram-se para mudar o foco de atenção da contabilidade da teoria do lucro para a teoria da decisão.

A teoria da decisão é parcialmente descritiva no que ela é um esforço para explicar como as decisões são atualmente feitas. Ela também é parcialmente normativa quando é um esforço para ilustrar como as decisões deveriam ser feitas, isto é, com o estabelecimento de padrões para as melhores ou ótimas decisões.

A teoria da decisão deve preocupar-se fundamentalmente com a questão da solução de problemas e a subsequente necessidade de tomada de decisão. Isso envolve, portanto, informações para previsões e uma metodologia científica para elaborar tais previsões.

Dessa forma, dentro da teoria da decisão vamos encontrar os instrumentos desenvolvidos para o processo de tomada de decisão, bem como o desenvolvimento de modelos de decisão que atendam às mais variadas necessidades gerenciais. A construção de modelos vem facilitar a aplicação do método científico para o estudo da tomada de decisão.

Os modelos de decisão dentro da teoria contábil podem e devem atender às necessidades gerenciais sobre todos os eventos econômicos, para qualquer nível hierárquico dentro da empresa. Assim, é possível a construção de modelos de decisão bastante específicos, para decisões operacionais, bem como modelos de decisão de caráter mais genérico, para decisões tidas como estratégicas. Conforme Glautier,[2] até a "estrutura completa da contabilidade é um modelo para descrever as operações de um negócio em termos monetários".

TEORIA DA MENSURAÇÃO

Decisões racionais dependem de informações, ou dados. A mensuração tem sido definida como o "estabelecimento de números a objetos ou eventos de acordo com regras especificando a propriedade a ser mensurada, a escala a ser usada e as dimensões da unidade".

A teoria da mensuração deve solucionar os seguintes problemas:

a) quais eventos ou objetos devem ser medidos;
b) quais padrões ou escalas devem ser usados;
c) qual deve ser a dimensão da unidade de mensuração.

---

[2] Idem, p. 33.

A natureza de decisões particulares determinará que objetos ou eventos devem ser mensurados e em qualquer tempo: passado, presente, futuro. Mensurações são necessárias não apenas para expressar objetivos como metas definidas claramente sobre quais decisões devem ser feitas, mas elas também são necessárias para controlar e avaliar os resultados das atividades envolvidas no alcance daquelas metas.

O padrão de mensuração contábil é a unidade monetária. É um dos grandes trunfos da ciência contábil, pois consegue traduzir todas as operações e a vida da empresa num único padrão de mensuração. Contudo, temos que ressaltar que apresenta algumas desvantagens quando são necessárias metas como moral do pessoal, especialização de mão de obra etc.

A dimensão da unidade de medida está ligada à confiança e à acurácia do padrão utilizado, que é a unidade monetária, e que, em princípio, deve ser permanentemente constante. Sabemos, contudo, que a unidade monetária sempre é dependente da estabilidade econômica. Assim, na ocorrência de inflação, valores de períodos diversos de tempo podem não ser comparáveis. Além deste aspecto, a própria questão da valoração, como critério de mensuração, envolve a necessidade de conceituação e fundamentação teórica, haja vista as possibilidades de diferentes critérios de atribuição de valor (baseado em custo, baseado em valor esperado etc.).

TEORIA DA INFORMAÇÃO

O propósito da informação é possibilitar que uma organização alcance seus objetivos pelo uso eficiente de seus outros recursos, isto é, homens, materiais, máquinas e outros ativos e dinheiro. Desde que a informação é também um recurso, a teoria da informação considera os problemas de seu uso eficiente.

O uso eficiente da informação como um recurso é considerado como o confronto entre os custos associados com a produção da informação e os benefícios derivados de seu uso.

Os custos associados com a produção de informação são aqueles envolvidos na coleta e processamento de dados e a distribuição da saída de informação.

O valor da informação reside em seu uso final, isto é, sua inteligibilidade para as pessoas que tomam decisões, e sua relevância para aquelas decisões. O valor da informação é baseado na redução da incerteza resultante dessa informação.

Sintetizando, a teoria da informação centra-se na questão da relação custo da produção da informação *versus* o provável benefício gerado pela sua utilização.

Em termos de posicionamento conceitual, em relação à informação e à construção de sistemas de informações, o contador deve estar menos preocupado com minimizar o custo da informação e mais preocupado em descobrir o nível ótimo de produção de informação.

CIÊNCIA CONTROLADORIA

Nas definições apresentadas sobre contabilidade, identificamos duas visões conceituais: a primeira enfoca o conceito de controle econômico do patrimônio e de suas mutações (controle estático e dinâmico), e a segunda enfatiza o conceito de processo de comunicação de informação econômica.

Entendemos que a controladoria é ciência e, na realidade, é o atual estágio evolutivo da ciência contábil. Como bem conceituou Glautier, a contabilidade saiu, nas últimas duas ou três décadas, da teoria do lucro (mensuração, comunicação de informação), para a teoria da decisão (modelos de decisão e caráter preditivo).

Entendemos que, com isso, unindo esses conceitos, podemos entender a controladoria como ciência e como a forma de acontecer a verdadeira função contábil.

Utilizando as considerações sobre ciência para a contabilidade, explicitada por Tesche et al.,[3] podemos também afirmar (as frases entre parênteses são nossas inserções):

"...a Contabilidade (Controladoria) é uma ciência, visto apresentar as seguintes características:
- ter objeto de estudo próprio;

    (os eventos econômicos e as mutações patrimoniais)
- utilizar-se de métodos racionais;

    (identificação, mensuração, registro – partidas dobradas –, comunicação)
- estabelecer relações entre os elementos patrimoniais, válidas em todos os espaços e tempos;
- apresentar-se em constante evolução;
- ser o conhecimento contábil regido por leis, normas e princípios;

    (teorias contábeis)
- seus conteúdos evidenciarem generalidade;

    (os mesmos eventos econômicos reproduzidos nas mesmas condições provocam os mesmos efeitos)
- ter caráter preditivo;

    (através dos modelos de decisão)
- estar relacionada com os demais ramos do conhecimento científico;
- a construção lógica do pensamento ser o fundamento das ideias e estas ensejarem os conteúdos das doutrinas;
- apresentar o caráter de certeza na afirmação de seus enunciados.

    (comprovados por evidências posteriores)..."

Podemos dizer que a controladoria seria a ciência contábil dentro do enfoque controlístico da escola italiana. Pela escola americana, a contabilidade gerencial é o que se denomina controladoria.

Os Princípios Contábeis Geralmente Aceitos introduziram o conceito de contabilidade financeira, ofuscando provisoriamente as reais funções da contabilidade como sistema de informação para as empresas para a administração econômica. Note que os autores italianos não falam em princípios contábeis, mas em administração econômica da azienda. Assim, a escola americana, depois de sair da contabilidade gerencial, que era a vigorante até 1925,[4] retomou o tema sob o nome de contabilidade gerencial, por meio da função de controladoria.

---

[3] TESCHE, Carlos Henrique et al. Contabilidade: ciência, técnica ou arte? *RBC*, nº 74, 1991.
[4] KAPLAN, Robert S.; JOHNSON, H. Thomas. *Contabilidade gerencial*. Rio de Janeiro: Campus, 1993. p. 109.

Assim, parece-nos mais uma questão de semântica. Primeiro, não há razões *teóricas ou científicas* para distinção entre contabilidade e contabilidade gerencial, pois, em sua essência, a contabilidade é gerenciamento e é sistema de informação.

Segundo, o nome contabilidade gerencial é para a disciplina que apresenta todos os aspectos da contabilidade dentro de um sistema de informação contábil e seu fundamento como ação administrativa, que, funcionalmente, dentro da organização é exercida nas empresas no mais das vezes pelo nome de controladoria.

13.2 INFORMAÇÃO CONTÁBIL E TEORIA CONTÁBIL

Os sistemas tradicionais de informação contábil estão (estavam) voltados para armazenar a informação segundo os critérios contábeis geralmente aceitos.

Num sistema de informação contábil ampliado (gerencial) é necessário, em muitos casos, estudar qual o *modelo de informação contábil* (qual o tratamento contábil a ser dado) para registrar as transações no sistema de informação.

Para quaisquer dos níveis de atuação da empresa (operacional, tático ou estratégico), é bastante provável que se tenha que modelar a informação contábil diferentemente do tradicional/fiscal, para seu uso gerencial. Exemplo: o consumo de materiais a preço médio histórico, em ambiente inflacionário, não tem nenhuma utilidade gerencial, mesmo para o nível operacional (custos e controle orçamentário, por exemplo).

Apesar de os princípios contábeis geralmente aceitos serem tradicionalmente conhecidos como a fonte da teoria contábil, sabemos, contudo, que a teoria contábil é muito mais antiga que os princípios. Como já dissertamos, fundamentalmente, a contabilidade nasceu para o controle das operações de uma entidade, portanto, de caráter puramente gerencial.

Sua utilização para usuários externos (governo, bolsas de valores etc.) deu-se *a posteriori*, donde originou-se a necessidade de padronização de informações externas.

A teoria contábil propriamente dita tem soluções de modelação das informações contábeis para os fins a que realmente se destinam, ou seja, o gerenciamento das empresas. Assim, conceitos mais avançados (e não aceitos pela contabilidade fiscal e comercial) de mensuração dos eventos econômicos (os fatos contábeis) podem ser incorporados aos subsistemas gerenciais do sistema de informação contábil, tais como:

- ativos a preços de reposição;
- ativos a preços de mercado;
- ativos e passivos a valor a vista;
- ativos com fluxos futuros de caixa descontado etc.[5]

De qualquer forma, a informação contábil deve atender às três raízes teóricas contábeis: a teoria da decisão, a teoria da mensuração e a teoria da informação.

---

[5] As práticas contábeis atuais vigentes no Brasil decorrentes das normas internacionais de contabilidade do IFRS permitem parcialmente a adoção desses conceitos de mensurações em situações específicas, adotando os conceitos de ajuste a valor presente, valor justo e provisão para recuperação de ativos (*impairment*) etc.

Dessa maneira, a informação contábil no sistema de informação contábil tem que atender aos seguintes aspectos:

a) a produção da informação deve estar num nível ótimo em termos de quantidade, dentro da qualidade exigida, a um custo compatível com o valor de sua utilização;
b) deve ter um modelo de mensuração que uniformize todos os dados envolvidos, dentro dos conceitos necessários para o usuário;
c) deve estar de acordo com o modelo de decisão do usuário para cada evento econômico, para ter o caráter preditivo;
d) deve permitir o processo geral de controle patrimonial e suas mutações.

SOLUÇÃO PRIMÁRIA: BANCO DE DADOS E/OU FUNCIONALIDADE MULTIDIMENSIONAL

Fundamentalmente, vemos a solução para que o sistema de informação contábil atenda a todos os aspectos e a todas as necessidades informacionais da empresa (fiscais, legais, comerciais e gerenciais), por meio de dois conceitos básicos de estruturação:

a) uso intensivo do conceito de banco de dados;
b) desenvolver o conceito de multidimensionalidade dentro da meto-dologia contábil.

O uso do conceito de banco de dados está relacionado com a possibilidade existente da tecnologia da informação, que permite uma flexibilidade muito grande de formas de armazenamento de informações e registros. Assim, pode-se construir um sistema de informação contábil em que os dados dos lançamentos e contas sejam partilhados em diversos bancos de dados. Seriam criados diversos bancos de dados que atenderiam aos diversos usuários.

O conceito de multidimensionalidade é similar e está ligado ao fato de que cada transação (que representa um fato contábil/administrativo, ou evento econômico, como hoje é denominado) tem uma série de características, atributos, qualidades e mensurações, e esta multidimensionalidade deve estar totalmente captada no lançamento e, subsequentemente, no sistema de plano de contas contábeis.

Exploraremos o conceito de multidimensionalidade no próximo capítulo.

13.3 CARACTERÍSTICAS DA INFORMAÇÃO CONTÁBIL

MENSURAÇÃO ECONÔMICA

O ponto forte da informação contábil é a mensuração econômica das transações. É o processo contábil de atribuir um ou mais valores a todos os eventos que acontecem na empresa e têm significado patrimonial. Tudo será medido em termos de valor monetário.

Com isso, a contabilidade consegue reunir e interpretar as transações da empresa sob uma única ótica, que é o valor econômico. Todos os dados são traduzidos em expressão monetária e, com isso, a contabilidade torna-se um grande sistema de informação monetária/financeira.

A contabilidade, com a mensuração econômica (por meio do sistema de informação contábil), é o único sistema de informação que consegue mostrar a empresa em sua totalidade, pois é a única que consegue atribuir valor a tudo. Essa qualificação da contabilidade é que permite o processo de gestão global de um empreendimento.

Portanto, a característica da mensuração monetária possibilita tornar a informação contábil e o sistema de informação contábil os mais importantes dentro da empresa.

OUTRAS CARACTERÍSTICAS NECESSÁRIAS

Contudo, para que a informação contábil seja aceita por todos dentro da empresa, é necessário que ela possua outras qualidades, objetivando a tomada de decisão pelos usuários, quais sejam:

- a informação deve trazer mais benefício que o custo de obtê-la;
- deve ser compreensível;
- deve ter utilidade para o decisor;
- deve possuir relevância e confiabilidade;
- dentro da relevância, ela deve ter os aspectos de:
  - oportunidade;
  - valor preditivo;
  - valor de *feedback*;
- dentro da confiabilidade, deve ter os seguintes aspectos:
  - verificabilidade;
  - confiança representacional;
  - neutralidade;
- deve ter consistência (possibilitar a comparabilidade).

13.4 RELATÓRIOS GERENCIAIS

A disponibilização de informações contábeis a todos os usuários e os relatórios gerenciais são fruto do sistema de informação contábil. Sua finalidade é fornecer à administração da empresa dados adequados ao controle global de suas operações e à tomada de decisões. Trataremos a partir daqui das informações disponibilizadas e dos relatórios conjuntamente como relatórios gerenciais.

Os relatórios gerenciais constituem uma das formas importantes por meio das quais a estratégia é comunicada por toda a organização. Bons relatórios contábeis são os que centram a atenção nos fatores que são fundamentais para o sucesso da estratégia adotada. Esses relatórios devem ser totalmente coerentes com a estrutura da conta e o plano de contas.

Diante disso, e para melhor entendimento sobre esses relatórios, relacionamos em seguida seus elementos e suas características:

a) Adequação das informações e do formato do relatório ao perfil do usuário.

   Objetivo básico: o relatório não deve ser refeito pelo usuário, e sim deve ter todos os elementos para utilização efetiva no campo.

b) Indicadores relativos: inserção de indicadores que complementam os dados de quantidade e valor constantes do relatório. Exemplos:
- análise vertical (estrutura, participação);
- análise horizontal (crescimento, variação);
- percentuais/números sequenciais: tendência.

c) Quantidade: inserção de dados quantitativos, sempre que possível, para melhor visualização e potencialização do uso das informações do relatório, com indicação de sua espécie:
- unidades;
- peso;
- metro;
- toneladas.

d) Periodicidade: cada relatório exige uma periodicidade específica. Por exemplo, relatórios de faturamento normalmente têm sua necessidade exigida diariamente:
- diária;
- semanal;
- mensal.

e) Disponibilização: cada relatório sugere o melhor meio de sua disponibilidade. Ainda assim, há que se respeitar o perfil dos usuários:
- *online*;
- arquivos anexados;
- papel;
- adequação;
- perfil do usuário;
- momento do envio/apresentação.

f) Elementos gráficos: sempre que possível, é necessário incorporar recursos adicionais de visualização:
- fundamento: ampliar a visão sobre o tema;
- não ser repetitivo/dispensável.

g) Informações focadas: aproveitar o relatório para dar informação absoluta ou relativa que mais interessa ao usuário, ou seja, elemento conclusivo:
- ponto de chamada dentro do relatório;
- informações para reflexão.

Exemplificando, na Figura 13.1 apresentamos um modelo geral de relatório gerencial, com seus elementos e características.

Modelo Geral de Relatório

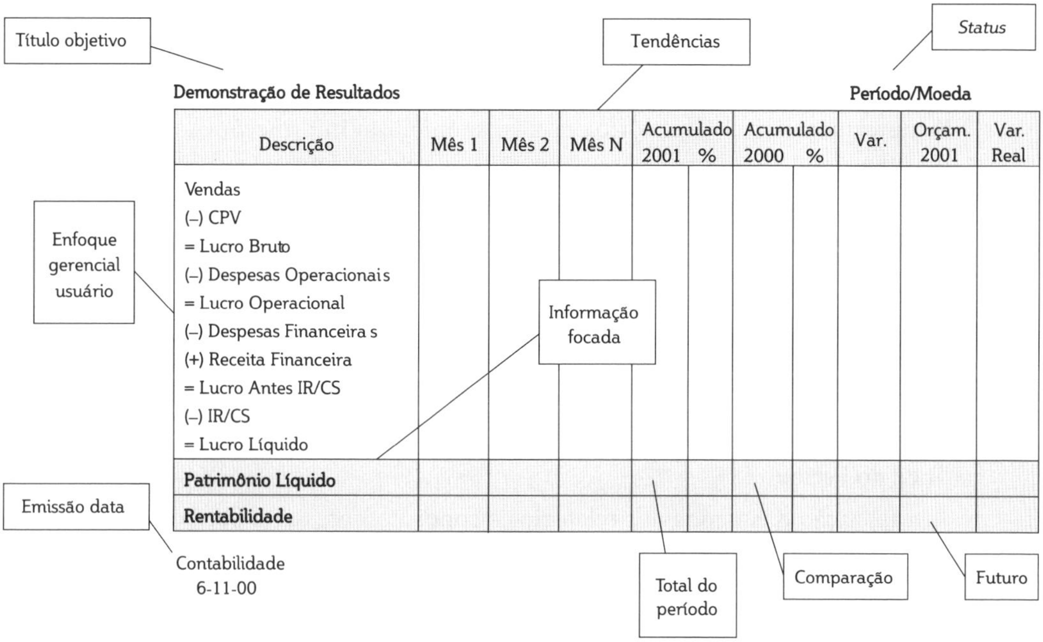

Figura 13.1 Elementos e características dos relatórios gerenciais.

Como visto na Figura 13.1, um relatório gerencial possui seus elementos e características específicas, tais como:

a) Título Objetivo

Nome do relatório e o que o identifica, especificando sua função e seu objetivo. Em outras palavras, é o que nos dá a noção exata do que será apresentado no relatório. Deve ser o mais sintético possível; contudo, a sintetização não pode ser motivo para título que não reflita adequadamente o que o relatório propõe evidenciar e informar. Se for o caso, o título poderá ser mais extenso que o desejado.

b) *Status*

Esse elemento do relatório destina-se a situar adequadamente os dados nele constantes, para não existirem dúvidas de sua utilização ao longo do tempo. Dentro do *status* enquadram-se:

- período – indicação do período-base do relatório;
- moeda – identificação da moeda (real, dólar etc.);
- quantidade – identificação da unidade de medida (quilo, metro, tonelada etc.).

c) Enfoque Gerencial do Usuário

Fundamentalmente, essa característica centra-se na descrição dos itens do relatório. É importante que ele seja customizado de acordo com a solicitação do usuário, do modo como ele enxerga a informação, desde que não tenha inadequações científicas.

Contudo, o formato geral do relatório também enquadra-se nessas características, tais como disposição das colunas, quantidade de casas decimais ou eliminação ou não de zeros, bases de comparação de indicadores relativos etc.

d) Tendências

Sempre que possível, o relatório deverá disponibilizar informações de movimentação ou situações de vários períodos, próximos ou referenciais, passados ou futuros.

O objetivo dessa característica é dotar o relatório ao máximo possível de condição de preditividade, condição essa em que uma análise tendencial e sequencial é importante variável condutora.

e) Comparação

Complementar à característica anterior, é uma necessidade tradicional nos modelos decisórios, uma vez que períodos ou situações passadas ou futuras são elementos-chave para situar o dado em seu momento.

f) Total do Período

A totalização dos dados dos relatórios é condição necessária para dar consistência aos dados e segurança ao leitor ou decisor.

g) Futuro

Sempre que possível, o relatório deve constar de dados futuros, orçados, previstos ou padrões. Toda informação contábil tem que ter essa orientação futura, servindo tanto para a avaliação do passado como para dar condições de preditividade.

h) Informação Focada

Um relatório gerencial caracteriza-se por ser um modelo de informação dentro de um modelo decisório. Denominamos de informação focada a possibilidade de o relatório conter dados que explicitem a informação condutora ou conclusiva do mesmo. É uma forma de apresentar uma informação resumida e ao mesmo tempo consolidadora do relatório.

i) Emissão de Data

Informação que caracteriza o momento em que o relatório foi emitido. Essa informação é vital, uma vez que, com a possibilidade de informação *online* e *real-time*, a data e a hora são necessárias para situar o leitor quando da utilização do relatório.

APÊNDICE
NBC-T-1 – DAS CARACTERÍSTICAS DA INFORMAÇÃO CONTÁBIL

RESOLUÇÃO CFC Nº 785/95, DE 28 DE JULHO DE 1995

APROVA A NBC-T-1 – DAS CARACTERÍSTICAS DA INFORMAÇÃO CONTÁBIL

O CONSELHO FEDERAL DE CONTABILIDADE, no exercício de suas atribuições legais e regimentais,

CONSIDERANDO o que dispõe a Resolução CFC nº 751/93, de 29 de dezembro de 1993,

CONSIDERANDO o estudo desenvolvido pelo Grupo de Trabalho instituído pela Portaria CFC nº 05/95, sob a Coordenação do Contador Ynel Alves de Camargo, tendo como participantes os Contadores: Antonio Carlos Nasi, Ariovaldo Guello e Olívio Koliver,

CONSIDERANDO que a expedição de normas reguladoras servirá para promover a valorização profissional do Contabilista,

CONSIDERANDO, finalmente, a boa doutrina e os Princípios Fundamentais de Contabilidade,

RESOLVE:

Art 1º Aprovar NBC-T-1 – Das Características da Informação Contábil.

Art 2º Esta Resolução entra em vigor na data de sua assinatura.

Brasília, 28 de julho de 1995.

José Maria Martins Mendes
Presidente

NBC-T-1 – DAS CARACTERÍSTICAS DA INFORMAÇÃO CONTÁBIL

1.1 DO CONCEITO E CONTEÚDO

1.1.1 A Contabilidade, na sua condição de ciência social, cujo objeto é o Patrimônio, busca, por meio da apreensão, da quantificação, da classificação, do registro, da eventual sumarização, da demonstração, da análise e relato das mutações sofridas pelo patrimônio da Entidade particularizada, a geração de informações quantitativas e qualitativas sobre ela, expressas tanto em termos físicos, quanto monetários.

1.1.2 As informações geradas pela Contabilidade devem propiciar aos seus usuários base segura às suas decisões, pela compreensão do estado em que se encontra a Entidade, seu desempenho, sua evolução, riscos e oportunidades que oferece.

1.1.3 A informação contábil se expressa por diferentes meios, como demonstrações contábeis, escrituração ou registros permanentes e sistemáticos, documentos, livros, planilhas, listagens, notas explicativas, mapas, pareceres, laudos, diagnósticos, prognósticos, descrições críticas ou quaisquer outros utilizados no exercício profissional ou previstos em legislação.

1.2 DOS USUÁRIOS

1.2.1 Os usuários são pessoas físicas ou jurídicas com interesse na Entidade, que se utilizam das informações contábeis desta para seus próprios fins, de forma permanente ou transitória.

1.2.2 Os usuários incluem, entre outros, os integrantes do mercado de capitais, investidores, presentes ou potenciais, fornecedores e demais credores, clientes, financiadores de qualquer natureza, autoridades governamentais de diversos níveis, meios de comunicação, Entidades que agem em nome de outros, como associações e sindicatos, empregados, controladores, acionistas ou sócios, administradores da própria Entidade, além do público em geral.

1.3 DOS ATRIBUTOS DA INFORMAÇÃO CONTÁBIL

1.3.1 A informação contábil deve ser, em geral e antes de tudo, veraz e equitativa, de forma a satisfazer as necessidades comuns a um grande número de diferentes usuários, não podendo privilegiar deliberadamente a nenhum deles, considerado o fato de que os interesses destes nem sempre são coincidentes.

1.3.2 A informação contábil em especial aquela contida nas demonstrações contábeis, notadamente as previstas em legislação, deve propiciar revelação suficiente sobre a Entidade, de modo a facilitar a concretização dos propósitos do usuário, revestindo-se de atributos entre os quais são indispensáveis os seguintes:

– confiabilidade;

– tempestividade;

– compreensibilidade; e

– comparabilidade.

1.4 DA CONFIABILIDADE

1.4.1 A confiabilidade é atributo que faz com que o usuário aceite a informação contábil e a utilize como base de decisões, configurando, pois, elemento essencial na relação entre aquele e a própria informação.

1.4.2 A confiabilidade da informação fundamenta-se na veracidade, completeza e pertinência do seu conteúdo.

§ 1º A veracidade exige que as informações contábeis não contenham erros ou vieses, e sejam elaboradas em rigorosa consonância com os Princípios Fundamentais de Contabilidade e as Normas Brasileiras de Contabilidade, e na ausência de norma específica, com as técnicas e procedimentos respaldados na ciência da Contabilidade, nos limites de certeza e previsão por ela possibilitados.

§ 2º A completeza diz respeito ao fato de a informação compreender todos os elementos relevantes e significativos sobre o que pretende revelar ou divulgar, como transações, previsões, análises, demonstrações, juízos ou outros elementos.

§ 3º A pertinência requer que seu conteúdo esteja de acordo com a respectiva denominação ou título.

1.5 DA TEMPESTIVIDADE

1.5.1 A tempestividade refere-se ao fato de a informação contábil dever chegar ao conhecimento do usuário em tempo hábil, a fim de que este possa utilizá-la para seus fins.

1.5.2 Nas informações preparadas e divulgadas sistematicamente, como as demonstrações contábeis, a periodicidade deve ser mantida.

Parágrafo único. Quando por qualquer motivo, inclusive de natureza legal, a periodicidade for alterada, o fato e suas razões devem ser divulgados junto com a própria informação.

1.6 DA COMPREENSIBILIDADE

1.6.1 A informação contábil deve ser exposta na forma mais compreensível ao usuário a que se destine.

§ 1º A compreensibilidade presume que o usuário disponha de conhecimentos de Contabilidade e dos negócios e atividades da Entidade, em nível que o habilite ao entendimento das informações colocadas à sua disposição, desde que se proponha analisá-las, pelo tempo e com a profundidade necessários.

§ 2º A eventual dificuldade ou mesmo impossibilidade de entendimento suficiente das informações contábeis por algum usuário jamais será motivo para a sua não divulgação.

1.6.2 A compreensibilidade concerne à clareza e objetividade com que a informação contábil é divulgada, abrangendo desde elementos de natureza formal, como a organização espacial e recursos gráficos empregados, até a redação e técnica de exposição utilizadas.

§ 1º A organização espacial, os recursos gráficos e as técnicas de exposição devem promover o entendimento integral da informação contábil, sobrepondo-se, pois, a quaisquer outros elementos, inclusive de natureza estética.

§ 2º As informações contábeis devem ser expressas no idioma nacional, sendo admitido o uso de palavras em língua estrangeira somente no caso de manifesta inexistência de palavra com significado idêntico na língua portuguesa.

1.7 DA COMPARABILIDADE

1.7.1 A comparabilidade deve possibilitar ao usuário o conhecimento da evolução entre determinada informação ao longo do tempo, numa mesma Entidade ou em diversas Entidades, ou a situação destas num momento dado, com vista a possibilitar-se o conhecimento das suas posições relativas.

1.7.2 A concretização da comparabilidade depende da conservação dos aspectos substantivos e formais das informações.

Parágrafo único. A manutenção da comparabilidade não deverá constituir elemento impeditivo da evolução qualitativa da informação contábil.

CPC 00 (R1) – Estrutura Conceitual para Elaboração e Divulgação de Relatório Contábil-Financeiro

CAPÍTULO 3: Características qualitativas da informação contábil-financeira útil

Introdução

QC1. As características qualitativas da informação contábil-financeira útil, discutidas neste capítulo, identificam os tipos de informação que muito provavelmente são reputadas como as mais úteis para investidores, credores por empréstimos e outros credores, existentes e em potencial, para tomada de decisões acerca da entidade que reporta com base na informação contida nos seus relatórios contábil-financceiros (informação contábil-financceira).

QC2. Os relatórios contábil-financeiros fornecem informação sobre os recursos econômicos da entidade que reporta a informação, sobre reivindicações contra a entidade que reporta a informação e os efeitos de transações e outros eventos e condições que modificam esses recursos e reivindicações. (Essa informação é referenciada na *Estrutura Conceitual* como sendo uma informação sobre o fenômeno econômico). Alguns relatórios contábil-financeiros também incluem material explicativo sobre as expectativas da administração e sobre as estratégias para a entidade que reporta a informação, bem como outros tipos de informação sobre o futuro (*forward-looking information*).

QC3. As características qualitativas da informação contábil-financeira útil devem ser aplicadas à informação contábil-financeira fornecida pelas demonstrações contábeis, assim como à informação contábil-financeira fornecida por outros meios. O custo de gerar a informação, que é uma restrição sempre presente na entidade no processo de fornecer informação contábil-financeira útil, deve ser observado similarmente. No entanto, as considerações a serem tecidas quando da aplicação das características qualitativas e da restrição do custo podem ser diferentes para diferentes tipos de informação. Por exemplo, aplicá-las à informação sobre o futuro (*forward-looking information*) pode ser diferente de aplicá-las à informação sobre recursos econômicos e reivindicações existentes e sobre mudanças nesses recursos e reivindicações.

Características qualitativas da informação contábil-financeira útil

QC4. Se a informação contábil-financeira é para ser útil, ela precisa ser relevante e representar com fidedignidade o que se propõe a representar. A utilidade da informação contábil-financeira é melhorada se ela for comparável, verificável, tempestiva e compreensível.

Características qualitativas fundamentais

QC5. As características qualitativas fundamentais são *relevância e representação fidedigna*.

Relevância[6]

QC6. Informação contábil-financeira relevante é aquela capaz de fazer diferença nas decisões que possam ser tomadas pelos usuários. A informação pode ser capaz de fazer diferença em uma decisão mesmo no caso de alguns usuários decidirem não a levar em consideração, ou já tiver tomado ciência de sua existência por outras fontes.

QC7. A informação contábil-financeira é capaz de fazer diferença nas decisões se tiver valor preditivo, valor confirmatório ou ambos.

QC8. A informação contábil-financeira tem valor preditivo se puder ser utilizada como dado de entrada em processos empregados pelos usuários para predizer futuros resultados. A informação contábil-financeira não precisa ser uma predição ou uma projeção para que possua valor preditivo. A informação contábil-financeira com valor preditivo é empregada pelos usuários ao fazerem suas próprias predições.

QC9. A informação contábil-financeira tem valor confirmatório se retroalimentar – servir de *feedback* – avaliações prévias (confirmá-las ou alterá-las).

QC10. O valor preditivo e o valor confirmatório da informação contábil-financeira estão inter-relacionados. A informação que tem valor preditivo muitas vezes também tem valor confirmatório. Por exemplo, a informação sobre receita para o ano corrente, a qual pode ser utilizada como base para predizer receitas para anos futuros, também pode ser comparada com predições de receita para o ano corrente que foram feitas nos anos anteriores. Os resultados dessas comparações podem auxiliar os usuários a corrigirem e a melhorarem os processos que foram utilizados para fazer tais predições.

Materialidade

QC11. A informação é material se a sua omissão ou sua divulgação distorcida (*misstating*) puder influenciar decisões que os usuários tomam com base na informação contábil-financeira acerca de entidade específica que reporta a informação. Em outras palavras, a materialidade é um aspecto de relevância específico da entidade baseado na natureza ou na magnitude, ou em ambos, dos itens para os quais a informação está relacionada no contexto do relatório contábil-financeiro de uma entidade

---

[6] Ao longo de toda esta Estrutura Conceitual, os termos características qualitativas e restrição irão se referir a características qualitativas da informação contábil-financeira útil e à restrição da informação contábil-financeira útil.

em particular. Consequentemente, não se pode especificar um limite quantitativo uniforme para materialidade ou predeterminar o que seria julgado material para uma situação particular.

Representação fidedigna

QC12. Os relatórios contábil-financeiros representam um fenômeno econômico em palavras e números. Para ser útil, a informação contábil-financeira não tem só que representar um fenômeno relevante, mas tem também que representar com fidedignidade o fenômeno que se propõe representar. Para ser representação perfeitamente fidedigna, a realidade retratada precisa ter três atributos. Ela tem que ser *completa, neutra e livre de erro*. É claro, a perfeição é rara, se de fato alcançável. O objetivo é maximizar referidos atributos na extensão que seja possível.

QC13. O retrato da realidade econômica completo deve incluir toda a informação necessária para que o usuário compreenda o fenômeno sendo retratado, incluindo todas as descrições e explicações necessárias. Por exemplo, um retrato completo de um grupo de ativos incluiria, no mínimo, a descrição da natureza dos ativos que compõem o grupo, o retrato numérico de todos os ativos que compõem o grupo, e a descrição acerca do que o retrato numérico representa (por exemplo, custo histórico original, custo histórico ajustado ou valor justo). Para alguns itens, um retrato completo pode considerar ainda explicações de fatos significativos sobre a qualidade e a natureza desses itens, fatos e circunstâncias que podem afetar a qualidade e a natureza deles, e os processos utilizados para determinar os números retratados.

QC14. Um retrato neutro da realidade econômica é desprovido de viés na seleção ou na apresentação da informação contábil-financeira. Um retrato neutro não deve ser distorcido com contornos que possa receber dando a ele maior ou menor peso, ênfase maior ou menor, ou qualquer outro tipo de manipulação que aumente a probabilidade de a informação contábil-financeira ser recebida pelos seus usuários de modo favorável ou desfavorável. Informação neutra não significa informação sem propósito ou sem influência no comportamento dos usuários. A bem da verdade, informação contábil-financeira relevante, por definição, é aquela capaz de fazer diferença nas decisões tomadas pelos usuários.

QC15. Representação fidedigna não significa exatidão em todos os aspectos. Um retrato da realidade econômica livre de erros significa que não há erros ou omissões no fenômeno retratado, e que o processo utilizado, para produzir a informação reportada, foi selecionado e foi aplicado livre de erros. Nesse sentido, um retrato da realidade econômica livre de erros não significa algo perfeitamente exato em todos os aspectos. Por exemplo, a estimativa de preço ou valor não observável não pode ser qualificada como sendo algo exato ou inexato. Entretanto, a representação dessa estimativa pode ser considerada fidedigna se o montante for descrito claramente e precisamente como sendo uma estimativa, se a natureza e as limitações do processo forem devidamente reveladas, e nenhum erro tiver sido cometido na seleção e aplicação do processo apropriado para desenvolvimento da estimativa.

QC16. Representação fidedigna, por si só, não resulta necessariamente em informação útil. Por exemplo, a entidade que reporta a informação pode receber um item do imobilizado por meio de subvenção governamental. Obviamente, a entidade ao reportar que adquiriu um ativo sem custo retrataria com fidedignidade o custo desse ativo, porém essa informação provavelmente não seria muito útil. Outro exemplo mais sutil seria a estimativa do montante por meio do qual o valor contábil do ativo seria ajustado para refletir a perda por desvalorização no seu valor (*impairment loss*). Essa estimativa pode ser uma representação fidedigna se a entidade que reporta a informação tiver aplicado com propriedade o processo apropriado, tiver descrito com propriedade a estimativa e tiver revelado quaisquer incertezas que afetam significativamente a estimativa. Entretanto, se o nível de incerteza de referida estimativa for suficientemente alto, a estimativa não será particularmente útil. Em outras palavras, a relevância do ativo que está sendo representado com fidedignidade será questionável. Se não existir outra alternativa para retratar a realidade econômica que seja mais fidedigna, a estimativa nesse caso deve ser considerada a melhor informação disponível.

Aplicação das características qualitativas fundamentais

QC17. A informação precisa concomitantemente ser relevante e representar com fidedignidade a realidade reportada para ser útil. Nem a representação fidedigna de fenômeno irrelevante, tampouco a representação não fidedigna de fenômeno relevante auxiliam os usuários a tomarem boas decisões.

QC18. O processo mais eficiente e mais efetivo para aplicação das características qualitativas fundamentais usualmente seria o que segue (sujeito aos efeitos das características de melhoria e à restrição do custo, que não são considerados neste exemplo). Primeiro, identificar o fenômeno econômico que tenha o potencial de ser útil para os usuários da informação contábil-financeira reportada pela entidade. Segundo, identificar o tipo de informação sobre o fenômeno que seria mais relevante se estivesse disponível e que poderia ser representado com fidedignidade. Terceiro, determinar se a informação está disponível e pode ser representada com fidedignidade. Dessa forma, o processo de satisfazer as características qualitativas fundamentais chega ao seu fim. Caso contrário, o processo deve ser repetido a partir do próximo tipo de informação mais relevante.

Características qualitativas de melhoria

QC19. *Comparabilidade, verificabilidade, tempestividade* e *compreensibilidade* são características qualitativas que melhoram a utilidade da informação que é relevante e que é representada com fidedignidade. As características qualitativas de melhoria podem também auxiliar a determinar qual de duas alternativas que sejam consideradas equivalentes em termos de relevância e fidedignidade de representação deve ser usada para retratar um fenômeno.

Comparabilidade

QC20. As decisões de usuários implicam escolhas entre alternativas, como, por exemplo, vender ou manter um investimento, ou investir em uma entidade ou noutra. Consequentemente, a informação acerca da entidade que reporta informação será mais útil caso possa ser comparada com informação similar sobre outras entidades e com informação similar sobre a mesma entidade para outro período ou para outra data.

QC21. Comparabilidade é a característica qualitativa que permite que os usuários identifiquem e compreendam similaridades dos itens e diferenças entre eles. Diferentemente de outras características qualitativas, a comparabilidade não está relacionada com um único item. A comparação requer no mínimo dois itens.

QC22. Consistência, embora esteja relacionada com a comparabilidade, não significa o mesmo. Consistência refere-se ao uso dos mesmos métodos para os mesmos itens, tanto de um período para outro considerando a mesma entidade que reporta a informação, quanto para um único período entre entidades. Comparabilidade é o objetivo; a consistência auxilia a alcançar esse objetivo.

QC23. Comparabilidade não significa uniformidade. Para que a informação seja comparável, coisas iguais precisam parecer iguais e coisas diferentes precisam parecer diferentes. A comparabilidade da informação contábil-financeira não é aprimorada ao se fazer com que coisas diferentes pareçam iguais ou ainda ao se fazer coisas iguais parecerem diferentes.

QC24. Algum grau de comparabilidade é possivelmente obtido por meio da satisfação das características qualitativas fundamentais. A representação fidedigna de fenômeno econômico relevante deve possuir naturalmente algum grau de comparabilidade com a representação fidedigna de fenômeno econômico relevante similar de outra entidade que reporta a informação.

QC25. Muito embora um fenômeno econômico singular possa ser representado com fidedignidade de múltiplas formas, a discricionariedade na escolha de métodos contábeis alternativos para o mesmo fenômeno econômico diminui a comparabilidade.

Verificabilidade

QC26. A verificabilidade ajuda a assegurar aos usuários que a informação representa fidedignamente o fenômeno econômico que se propõe representar. A verificabilidade significa que diferentes observadores, cônscios e independentes, podem chegar a um consenso, embora não cheguem necessariamente a um completo acordo, quanto ao retrato de uma realidade econômica em particular ser uma representação fidedigna. Informação quantificável não necessita ser um único ponto estimado para ser verificável. Uma faixa de possíveis montantes com suas probabilidades respectivas pode também ser verificável.

QC27. A verificação pode ser direta ou indireta. Verificação direta significa verificar um montante ou outra representação por meio de observação direta, como, por exemplo, por meio da contagem de caixa. Verificação indireta significa checar os dados de entrada do modelo, fórmula ou outra técnica e recalcular os resultados obtidos por meio da aplicação da mesma metodologia. Um exemplo é a verificação do valor contábil dos estoques por meio da checagem dos dados de entrada (quantidades e custos) e por meio do recálculo do saldo final dos estoques utilizando a mesma premissa adotada no fluxo do custo (por exemplo, utilizando o método PEPS).

QC28. Pode não ser possível verificar algumas explicações e alguma informação contábil-financeira sobre o futuro (*forward-looking information*) até que o período futuro seja totalmente alcançado. Para ajudar os usuários a decidir se desejam usar dita informação, é normalmente necessário divulgar as premissas subjacentes, os métodos de obtenção da informação e outros fatores e circunstâncias que suportam a informação.

Tempestividade

QC29. Tempestividade significa ter informação disponível para tomadores de decisão a tempo de poder influenciá-los em suas decisões. Em geral, a informação mais antiga é a que tem menos utilidade. Contudo, certa informação pode ter o seu atributo tempestividade prolongado após o encerramento do período contábil, em decorrência de alguns usuários, por exemplo, necessitarem identificar e avaliar tendências.

Compreensibilidade

QC30. Classificar, caracterizar e apresentar a informação com clareza e concisão torna-a compreensível.

QC31. Certos fenômenos são inerentemente complexos e não podem ser facilmente compreendidos. A exclusão de informações sobre esses fenômenos dos relatórios contábil-financeiros pode tornar a informação constante em referidos relatórios mais facilmente compreendida. Contudo, referidos relatórios seriam considerados incompletos e potencialmente distorcidos (*misleading*).

QC32. Relatórios contábil-financeiros são elaborados para usuários que têm conhecimento razoável de negócios e de atividades econômicas e que revisem e analisem a informação diligentemente. Por vezes, mesmo os usuários bem informados e diligentes podem sentir a necessidade de procurar ajuda de consultor para compreensão da informação sobre um fenômeno econômico complexo.

Aplicação das características qualitativas de melhoria

QC33. Características qualitativas de melhoria devem ser maximizadas na extensão possível. Entretanto, as características qualitativas de melhoria, quer sejam individualmente ou em grupo, não podem tornar a informação útil se dita informação for irrelevante ou não for representação fidedigna.

QC34. A aplicação das características qualitativas de melhoria é um processo iterativo que não segue uma ordem preestabelecida. Algumas vezes, uma característica qualitativa de melhoria pode ter que ser diminuída para maximização de outra característica qualitativa. Por exemplo, a redução temporária na comparabilidade como resultado da aplicação prospectiva de uma nova norma contábil-financeira pode ser vantajosa para o aprimoramento da relevância ou da representação fidedigna no longo prazo. Divulgações apropriadas podem parcialmente compensar a não comparabilidade.

14

Metodologia Contábil

A contabilidade cumpre seu objetivo como ciência do controle patrimonial, por meio do método contábil.

O método contábil é o *registro dos fatos* (eventos econômicos) que afetam o patrimônio empresarial.

O registro dos fatos dá-se pela escrituração dos mesmos em livros contábeis.

A escrituração contábil faz-se pelo *lançamento contábil*.

O lançamento contábil é efetuado pelo *método das partidas dobradas*.

A sistematização dos lançamentos contábeis é efetuada por meio das *contas contábeis*.

Procurando ampliar a visão sobre a metodologia contábil, apresentaremos primeiro alguns conceitos importantes sobre a base da escrituração contábil, que são fundamentais para explorarmos ao máximo o potencial da informação contábil e, consequentemente, do sistema de informação contábil.

14.1 EFEITO CAUSAL, LANÇAMENTO MULTIDIMENSIONAL E *MOMENTUM ACCOUNTING*

Ijiri[1] desenvolveu dois trabalhos fundamentais no âmbito da mensuração contábil, apresentando novas abordagens para os registros contábeis e novas dimensões da metodologia e do lançamento contábil, que, em nosso entendimento, têm um relacionamento conceitual com nossas propostas sobre sistemas de informações contábeis.

---

[1] IJIRI, Yuji. *The foundations of accounting measurement:* a mathematical, economic, and behavioral inquiry. Englewood Cliffs, N.J.: Prentice Hall, 1967; *Momentum accounting and triple-entry bookkeeping:* exploring the dynamic structure of accounting measurements. American Accounting Association, Studies in Accounting Research, 1989. v. 31.

O primeiro conceito é a visão de *efeito causal*, decorrente da metodologia contábil de partidas dobradas. Conforme Ijiri,[2]

> "o que faz o sistema de partidas dobradas duplo não é a dupla classificação (Ativos = Patrimônio), que é frequentemente descrito na literatura contábil, mas o princípio de custo, que reconhece o relacionamento causal entre um ativo adquirido e um ativo consumido... Portanto, o elemento essencial da contabilidade de partidas dobradas é o relacionamento causal entre um incremento e um decremento nos recursos presentes ou futuros da entidade... Isto é, nós deveríamos descrever o sistema de partidas dobradas não estaticamente, mas dinamicamente... Isso nos leva ao fato de que o sistema de lançamentos em partidas dobradas compele-nos a olhar para dentro do relacionamento causal entre as mudanças dos ativos".

O segundo conceito que entendemos relevante é o do *lançamento multidimensional*. Conforme Ijiri:[3]

> "Do ponto de vista do lançamento, um incremento e um decremento são registrados colocando a mesma importância no lado do débito e no lado do crédito, respectivamente. Do ponto de vista da mensuração, as importâncias são as mesmas porque o valor do incremento é imputado de um valor do decremento. Reconhecer a unidade de certos incrementos e decrementos porque eles são inter-relacionados não torna dependente de ter uma única medida de valor que é aplicada para todos os incrementos e decrementos... Isso dá-nos a ideia que talvez nós podemos estender a partida dobrada para casos em que nós temos *múltiplas medidas quantitativas* (grifo nosso) e não uma única medida de valor... Então, em cada registro o incremento (débito) e o decremento (crédito) são unidos e registrados em suas medidas quantitativas... é conveniente classificar esses registros pelas atividades que causaram as mudanças nos recursos, isto é, atividades de compra de materiais, atividades de contratação de mão de obra, atividades de produção, atividades de vendas. Portanto, nós construiremos *contas de atividades*, quando esses lançamentos são classificados e agregados. Contas de atividade são similares a contas de lucros e perdas no sistema de registro de partidas dobradas no entendimento de que elas são contas de 'fluxo' (comparadas com contas de ativo que são contas de 'estoque'), mas são muito mais abrangentes desde que elas incluem as atividades que não são diretamente relacionadas com lucros e perdas."

O terceiro é o conceito de *momentum accounting*. O conceito de *momentum accounting* (contabilidade do momento) é desenvolvido por Ijiri,[4] decorrente da constatação do efeito causal do método das partidas dobradas, em que tem-se uma visão de fluxo e uma visão de estoque. Da visão do fluxo, causador do estoque, Ijiri incorpora o fator tempo no lançamento contábil

> "[...] o fato de que as mensurações contábeis são funções do tempo, permite-nos desenvolver novas mensurações de sua existência tomando seus derivativos de tempo e

---

[2] *The foundations...* Op. cit., p. 107-110.
[3] Idem, p. 110.
[4] *Momentum accounting...* Op. cit., p. 2-3 e 43.

integrais de tempo [...] na estrutura básica do registro de partida dobrada nota-se que há uma ligação entre contas de estoque e contas de fluxo como sua característica essencial".

A definição de *momentum accounting* é dada por Ijiri,[5] considerando a estrutura dinâmica do lançamento contábil:

"Assim, se nós podemos de alguma forma converter fluxos em estoques, então nós podemos olhar para os fatores que são fluxos nas relações para o estoque novamente criado. Essa é a ideia subjacente atrás de nosso esforço para construir uma estrutura dinâmica para mensuração contábil [...] Há um método de conversão que é perfeitamente ajustado para esse propósito, denominado de operação derivativa com respeito ao tempo. Cada fluxo pode ser visto como um estoque relativo para seu próximo derivativo de tempo num dado ponto no tempo. Assim, a mensuração do lucro é convertida dentro de 'uma taxa pela qual o lucro está sendo conseguido' a um dado ponto no tempo. Nós chamamos essa nova mensuração (lucro) de mensuração do *momentum* [...] O lucro *momentum*, ou apenas *momentum*, é a tendência para as receitas e despesas recorrerem dadas as razões para que a recorrência deva acontecer. Os clientes mantendo as compras, os juros mantendo-se em ocorrência, salários são pagos, e taxas são incorridas continuadamente. O processo de ganho da empresa, então, consiste de grande número de eventos recorrentes misturados com alguns eventos não recorrentes."

O *efeito causal*, que liga um aumento de recurso ao decréscimo de outro recurso, está em consonância com o conceito de eficiência, que é a ligação entre o recurso utilizado e o recurso (produto ou serviço) obtido; o recurso utilizado como decréscimo e o produto ou serviço obtido, como incremento.

O conceito de *lançamento multidimensional*, ou lançamento tripartite, que propõe a incorporação do elemento quantitativo no lançamento, estamos adotando como fundamento do sistema de acumulação, quando entendemos que a contabilidade deve incorporar os aspectos operacionais do recurso utilizado, cujas evidências mais claras são os aspectos quantitativos.

Com relação ao conceito de *momentum*, o mesmo poderá estar incorporado no sistema de acumulação quando da necessidade de avaliação do potencial gerador de serviço de cada recurso, que não tenha consumação instantânea (máquinas, mão de obra, serviços). Entendemos que determinados tipos de recursos contêm dentro de si o potencial recorrente de que fala Ijiri, quando o mesmo recurso mantido pela empresa é o produtor de fluxos futuros de ganhos.

14.2 MÉTODO DAS PARTIDAS DOBRADAS

O método das partidas dobradas, espinha dorsal do registro da informação contábil, deve ser encarado em sua essência mais do que em sua forma.

O fundamento das partidas dobradas não é encontrar duas contas para o registro do fato, mas evidenciar a relação de causa e efeito dos eventos econômicos.

---

[5] Idem, p. 43-44.

PARTIDA E MÉTODO DAS PARTIDAS SIMPLES

Contabilmente, denomina-se partida o registro do fato nos livros contábeis.

O método das partidas simples, que não é mais utilizado, preocupava-se apenas com o registro do evento econômico, sem se importar se havia necessidade ou não de justificar a origem do fato, bem como não buscava um relacionamento entre devedores e credores.

Podemos citar como exemplo de um sistema contábil baseado em partida simples o sistema de inventário. Quando se inventaria uma série de bens, direitos ou obrigações, está-se apenas fazendo um arrolamento ou uma contagem. No sistema de inventário, não há explicações para a origem dos elementos patrimoniais objeto de inventariamento.

MÉTODO DAS PARTIDAS DOBRADAS E EQUAÇÃO FUNDAMENTAL DE CONTABILIDADE

Segundo alguns pesquisadores, o método das partidas dobradas já era utilizado pelos romanos. Contudo, ele é reconhecido oficialmente pela contabilidade com a publicação da obra *Tractatus de computis et scripturis*, do frade matemático e teologista Luca Paciolo, editada em 1494.

O método das partidas dobradas pelo registro do mesmo valor em duas contas contábeis possibilita evidenciar a dinâmica e origem das transações. Este método permitiu criar também a quarta figura contábil, o Patrimônio Líquido, e, por conseguinte, gerar matematicamente a equação fundamental da contabilidade.

Assim, além dos elementos patrimoniais já conhecidos, que eram os *bens*, *direitos* e *obrigações*, o método das partidas dobradas trouxe à tona o conceito de patrimônio residual ou riqueza líquida efetiva, por meio da figura do *Patrimônio Líquido*.

A equação fundamental da contabilidade (Figura 14.1) deu origem ao Balanço Patrimonial.

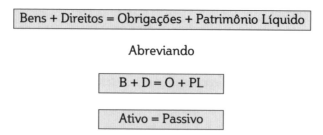

Figura 14.1 Equação fundamental de contabilidade.

14.3 VISÕES SOBRE O MÉTODO DAS PARTIDAS DOBRADAS

Podemos então resumir os principais enfoques sobre o método das partidas dobradas, com o intuito de evidenciar o grande potencial desta metodologia e, com isso, o enorme espaço, ainda, a ser desenvolvido em termos de teoria e prática contábil.

MÉTODO DAS PARTIDAS DOBRADAS COMO MÉTODO DE REGISTRO

Esta é a visão mais simples e puramente escritural. Enfoca o método das partidas dobradas como um registro a crédito e um registro a débito. A máxima deste enfoque é "a cada débito corresponde um crédito de igual valor". Esta afirmativa é decorrente do princípio fundamental de que "não há devedor sem credor".

As nomenclaturas débito e crédito são muito antigas e originaram-se dos primórdios da contabilidade pelo método das partidas simples, em que listavam as dívidas das pessoas (deve = débito) e os direitos e bens da mesma pessoa, os seus haveres (haveres = crédito). Como para a administração de suas posses, as pessoas com riquezas contratavam administradores, eles terminavam como responsáveis pelas "contas" dos donos das riquezas, e os conceitos de "deve" e "haver" passaram a ser contabilizados de forma aparentemente contrária a suas reais naturezas (ativos como débitos e passivos como créditos).

MÉTODO DAS PARTIDAS DOBRADAS COMO ORIGENS E APLICAÇÕES

Conforme Florentino,[6] este enfoque decorre da teoria econômica de "*consumo = renda*". Esta equação busca evidenciar o equilíbrio econômico das pessoas. Elas só podem fazer aplicações financeiras se existirem origens (ou fontes de recursos) para esses investimentos.

Estendendo esses conceitos, teríamos que ao consumo seria acrescentado o fenômeno da poupança e à renda seria acrescentado o fenômeno das dívidas. Quando acontece uma fixação por acumulação da renda, ter-se-á a renda poupada.

Equacionando os termos, temos:

$$\text{Consumo} = \text{Renda}$$
$$\text{Consumo} + \text{Poupança} = \text{Renda} + \text{Dívidas} + \text{Renda Poupada}$$
$$\text{Aplicações de Recursos} = \text{Origens dos Recursos}$$

De acordo com Florentino, as associações entre os conceitos da ciência econômica e os conceitos da ciência contábil, conforme as terminologias de cada ciência, seriam os indicados no Quadro 14.1.

Quadro 14.1 Associações entre a terminologia econômica e terminologia contábil.

Terminologia econômica	Terminologia contábil
Consumo	Despesa
Renda	Receita
Renda Poupada	Patrimônio Líquido
Poupança	Ativo
Dívidas	Passivo Exigível (Passivo Circulante + Exigível a Longo Prazo)

---

[6] FLORENTINO, A. M. *Teoria contábil*. 5. ed. Rio de Janeiro: FGV, 1988.

Dentro desse enfoque é que se desenvolveu o conceito de:

Ativo = Aplicações de Recursos
Passivo = Fontes de Recursos

Assim, a metodologia das partidas dobradas está preocupada não com débitos e créditos, mas em explicitar, em cada lançamento, a origem dos recursos e onde eles foram aplicados.

MÉTODO DAS PARTIDAS DOBRADAS COMO EVIDENCIAÇÃO DA CAUSA E EFEITO

Como aprofundamento do conceito econômico de origens e aplicações, o método das partidas dobradas pode também ser enfocado como um método que evidencia *a relação* que existe entre as causas e as consequências dos eventos econômicos.

Mais do que evidenciar as fontes, o método evidencia a relação entre custos consumidos e ativos adquiridos. Evidencia a causa entre o aumento de um ativo e a redução de outro ativo (seja por reduzir diretamente um ativo ou por contrair dívidas). Conforme diz Ijiri, os aumentos ou reduções dos ativos podem ser tanto presentes como futuros, daí que a relação causal é mais importante do que a simples visão da origem e aplicações.

No enfoque de origens/aplicações explica-se só o fato presente. No enfoque de causa e efeito, evidenciam-se também os efeitos futuros de determinado evento econômico. Portanto, tira-se a visão estática e passada do lançamento, para uma visão dinâmica, recorrente e futura do fato contábil.

Além disso, o efeito causal dá uma visão sistêmica ao método das partidas dobradas, porque obriga a debruçarmo-nos no efeito eficiência, entre os recursos consumidos e a renda (atual ou futura) gerada pelo produto obtido pelos recursos utilizados.

14.4 CARACTERÍSTICAS FAVORÁVEIS DO MÉTODO DAS PARTIDAS DOBRADAS

Conforme Riccio, em sua obra já citada, além dos enfoques colocados anteriormente, o método contábil apresenta outras características favoráveis de grande importância.

PRINCIPAL MEIO PROCESSADOR DE DADOS

Sua amplitude de conceitos permite ser o método mais lógico e estruturado de processar dados e transformá-los em informações úteis e universais.

CONTROLE DE QUALIDADE DA INFORMAÇÃO

A dupla partida permite um grau de segurança muito forte da informação gerada. Não pode haver um registro patrimonial no sistema contábil "sem uma explicação", ou seja, não pode haver um débito sem um crédito.

Este atributo do método é uma das grandes forças da informação contábil. Podemos afirmar, desta maneira, que o método das partidas dobradas é o mais eficiente meio anticorrupção financeira existente.

O próprio método contém dentro de si um sistema de auto-auditoria.

REGISTRO COMO FORNECEDOR DE INFORMAÇÃO

O próprio lançamento passa a ser uma informação. Assim, o trabalho de registro (a escrituração) passa a ter um custo baixo, pois em tempo imediato a informação gerada é útil.

UTILIZAÇÃO DA INFORMAÇÃO DA FORMA DESCENTRALIZADA

A informação contábil, pela sua característica de mensuração econômica, é entendida por qualquer pessoa dentro e fora de uma organização e, portanto, sua utilização é totalmente descentralizada e de fácil entendimento.

PAPEL CONSOLIDADOR DO SISTEMA

O método e a informação contábil permitem uma visão geral da empresa, tanto estaticamente (o patrimônio existente num dado momento), como dinamicamente (o resultado-lucro/prejuízo – sendo gerado a cada transação).

BASE PARA O PROCESSO DE AVALIAÇÃO DE DESEMPENHO DA EMPRESA

Os dados gerados permitem com clareza e segurança uma avaliação contínua do desempenho da empresa, em termos de eficiência, eficácia e atingimento de objetivos.

15

Lançamento Contábil

O lançamento contábil é o registro (escrituração) das transações dos eventos econômicos (fatos contábeis ou fatos administrativos) segundo o método das partidas dobradas.

Conforme D'Amore,[1] dentre os fins mais comuns que se pretende obter com a escrituração, citam-se os seguintes:

a) a vigilância e o controle dos órgãos administrativos;
b) a determinação dos resultados e da eficiência da administração;
c) a determinação da marcha das operações e suas tendências, de modo a poderem-se elaborar fundamentadas previsões.

Também conforme D'Amore, há dois tipos básicos de escrituração:

a) escrituração cronológica;
b) escrituração sistemática.

Elas estão representadas na contabilidade legal nos dois livros contábeis principais, o Diário e o Razão. A escrituração cronológica é a forma de lançamento do livro Diário e a escrituração sistemática é a forma do livro Razão. A escrituração sistemática não se limita, contudo, ao livro Razão. Toda e qualquer escrituração que seja feita destinada a um determinado objetivo de acumulação de informação contábil é considerada sistemática.

15.1 FUNDAMENTO DO LANÇAMENTO CONTÁBIL: INFORMAÇÃO QUE LEVA À AÇÃO

No tópico 12.3 apresentamos nosso entendimento de que a escrituração e o lançamento contábil são a base de qualquer sistema de informação contábil que pretenda fazer-se

---

[1] D'AMORE, Domingos; CASTRO, Adaucto de Souza. *Curso de contabilidade*. 14. ed. São Paulo: Saraiva, 1967. p. 94.

gerencial e, portanto, evidenciar todo o escopo da ciência contábil, de controle do patrimônio empresarial.

D'Amore diz que um dos fins da escrituração contábil é "a determinação da marcha das operações e suas tendências, de modo a poder-se elaborar fundamentadas previsões".

Todo o sistema de acumulação contábil começa com o lançamento. O método é o das partidas dobradas e a acumulação das informações dá-se nas contas contábeis. Mas a base, o fundamento de todo o sistema de acumulação contábil, é o lançamento.

Cada lançamento deverá ser feito de forma extremamente cuidadosa, pois é ele que representará o fato contábil ou a transação de determinado evento econômico. Após isso, é o lançamento que possibilitará o caráter científico preditivo da informação contábil.

LANÇAMENTO CONTÁBIL E CONCEITO DE BANCO DE DADOS

Associado ao processo de escrituração do lançamento contábil está o conceito de banco de dados. A tecnologia da informação permite uma utilização de forma bastante ampliada de qualquer registro de informação segundo esse conceito. Sendo o lançamento o registro em banco de dados que contém maior possibilidade de representação de um evento econômico, sua execução deverá ser feita com extremo cuidado e ciência, dado o caráter explorador, potencial e preditivo das informações que contém o lançamento contábil.

Ao contrário do que muitos pensam – que, com o avanço dos computadores, o lançamento viria a ser massificado e relegado a segundo plano – o lançamento é hoje motivo de trabalho artesanal, lapidar, por parte dos responsáveis pela contabilidade das empresas.

Assim, fazendo uma analogia, podemos dizer que cada lançamento contábil é uma "pérola", introduzido num sistema de acumulação. A palavra pérola é para designar o valor da informação contida num lançamento contábil. Cada lançamento deve ser feito e lapidado de tal maneira, pois seu uso futuro será seguramente real, importante e ampliado.

Convém, aqui, relembrar os conceitos de integração e navegabilidade de dados. Num sistema contábil gerencial, quem fará a navegabilidade é o lançamento, pérola de superacabamento artesanal, sem sofismas, objetiva, operacional, capaz de atender a todos os segmentos do sistema de informação contábil. Introduzido o lançamento, ele abastecerá imediatamente todas as áreas abrangidas pelo sistema.

INFORMAÇÃO QUE LEVA À AÇÃO

O lançamento deve possibilitar a ação. Tanto quanto ou até mais que as informações acumuladas nas contas contábeis, o lançamento evidencia, em seu maior grau de detalhe, tudo o que aconteceu, e, seguramente, possibilitará uma ação para o futuro.

Portanto, ele deve ser completo e ter todas as informações que mostrem o evento acontecido, sem dúvidas.

Lançamentos de forma aglutinada só serão possíveis ou aceitos sob condições extremadas, ou quando a grande quantidade de dados, aglutinada num único lançamento, não prejudique o entendimento do evento econômico daquele momento.

Nunca um usuário da informação contábil deverá ver um lançamento em suas contas e em seu relatório, que não entenda, ou que necessita de informação complementar.

O lançamento contábil, como veículo da ciência contábil, deve atender às funções teóricas da informação contábil, que são:

a) teoria da mensuração: o lançamento contábil deve medir corretamente o fato, nas dimensões desejadas e necessárias para cada um dos eventos econômicos;
b) teoria da informação: deve conter todos os requisitos de uma informação útil;
c) teoria da decisão: ele deve possibilitar a tomada de decisão.

Dessa forma, o lançamento contábil deve ser o veículo para a posterior tomada de decisão. Portanto, será uma informação que leva à ação, pois contém todos os elementos elucidativos do evento que quer representar.

15.2 MODELO DE INFORMAÇÃO CONTÁBIL

A base para a modelação da informação contábil é o lançamento contábil.

Cada tipo de evento econômico deve ser estudado em termos de modelos de decisão e, consequentemente, deve criar-se um modelo de informação contábil a ser aplicado em todas as transações de cada evento econômico, visando a sua utilização dentro do modelo de decisão.

MODELO DE DECISÃO

Os modelos de decisão escolhidos pela empresa e os usuários da informação contábil serão a base para a modelagem da informação contábil – para a modelagem do lançamento contábil.

Para tanto, o potencial do lançamento contábil deve ser explorado ao máximo.

MODELO DE DECISÃO, BANCO DE DADOS E LANÇAMENTO CONTÁBIL

Com o objetivo de potencializar a informação contábil e o sistema de informação de contabilidade como instrumento decisorial, é necessária uma revisão do registro contábil.

Utilizando-se o conceito de banco de dados, devemos incorporar ao lançamento contábil todos os elementos e dados que serão necessários para dar as informações para os modelos de decisão dos principais eventos econômicos da entidade.

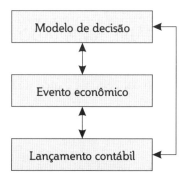

Figura 15.1 Lançamento contábil, evento econômico e modelo de decisão.

15.3 COMPONENTES DO LANÇAMENTO CONTÁBIL TRADICIONAL

Os componentes do lançamento tradicional, normalmente utilizado para fins societários e fiscais, são os seguintes:

- data;
- conta debitada;
- conta creditada;
- histórico;
- valor.

Em princípio, esses componentes seriam suficientes para compreender a transação de um evento econômico.

Contudo, para um sistema gerencial, é necessário que a informação contábil seja potencializada e explorada ao máximo. Desta maneira, alguns dos componentes contábeis deverão ter sua formatação revista, com o objetivo de incrementar a quantidade de dados e a subsequente utilização de forma decisorial.

15.4 CONCEITO DE LANÇAMENTO MULTIDIMENSIONAL

Já introduzimos no tópico 14.1 a visão de Ijiri sobre essa possibilidade da metodologia contábil.

É a possibilidade de se ter *múltiplas medidas quantitativas* e não uma única medida de valor. Assim, o lançamento conteria os dados para registrar as atividades que causaram as mudanças nos recursos, bem como as possibilidades de mensuração diferenciadas.

O conceito de *lançamento multidimensional*, ou lançamento multipartite, propõe a incorporação do elemento quantitativo no lançamento, ou outras medidas de atividade que possam refletir adequadamente o fato contábil.

Isso conduz a um novo conceito de lançamento contábil, que denominamos de lançamento contábil ampliado, cuja operacionalização está diretamente ligada ao conceito de banco de dados, e todos os componentes do lançamento poderão ser explorados e potencializados.

15.5 LANÇAMENTO CONTÁBIL AMPLIADO

Fundamentalmente, respeitam-se as necessidades básicas societárias/fiscais de contas creditadas e debitadas e valor, e pelo conceito de banco de dados, amplia-se tudo o que for necessário.

DATA

Numa escrituração tradicional, a data é única. Contudo, sabemos que nem sempre é possível o registro exatamente nas datas de ocorrência. Datas diversas podem acontecer, muitas vezes causadas pela própria demora dos processos operacionais.

Exemplo muito comum é a compra de materiais. Podemos ter as seguintes datas, que deveriam constar num lançamento ampliado, seja no sistema de informação contábil ou em outros sistemas operacionais, pelo conceito de navegabilidade e rastreabilidade de dados:

- Compra de materiais
- Datas possíveis:
- data da geração da necessidade de material pelo sistema MRP;
- data da cotação;
- data do pedido;
- data da nota fiscal do fornecedor;*
- data da entrada na portaria da empresa;*
- data do recebimento físico;*
- data da aprovação pelo sistema de qualidade;
- data da estocagem;*
- data do recebimento fiscal e/ou escrituração fiscal;*
- data de contabilização;
- data do pagamento.

Alguns podem arguir que a data não é elemento vital para o lançamento contábil, dada sua pouca relevância. Não é esse nosso entendimento.

À guisa de exemplo, podemos citar as necessidades informacionais que o sistema de informação contábil tem para efetuar a elaboração de demonstrativos contábeis em outras moedas, principalmente estrangeiras.

A data é de vital importância. Qual a data certa para se dolarizar uma transação contábil, por exemplo? A data da nota fiscal? A data da estocagem? A data da contabilização? A data do pagamento?

Se essas informações não estiverem à disposição do sistema, será impossível modelar adequadamente a informação contábil para balanços em moeda estrangeira. Na modelação dessa informação, uma das decisões a ser tomada é com relação à data ou às datas a serem consideradas nos cálculos.

CONTAS DEBITADAS E CREDITADAS

Também esses componentes do lançamento contábil merecem uma revisão. Além das contas envolvidas pelo plano de contas necessário para as atividades legais, é possível uma extensão do uso de contas, para atender às demais necessidades informacionais de um sistema gerencial de contabilidade, que será utilizado por toda a empresa.

Este tópico está intimamente ligado ao capítulo seguinte, em que exploraremos mais o conceito de contas como veículo de acumulação das informações contábeis.

---

* Essas datas tendem a ser particularmente importantes neste evento, pois podem conduzir a diferentes interpretações e responsabilidades dentro da empresa, se não entendidas adequadamente.

Dependendo da construção do sistema de informação contábil, será necessária uma definição de procedimentos que permita sistematizar a acumulação de determinadas informações, ou pelas contas contábeis ou pelos históricos, para se conseguir o efeito de banco de dados.

As contas terminam por ser um veículo muito especial para atingir a multidimensionalidade da informação contábil. Além das contas contábeis tradicionais debitadas e creditadas para fins legais e fiscais, o mesmo lançamento poderá ser lançado em outras contas, que possibilitem a utilização gerencial da informação contábil. Como exemplo, poderíamos citar, num lançamento de vendas:

Venda de um produto a vista

Contas Possíveis
- Contas Legais/Fiscais
    - Conta Debitada – Clientes
    - Conta Creditada – Vendas a Vista
- Contas Gerenciais
    - Vendas Produto X
    - Vendas Cliente A
    - Vendas Mercado 1
    - Vendas Região 10
    - Vendas Setor de Atividade 15
    - Ordem de Trabalho

HISTÓRICO

O histórico do lançamento presta-se sobremaneira para desenvolver o conceito de lançamento contábil ampliado e lançamento multidimensional. O histórico pode contar todas as informações de *atividades* de que fala Ijiri, normalmente representado por informações quantitativas, que ilustrarão significativamente o lançamento, dando o caráter fundamental do mesmo, que é a informação que leva à ação.

Dependendo da formatação do sistema de informação contábil, várias das informações que estamos sugerindo como sendo componentes do histórico poderão estar em outros subsistemas operacionais ou de gestão, e, por meio do conceito de DSS/EIS, serem retrabalhadas pelos usuários.

Para operacionalizar essa concepção, é importante o conceito de banco de dados para as informações contidas no histórico.

HISTÓRICO CODIFICADO *VERSUS* HISTÓRICO PADRONIZADO

É muito comum que os sistemas de informações contábeis contenham dentro de sua construção o conceito de histórico padronizado. O histórico padronizado é um sistema que, considerando algumas variáveis (conta, evento), cria um histórico padronizado para os lançamentos repetitivos.

No conceito de histórico ampliado, o que se propõe é a codificação do histórico, de tal forma que, sistematizando as codificações, os campos especificados sejam formadores de informações no conceito de banco de dados e, com isso passíveis de acumulação.

Portanto, é um conceito muito mais avançado que a padronização de históricos. Esta, se for feita de modo inadequado, pode até prejudicar o uso do histórico do lançamento como potencializador de informação para ação.

EXEMPLO DE INFORMAÇÕES NO HISTÓRICO AMPLIADO

O histórico ampliado pode conter as seguintes informações de caráter informativo e quantitativo:

a) número de registros, número de cadastros, número de itens etc.;
b) quantidade física das transações registradas;
c) qualificações das transações;
d) outras classificações adicionais além das contas creditadas e debitadas etc.

Para melhor esclarecimento, podemos exemplificar com alguns casos de lançamentos de despesas e receitas do Quadro 15.1.

VALOR

Outro item de relevância a ser trabalhado e potencializado dentro do conceito de lançamento ampliado. Podemos identificar duas grandes variantes para tratamento de valor num novo conceito de histórico:

a) explosão (*breakdown*) do valor contábil;
b) vários tipos de valores para o evento econômico.

A primeira ampliação do valor do lançamento é muito simples. É comum que um evento econômico tenha um valor-base ou contábil e que este seja, na realidade, somatória ou composição de valores parciais.

Exemplificando com o valor de transação de materiais ou produtos, ou seja, venda ou compra, já que são similares:

Valor das transações com mercadorias e produtos

Composição do valor
- quantidade;
- preço unitário;
- total;
- valor do ICMS;
- valor do ISS;
- valor do IPI;
- cálculo e valor do PIS;
- cálculo e valor do Cofins;

Quadro 15.1 Exemplos de informações no histórico ampliado.

Tipo de lançamento	Informações no histórico ampliado
Despesas de Viagens de Funcionário	Número do registro do funcionário
	Departamento ou centro de custo
	Código do cliente/fornecedor visitado
	Motivo da viagem
	Código do material ou produto negociado
	Quantidade de km rodados
Despesas de Energia Elétrica	Quantidade de horas na visita
	Imóvel, Divisão ou Relógio
	kwh consumidos
	Demanda consumida
	Demanda contratada
Serviços de Consultoria	Demanda na ponta
	Demanda fora de ponta
	Horas trabalhadas
	Quantidade de pessoas envolvidas
Despesas de Alimentação	Tipo de serviço prestado
	Beneficiário do Serviço
Transporte de Funcionários	Quantidade de refeições
	Quantidade de usuários
	Quantidade de veículos utilizados
Assistência Médica	Quantidade de linhas utilizadas
	Quantidade de usuários das linhas
	Quantidade de atendimentos
	Funcionários atendidos
Receita de Assistência Técnica	Quantidade de consultas
	Quantidade de exames
	Beneficiários atendidos por funcionário
	Cliente atendido
	Horas gastas no atendimento
	Motivo do atendimento
	Produto assistido
	Fora/Dentro da Garantia
	Materiais Aplicados

- valor do frete;
- valor do seguro etc.

Nota: Associando esses valores às datas de efetivação financeira, também se terá outra possibilidade de avaliação dos fatos em moeda estrangeira.

A segunda utilização do valor para o lançamento ampliado é tão importante quanto a primeira e prevê vários tipos de expressão monetária para o mesmo evento. Assim, a título de exemplo, num evento de venda ou compra de mercadorias ou produtos poderíamos ter os seguintes tipos de valores:

Valor das transações com mercadorias e produtos

Tipos de valor
- valor contábil bruto – com impostos;
- valor contábil líquido – sem impostos;
- valor em moeda estrangeira 1;
- valor em moeda estrangeira 2;
- preço de custo histórico;
- preço de custo de reposição;
- preço de venda;
- valor de mercado;
- valor presente líquido;
- fluxo futuro de benefícios;
- fluxo de caixa descontado etc.

Esse tipo de concepção de valor multidimensional é importante. Uma mercadoria pode ser avaliada a custo de aquisição, a custo de reposição, a preço de venda etc. Quando se quer outra dimensionalidade ou um *momentum accounting*, pode-se avaliar o evento econômico buscando conceitos mais avançados, como o valor presente do fluxo futuro de benefícios, em que se consegue evidenciar o potencial total do evento econômico.

15.6 ESTRUTURA DA CONTA CONTÁBIL PARA O LANÇAMENTO AMPLIADO

Para absorver o conceito de lançamento contábil ampliado, faz-se necessário estruturar a conta contábil de modo semelhante, de tal forma que possa receber as informações em seu maior grau de detalhamento. Com isso, a potencialidade da informação contábil, por meio de seu método, ficará numa condição ideal de armazenamento, permitindo o fundamento da informação que leve à ação.

ESTRUTURA DA CONTA TRADICIONAL

Qualquer *software* de contabilidade, seja desenvolvido internamente seja adquirido de terceiros, prevê uma estrutura mínima da conta, conforme ilustrada na Figura 15.2.

⊔ Empresa
⊔⊔⊔⊔ Centro de Custo
⊔⊔⊔⊔⊔⊔ Conta Contábil
⊔⊔⊔⊔⊔⊔⊔ Subconta (Fornecedores/Clientes)

Figura 15.2 Estrutura da conta contábil tradicional.

Essa estrutura, normalmente codificada numericamente (há *software* que permite também a inserção de letras), incorpora a visão de departamentalização, por meio do conceito de centros de custos. Os centros de custos representam todos os setores da empresa (diretorias, departamentos, chefias). Normalmente, os centros de custos representam fielmente a estrutura hierárquica da companhia, ou seja, seguem o organograma empresarial formal. Esse é um conceito extremamente útil e deve necessariamente fazer parte da estrutura da conta contábil.

Dentro da estrutura da conta contábil tradicional, vemos então:

a) um campo para identificar a empresa do grupo corporativo;
b) um campo para identificar o setor (o campo para o centro de custo);
c) um campo para a conta contábil;
d) um campo para a subconta contábil (eventualmente).

O conceito mais utilizado para estrutura de contas é o de tabelas. Assim, para cada segmento da conta contábil, constrói-se uma tabela, permitindo, com isso, associar todos os segmentos da estrutura.

Exemplificaremos com os três primeiros campos ou segmentos da conta já apresentados, com um pequeno exemplo.

Tabela de Empresas

Código	Empresa
1	Empresa X
2	Empresa Y
3	Empresa Z

Tabela de Centros de Custos – Empresa X

Código	Setor (Diretoria, Departamento, Chefia)
1	Diretoria Administrativa/Financeira
11	Departamento de Controladoria
111	Setor de Contabilidade Geral
112	Setor de Gestão Tributária
113	Setor de Custos, Orçamento e Assessoria Econômica
12	Departamento de Finanças
121	Setor de Contas a Receber
122	Setor de Contas a Pagar
123	Setor de Tesouraria e Planejamento Financeiro
Etc.	

Código	Setor (Diretoria, Departamento, Chefia)
2	Diretoria de Comercialização
21	Departamento de Marketing
211	Setor de Pesquisa de Mercado
212	Setor de Publicidade e Propaganda
213	Atendimento ao Cliente
22	Departamento de Vendas
221	Administração e Pedidos
222	Faturamento e Expedição
223	Serviços Pós-venda
Etc.	
3	Diretoria de Produção
31	Departamento de Controle e Planejamento
311	Setor de Planejamento de Produção
312	Setor de Controle de Produção
313	Setor de Garantia de Qualidade
32	Departamento de Suprimentos e Apoio
321	Setor de Compras e Importação
322	Setor de Almoxarifados e Estoques
323	Setor de Manutenção
33	Departamento de Engenharia
331	Setor de Pesquisa e Desenvolvimento
332	Setor de Métodos e Processos
34	Departamento de Produção
341	Setor de Transformação de Matéria-prima
342	Setor de Serviços/Produção Intermediários
343	Setor de Montagem
344	Setor de Acabamento

Tabela de Contas Contábeis – Empresa X

Código	Conta Contábil
1	Ativo
11	Ativo Circulante
111	Disponibilidades
112	Contas a Receber
112.01	Cliente X
112.02	Cliente Y
112.03	Etc.
113	Estoques
113.01	Materiais, Componentes e Embalagens
113.02	Em Processo
113.03	Produtos Acabados

Código	Ativo Não Circulante
12	Ativo Não Circulante
121	Realizável a Longo Prazo
131	Investimentos
132	Imobilizado
133	Intangível
Etc.	
2	Passivo
21	Passivo Circulante
211	Fornecedores
211.01	Fornecedor A
211.02	Fornecedor B
211.03	Etc.
212	Salários Pagar
213	Encargos a Pagar
214	Impostos a Recolher sobre Mercadorias
215	Impostos a Pagar sobre Lucro
216	Contas a Pagar
217	Empréstimos
22	Passivo Não Circulante
221	Exigível a Longo Prazo
221.01	Empréstimos
221.02	Impostos Parcelados
231	Patrimônio Líquido
231.01	Capital Social
231.02	Reservas
231.03	Lucros Acumulados
3	Despesas
31	Materiais
311	Matérias-primas
312	Componentes
313	Embalagens
32	Mão de obra
321	Mão de obra Direta
321.01	Salários
321.02	Encargos Sociais
322	Mão de obra Indireta
322.01	Salários
322.02	Encargos Sociais
33	Despesas Gerais
331	Materiais Indiretos
331.01	Material de Manutenção

Código	Ativo Não Circulante
331.02	Material de Expediente
331.03	Material Auxiliar
331.04	Etc.
332	Gastos Gerais
332.01	Energia Elétrica
332.02	Água e Luz
332.03	Comunicações, Correios etc.
332.04	Fretes e Carretos
332.05	Serviços de Terceiros
332.06	Despesas de Viagens
332.07	Comissões
332.08	Propaganda e Publicações
332.09	Etc.
34	Depreciações e Amortizações
341	Depreciações
342	Amortizações do Diferido
4	Receitas
41	Receitas de Vendas
411	Receita Operacional Bruta
412	Impostos sobre Vendas
412.01	IPI
412.02	ICMS
412.03	PIS
412.04	Cofins
42	Revendas
43	Serviços
44	Vendas Não Operacionais
Etc.	

Considerando essas tabelas exemplificadas, cada centro de custo poderia ter todas as contas contábeis. Normalmente, os centros de custo são mais utilizados para as contas de despesas, e eventualmente, para as receitas. Todavia, dentro dessa estrutura, é possível utilizá-los também para os ativos e passivos.

Assim, todas as despesas do setor 321 – Compras e Importações – serão classificadas de acordo com as contas contábeis. As despesas do setor 122 – Contas a Pagar – também se utilizarão das mesmas contas contábeis da tabela de contas contábeis, e assim para todos os centros de custos.

ESTRUTURA DA CONTA CONTÁBIL AMPLIADA

A atual tecnologia da informação tem possibilitado alargar enormemente o conceito de estrutura de conta contábil, permitindo tranquilamente a absorção, nos *softwares* de contabilidade, do conceito de lançamento contábil ampliado.

Dentro dessa linha de raciocínio, criam-se quantos segmentos da conta forem necessários, objetivando ampliar ao máximo a capacidade de armazenamento dos dados contábeis, para fins legais, e, ao mesmo tempo, gerenciais.

Criam-se segmentos adicionais em relação à conta tradicional, e, para cada segmento criado, criam-se, se for o caso, tabelas para classificar as informações que aí serão lançadas e armazenadas. Na Figura 15.3 apresentada a seguir, fazemos uma sugestão de vários outros segmentos que poderão ser incorporados na estrutura da conta contábil, visando torná-la ampliada e gerencial.

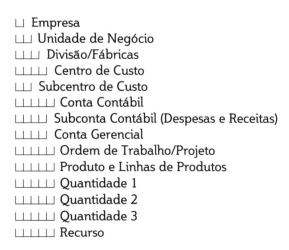

Figura 15.3 Estrutura da conta contábil ampliada.

A estrutura da conta contábil a ser ampliada dependerá bastante, também, de como a empresa se estrutura em termos de arquitetura dos sistemas de apoio às operações e sistemas de apoio à gestão. Se uma empresa optar por uma solução tipo Sige/ERP, muitas informações que estamos sugerindo na nova conta contábil poderão ser suportadas por outros módulos do sistema. Se a empresa optar por uma arquitetura de sistemas especialistas, é bastante provável que a contabilidade/controladoria assuma o monitoramento de obtenção das informações sugeridas, objetivando a contabilidade gerencial.

No exemplo que apresentamos na Figura 15.3, todos os segmentos da conta contábil terão uma tabela. Dessa maneira, as seguintes tabelas – *estruturas codificadas* – serão criadas para suportar cada segmento da conta contábil. Obviamente, deverá ser feita uma adaptação para cada empresa. Empresas de processos complexos ou corporações terão necessidades maiores e diferentes de empresas com processos mais simples e individualizados. As seguintes tabelas seriam criadas:

a) Tabela de Empresas;
b) Tabela de Unidades de Negócios;
c) Tabela de Divisões ou Fábricas;
d) Tabela de Centros e Subcentro de Custos;
e) Tabela de Contas e Subcontas Contábeis;

f) Tabela de Contas Gerenciais;
g) Tabela de Ordens de Trabalho, Projeto ou Serviço;
h) Tabela de Produtos e Linhas de Produtos;
i) Tabela de Recursos.

As principais sugestões, como adição à estrutura contábil da conta tradicional, são as seguintes:

- *Unidades de Negócios, Divisões ou Fábricas*

É uma segmentação da empresa. Uma empresa pode ser administrada por seus negócios menores. É a adaptação da estrutura contábil ao conceito de Contabilidade Divisional (Centros de Lucros e Centros de Investimentos).

- *Subcentros de Custos*

Incorpora um detalhamento maior do centro de custo. Por exemplo, o centro de custo 222 – Faturamento e Expedição – pode ser administrado de forma mais analítica. Assim, é possível que seja segmentado em áreas como Apropriação de Pedidos e Orçamentos de Vendas, Emissão de Notas Fiscais, Administração de Transportadores e Logística, Comércio Exterior, Expedição etc. Para cada um desses setores, pode-se criar o conceito de subcentro de custo.

Esse conceito adapta-se com muita precisão para empresas que optam pelo método de custeio por atividades (Custeio ABC), onde se busca obter o custo de cada atividade. Em nosso exemplo, os subcentros de custos poderiam ser considerados atividades.

- *Subcontas Contábeis – Despesas e Receitas*

Outro segmento da estrutura da conta que pode se desenvolvido. Amplia o conceito tradicional de contas, buscando maior detalhamento. Por exemplo, a conta contábil 332.05 – Serviços de Terceiros – pode ser desmembrada ou segmentada por seus serviços principais. Por exemplo: Serviços de Conservação e Limpeza Industrial, Serviços de Conservação e Limpeza Administrativos, Serviços de Manutenção de Obras Civis, Serviços de Manutenção de Restaurantes, Serviços de Manutenção de Alta Tensão, Serviços de Consultoria Jurídica, Serviços de Consultoria Industrial, Serviços de Engenharia, Serviços de Consultoria de Meio Ambiente etc.

- *Contas Gerenciais*

Além de uma classificação objetivando a contabilidade tradicional, legal e fiscal é possível a necessidade de outra forma de entendimento das receitas e despesas, principalmente. Assim, determinados valores que são contabilizados dentro de uma conta também merecem um segundo armazenamento sob outra conta, a gerencial. Por exemplo, os impostos financeiros (IOF, IRF, IPMF) tendem a ser contabilizados como despesas financeiras. Na conta gerencial, adicionalmente, também receberiam a classificação de tributos.

- *Ordem de Trabalho/Projeto*

Dependendo da empresa, onde não há um sistema de informação de custos específico, pode ser necessária e desejável a contabilização dos gastos e receitas por ordem de trabalho (ordem de execução, ordem de serviço). Esse conceito também pode ser utilizado para acumulação por *projetos* ou *ciclo de vida dos produtos*.

- *Produtos e Linhas de Produtos*

Se os sistemas de faturamento e pedidos não dão informação adequada para a rentabilidade de produtos e apuração das vendas por produtos, é necessário incorporar esse conceito dentro da estrutura da conta contábil ampliada. É uma informação de extrema importância, e é recomendável que esteja nos arquivos contábeis, notadamente para controle de qualidade dessa informação vital.

Aspectos como vendas brutas e impostos sobre vendas por produtos e mercados, para obter-se as vendas líquidas, são os grandes objetivos desse segmento da conta.

- *Recursos*

Outra possibilidade de acumulação de informações contábeis, também dentro da linha de detalhamento e análise, é a de armazenar gastos e receitas, se for o caso, por recurso. Fazendo uma tabela dos principais recursos da empresa, os gastos, por exemplo, de determinada máquina, equipamento, veículo etc.

Essa possibilidade deve limitar-se aos equipamentos relevantes, ou grupo de recursos relevantes. Todavia, entendemos de muita utilidade, pois permitirá um monitoramento mais detalhado dos recursos à disposição da empresa, seus custos e seu potencial de geração de serviços futuros.

Outra alternativa da utilização do segmento recurso é a acumulação de receitas e despesas por funcionário. Essa possibilidade de mensuração dos gastos e receitas por funcionário é um procedimento que reforça o conceito de capital intelectual, uma vez que funcionários diferentes têm desempenhos diferentes. A utilização desse conceito, em linhas gerais, tende a ser relevante para a mão de obra indireta, onde concentram-se os profissionais de maior conteúdo intelectual.

16

Sistema de Acumulação das Informações Contábeis: Planos de Contas e Departamentalização

O patrimônio deve ser representado de modo qualificativo, isto é, os diversos valores que o compõem devem ser discriminados por espécies. Para que possa existir essa discriminação é necessário efetuar os registros contábeis, obedecendo a uma prévia classificação.

As contas contábeis são meio para tal. Podemos *definir conta como a representação contábil de elementos patrimoniais de natureza igual ou semelhante.*

É tão importante o conceito de contas, que as primeiras teorias contábeis e a própria ciência contábil eram confundidas com a ciência das contas. Daí o nome de contador para o profissional contábil.

As primeiras escolas de pensamento contábil foram denominadas *contismo*, ou seja, a contabilidade era o estudo das contas. O contismo chegou a um ponto de aprofundamento conceitual que as contas eram representadas como se fossem vivas ou pessoas, surgindo a escola do *personalismo*.

Somente com o advento da escola *neocontista* é que os estudos da *azienda* conduziram ao atual estágio da contabilidade como ciência do *controle*, abandonando o conceito estrito de ciência das contas para o atual estágio científico da contabilidade.

16.1 FINALIDADES DAS CONTAS CONTÁBEIS

Fundamentalmente, as contas contábeis são criadas como forma de acumulação, sintetização e classificação de elementos patrimoniais, sejam eles de balanço ou de resultados, por meio dos lançamentos contábeis.

São necessárias para os aspectos societários e fiscais e mesmo informacionais para os tomadores de decisão.

Contudo, dentro das classificações e sintetizações, nem sempre é possível a tomada de decisão, razão pela qual o lançamento contábil é a fonte por excelência do sistema de informação contábil.

16.2 TIPOS DE CONTAS

Em termos de classificação contábil, as contas se classificam em *contas patrimoniais* e *contas de resultado*.

As contas patrimoniais são também denominadas contas permanentes e têm como finalidade classificar e evidenciar a qualidade do ativo e passivo – bens, direitos, obrigações, patrimônio líquido. São entendidas como permanentes porque o que representam pode ter saldo zero, mas, de modo geral, com maior ou menor valor, elas existem.

As contas de resultado são denominadas transitórias, porque têm a função de determinar o lucro ou prejuízo de um período convencionado. Em tese, só servem para aquele período. Começam do zero, acumulam valores durante o período, e encerram-se ao final do período.

Em termos de acumulação, as contas podem ser consideradas *sintéticas* ou *analíticas*. As contas analíticas são a base do sistema de acumulação contábil, porque elas é que recebem os lançamentos. São as contas que têm o maior grau de detalhamento das informações contábeis.

As contas sintéticas são contas oriundas de somatório de contas analíticas iguais ou semelhantes. Portanto, não recebem lançamentos. Seus saldos são conseguidos por somatório ou relacionamento informacional.

CONTAS CONTÁBEIS ALTERNATIVAS

Um sistema de informação contábil decisorial não deve se limitar às contas contábeis tradicionais. Deve estar aberto a contas contábeis que não necessariamente se utilizem da metodologia tradicional, bem como de lançamentos exclusivamente valorados por mensuração monetária e econômica.

Sempre que necessário, contas contábeis de cunho informativo, quantitativo ou até visando à operacionalização de informações futuras poderão e deverão ser criadas dentro do sistema contábil gerencial, sempre objetivando atender às necessidades dos usuários da informação contábil.

16.3 ESTRUTURA DE CONTAS, SALDOS E BANCO DE DADOS

SALDO DE CONTAS E BANCO DE DADOS

Denomina-se saldo da conta ou saldo contábil a expressão monetária (o valor) resultante da acumulação de lançamentos contábeis. Considerando-se um sistema de informação contábil informatizado, os saldos das contas contábeis são banco de dados.

Basicamente, são dois os bancos de dados tradicionais de saldos de contas contábeis:

a) banco de dados de saldos das contas;
b) banco de dados de movimentação das contas.

A movimentação das contas de um período é a diferença entre o saldo inicial e o saldo final da conta no período analisado.

ESTRUTURA DA CONTA CONTÁBIL TRADICIONAL

Uma conta contábil tradicional tem a seguinte estrutura:

a) nome da conta;
b) período;
c) saldo em valor monetário;
d) movimento do período, sendo o movimento mensal o mais comum.

ESTRUTURA DA CONTA CONTÁBIL AMPLIADA OU GERENCIAL

Tendo em vista as necessidades gerenciais de informações, bem como utilizando as possibilidades da tecnologia da informação, a conta contábil pode abarcar uma estrutura bastante diferente, alargando sua potencialidade como elemento acumulador de informação contábil.

Com relação ao saldo ou valor, ela deve seguir as mesmas recomendações que fizemos a este componente do lançamento contábil, ou seja, a conta contábil poderá ter uma quantidade muito grande de expressões monetárias, em função dos elementos patrimoniais que representem.

A característica mais trabalhada da conta contábil é o tipo de período e a quantidade de períodos que ela armazena.

Normalmente, uma conta contábil tradicional, seja de resultado ou patrimonial, tem os seguintes períodos e movimentações:

Quadro 16.1 Períodos na conta contábil tradicional.

Exemplo: Conta de Receita de Vendas		
	Movimento	Saldo
Jan./x1	$ 50	$ 50
Fev./x1	50	100
Mar./x1	50	150
Abr./x1	50	200
Maio/x1	50	250
Jun./x1	50	300
Jul./x1	50	350
Ago./x1	50	400
Set./x1	50	450
Out./x1	50	500
Nov./x1	50	550
Dez./x1	50	600

Objetivando integrações com o sistema orçamentário (que é uma reprodução de todo o sistema de informação contábil financeiro) e também necessidades operacionais, o mais comum tem sido agregar aos períodos contábeis *períodos para ajustes operacionais*, bem como incorporar à estrutura da conta os *períodos orçamentários*.

Os períodos para ajuste destinam-se a acumular lançamentos específicos para determinadas necessidades legais de encerramento contábil, em que não se deseje misturar dados normais com dados considerados extraordinários.

Os períodos orçamentários destinam-se a viabilizar o controle das variações entre o orçado e o real e, normalmente, estão acoplados ao plano de contas financeiro.

Tanto os períodos orçamentários como os tradicionais podem estender-se por vários anos. Os períodos tradicionais podem acumular informações de diversos anos anteriores. Os períodos orçamentários podem permitir a elaboração de orçamento para vários anos.

Geralmente, os períodos orçamentários têm dois conceitos mais utilizados:

a) períodos para vários anos vindouros;
b) vários tipos de orçamento para um mesmo período (tipos: orçamento-base ou original, orçamento corrigido, orçamento ajustado).

Partindo do exemplo anterior, podemos refazer a estrutura de uma conta considerando os tópicos que terminamos de apresentar.

Quadro 16.2 Períodos na conta contábil ampliada.

Exemplo: Conta de Receita de Vendas						
	Períodos Contábeis + Períodos de Ajuste		Períodos Orçamentários			
			Orçamento-base		Orçamento Ajustado	
	Movimento	Saldo	Movimento	Saldo	Movimento	Saldo
Jan./x1	$ 50	$ 50	50	50	50	50
Fev./x1	50	100	50	100	50	100
Mar./x1	50	150	50	150	50	150
Abr./x1	50	200	50	200	60	210
Maio/x1	50	250	50	250	40	250
Jun./x1	50	300	50	300	50	300
Jul./x1	50	350	50	350	70	370
Ago./x1	50	400	50	400	50	420
Set./x1	50	450	40	440	50	470
Out./x1	50	500	40	480	50	520
Nov./x1	50	550	40	520	50	570
Dez./x1	50	600	40	560	40	610

16.4 PLANO DE CONTAS

Técnica tradicional da contabilidade de ordenação das contas, de forma lógica e estruturada, para melhor compreensão do conjunto patrimonial e sistematização do trabalho contábil. O principal objetivo das contas é possibilitar o registro dos lançamentos contábeis, de forma a criar condições ótimas de classificação e acumulação dos dados.

CONDIÇÕES A SEREM OBSERVADAS PARA ELABORAÇÃO DO PLANO DE CONTAS

Alinhamos a seguir as principais observações a serem seguidas na estruturação do plano de contas para um sistema contábil gerencial:

a) deve atender primeiramente às necessidades específicas de cada empresa e suas segmentações de responsabilidade e às necessidades de informação de todos os usuários das informações contábeis;

b) o ponto de partida das necessidades informacionais são as informações contábeis requeridas pelo dirigente máximo da empresa, sendo o papel do contador apenas de monitoramento e aconselhamento;

c) partindo das informações do(s) dirigente(s) máximo(s), e seguindo em ordem hierárquica, atender aos demais usuários da informação contábil por toda a empresa;

d) a classificação deve partir do geral para o particular;

e) a classificação deve partir do detalhamento adequado do Balanço Patrimonial, Demonstração de Resultados e Fluxo de Caixa, que são os modelos decisoriais mais importantes de caráter global da empresa;

f) as contas devem ser codificadas dentro do possível, ou conterem elementos claros para rápida identificação e assimilação do que representam;

g) os agrupamentos devem ser feitos pensando nos relatórios ou telas que deles se originarão;

h) os títulos das contas devem refletir imediatamente os elementos patrimoniais que representam – devem ser claros e sucintos;

i) deve ter flexibilidade (margem para ampliação) e operacionalidade.

FUNDAMENTOS DA ESTRUTURAÇÃO DO PLANO DE CONTAS

Dentro das condições básicas de integração e navegabilidade de dados, são esses os fundamentos para estruturação dos planos de contas:

a) a estrutura do plano de contas deve propiciar a apresentação da informação de modo *automático* para os relatórios futuros, para evitar o retrabalho e redundância de dados;

b) deve propiciar a informação no grau de detalhamento necessário, evitando-se informações relevantes de modo aglutinado, que não permita compreensão e decisão;

c) deve ser estruturada para manter o inter-relacionamento completo entre as contas afins do Balanço Patrimonial e da Demonstração de Resultados;

d) para tanto, devem ser criadas tantas *contas adicionais* quantas forem necessárias para atender aos três fundamentos anteriores.

16.5 TIPOS DE PLANOS DE CONTAS

Normalmente, os planos contábeis procuram atender às necessidades legais.

Contudo, como já vimos, necessidades gerenciais se sobrepõem às necessidades legais e, para isso, teremos que fazer uma estruturação bastante inteligente, sempre tendo em vista os usuários finais de cada informação ou relatório contábil.

Abandonaremos a visão estrita do plano de contas tradicional (contabilidade financeira e fiscal) e partiremos para uma nova visão, incorporando outros conceitos e criando outros tipos de planos de contas. Faremos uma breve exposição de alguns tipos de planos de contas sugeridos.

PLANOS CONTÁBEIS ALTERNATIVOS

O sistema de informação contábil gerencial abre-se para planos contábeis alternativos, para quaisquer necessidades dos usuários e não restritos aos conceitos de valor.

Deve estar coordenado com o conceito de lançamento ampliado ou multidimensional.

Assim, podemos ter planos contábeis exclusivamente de informações quantitativas, qualitativas etc.

PLANOS CONTÁBEIS INTEGRADOS

Independente de o plano contábil ser tradicional ou alternativo, é necessário o conceito de integração, objetivando a não redundância de dados e dos relatórios.

Os planos contábeis devem ser integrados para que tenham dentro de si os mesmos conceitos de consolidação sistêmica que o lançamento e o método das partidas dobradas, que são os grandes pontos favoráveis da informação contábil.

PLANO DE CONTA FISCAL

É o plano tradicional, para atender à legislação comercial e fiscal.

AUXILIARES

Algumas informações importantes poderão não estar sendo evidenciadas nos movimentos e saldos das contas fiscais. Faz-se necessária, portanto, a construção de planos de contas auxiliares, que não precisarão ser retratados no diário geral, mas que terão utilidade para auxiliar os demais planos de contas e relatórios. Em alguns casos, poderá haver partes de planos de contas em que se desprezará o conceito de igualdade de débitos e créditos.

GERENCIAIS

A disposição dos relatórios gerenciais pode ser bem diversa da dos relatórios tradicionais e fiscais. Provavelmente se fará necessária a criação de planos de contas parciais específicos para determinados relatórios, que irão se valer de contas de todos os planos de contas existentes, sejam eles fiscais, auxiliares, ou outros.

DE ÍNDICES E TAXAS

Dados como taxas de dólar, índices de inflação etc. podem merecer um segmento do plano de contas, caso o sistema à disposição assim o permita ou faça necessário.

PARA QUANTIFICAÇÃO

Todos os elementos quantitativos para dar suporte aos relatórios de acompanhamento e análise poderão ser trabalhados dentro de um segmento de plano de contas, dentro do sistema de informação e introduzidos pelos mesmos conceitos de lançamentos.

Como já vimos no conceito de banco de dados, podemos trazer os dados e informações de outros subsistemas operacionais para o sistema contábil. Assim, podem-se evitar planos de contas contábeis para dados quantitativos, dependendo do grau de integração do sistema de gestão empresarial e a utilização dos sistemas de suporte à decisão.

Quando isso não for possível, será interessante trazer por interfaces as informações quantitativas e qualitativas necessárias, acumulando-as em contas contábeis, dentro de um plano estruturado logicamente.

16.6 CRITÉRIOS GERAIS PARA ELABORAÇÃO DOS PLANOS DE CONTAS E OS DEMONSTRATIVOS CONTÁBEIS BÁSICOS

O princípio para a elaboração de planos de contas é o mesmo princípio do lançamento, ou seja, deve ser uma *informação que leve à ação*. Portanto, não se devem aglutinar coisas que mereçam decisão e ação diferenciadas, sob pena de invalidar os modelos de informação e decisão utilizados pelos usuários das informações contábeis.

PLANO DE CONTAS DO ATIVO

Deve ser segmentado e classificado por espécie de bem ou direito de natureza igual, ou, no máximo, com muita similaridade. A estrutura legal existente é suficiente para direcionar o plano de contas do ativo.

PLANO DE CONTAS DO PASSIVO

Idêntico ao ativo. Deve segregar as diversas espécies de dívidas, seus prazos e as contas das origens dos recursos.

DESPESAS E CUSTOS

A construção básica é fundamentada no conceito de departamentalização, que deu origem ao conceito de centro de custos. Todas as despesas devem ser classificadas por contas contábeis que representem adequadamente a natureza de cada gasto, ao mesmo tempo que deve ser classificada por local de origem do gasto.

Lembramos novamente que contas de despesas que aglutinem coisas diferentes não são válidas. Obviamente, alguns gastos se prestam para contas aglutinadoras, tais como consumo de material de escritório de pequeno valor etc.

Contudo, hoje, há necessidade de um detalhamento cada vez maior e mais dados sobre as despesas. Dessa maneira, considerando o conceito de lançamento multidimensional, o plano de contas pode ser estruturado também por outros critérios de acumulação, tais como:

a) por centro de custo ou despesa;
b) por espécie de despesa;
c) por ordem de trabalho (ordem de serviço, ordem de execução);
d) por funcionário;
e) por bem imobilizado;
f) compondo e decompondo valores;
g) segregando os efeitos financeiros etc.

RECEITAS

Identicamente às despesas, o plano de contas deve prover informações:

a) por produto;
b) por mercado;
c) por ordem de trabalho;
d) por divisão;
e) por filial/região geográfica;
f) por funcionário;
g) por atividades ou tipo de clientes;
h) decompondo/compondo valores;
i) segregando efeitos financeiros;
j) mensuração a vista;
k) permitir valores comparáveis ou atuais etc.

16.7 EXEMPLO DE PLANO DE CONTAS CONTÁBEIS NO SISTEMA DE INFORMAÇÃO CONTÁBIL GERENCIAL

SEGMENTAÇÃO POR ÁREAS AFINS DA DEMONSTRAÇÃO DE RESULTADOS E DO BALANÇO PATRIMONIAL E INTEGRAÇÃO DAS CONTAS

Todas as contas contábeis do balanço patrimonial deverão ser claramente identificadas com as contas que recebem a contrapartida na demonstração de resultados. Basicamente, isso significa que contas de caráter genérico, tanto no balanço patrimonial como na demonstração de resultados, normalmente denominadas outras contas, outras receitas, outras despesas, só poderão ser criadas se forem para valores irrelevantes e que não comprometam relatórios e ação futuros. Tudo que é relevante deve ser integrado em contas claramente definidas, que façam ligação entre os dois relatórios-chave de todo o processo de informação contábil financeiro.

Como se pode notar, o plano de contas gerencial é um prolongamento do conceito de contrapartida, de débito e crédito. Para cada conta do balanço patrimonial deve haver como contrapartida uma conta na demonstração de resultados, se assim o existir.

A necessidade da perfeita integração está em que, a partir da construção dos planos de contas, o sistema deve propiciar a movimentação automática das contas e de suas movimentações, possibilitando a criação dos demais relatórios e informações necessárias, automaticamente, de todos os temas de contabilidade gerencial e instrumentalizando a informação contábil como ferramenta de administração.

PRINCIPAIS INTEGRAÇÕES DE CONTAS

Balanço Patrimonial	Demonstração de Resultados
ATIVO	
Aplicações financeiras	Receitas financeiras
Clientes	Receita Operacional Bruta
Estoques	
Materiais	Consumo de materiais
Produção em Processo e	
Produtos Acabados	Variação dos estoques de produção
Investimentos	Equivalência Patrimonial
Imobilizado	Depreciações
Baixa de bens	Resultados não operacionais
Contas Adicionais*	
Aquisição de permanentes	–
Correção monetária	Correção monetária de balanço (se houver)
PASSIVO	
Fornecedores	Compras de materiais
Salários e encargos	Mão de obra direta, indireta, comercial e administrativa
Impostos a recolher (ou a recuperar) sobre mercadorias	Impostos sobre vendas Impostos sobre compras
Impostos sobre o lucro (se houver)	Impostos sobre o lucro
	Atualização monetária dos impostos sobre o lucro
Resultados a Distribuir	Distribuição de resultados
Financiamentos	Despesas financeiras com financiamentos
Patrimônio Líquido	
Contas adicionais*	
Correção monetária	Correção monetária de balanço (se houver)

---

* Essas contas estão explicadas a seguir.

CRIAÇÃO DE CONTAS ADICIONAIS PARA RELATÓRIOS FUTUROS: O PONTO FUNDAMENTAL PARA UM SISTEMA DE INFORMAÇÃO CONTÁBIL INTEGRADO

Se criarmos apenas as contas necessárias para os dois relatórios básicos, o balanço e a demonstração de resultados, da forma como eles são apresentados, dificilmente conseguiremos implantar a continuidade do processo de navegabilidade dos dados e das informações. Em alguns momentos e segmentos dos demonstrativos básicos, temos que criar contas, que denominamos de contas adicionais, para possibilitar a feitura automática dos demais relatórios e geração das informações gerenciais.

Um exemplo clássico são as informações para a Demonstração das Origens e Aplicações de Recursos e do Fluxo de Caixa. Dificilmente poderemos automatizar esses relatórios sem contas adicionais, pois uma série de dados está aglutinada nas contas tradicionais do balanço e da demonstração de resultados.

Exemplificando, o valor dos pagamentos a fornecedores no fluxo de caixa deve ser pelas compras brutas, integrado com a conta do passivo de fornecedores. Como o consumo de materiais e os estoques são contabilizados pelas compras líquidas, temos que ter uma ou mais contas adicionais para os impostos sobre compras. Essas contas adicionais podem ser criadas tanto na demonstração de resultados, como na movimentação dos estoques.

Um outro exemplo é a informação de aquisição e baixa de bens do imobilizado. Nos sistemas tradicionais, essas informações são contabilizadas juntamente com correção monetária (quando há) e, às vezes, até com as depreciações. É o dado vital para o fechamento da demonstração das origens e aplicações. Assim, temos que criar contas adicionais para separar essa informação e recuperar em todos os relatórios que posteriormente serão necessários.

Outros exemplos de contas adicionais podem ser:

a) informação de quantidade de horas e número de funcionários para os centros de custos ou atividades;
b) quantidade de produtos vendidos, produzidos e estocados;
c) movimentação quantitativa dos materiais (se a quantidade dos itens não for muito grande);
d) quantidade de ações;
e) quantidade do direcionador das atividades para custeamento ABC etc.

16.8 EXEMPLOS DE CONTAS ADICIONAIS A SEREM CRIADAS

ATIVO IMOBILIZADO E INTANGÍVEL

É necessário, dentro do plano de contas, um esquema para se contabilizar e armazenar os dados da movimentação do ativo imobilizado e intangível, tendo em vista relatórios posteriores e a navegabilidade/integração dos dados. Basicamente, os dados da movimentação do ativo imobilizado e intangível de aquisições, baixas e depreciações serão canalizados para os relatórios gerenciais de:

1. Demonstração das Origens e Aplicações de Recursos.

2. Fluxo de Caixa.
3. Correção Monetária Integral.
4. Fluxo de Caixa em moeda estrangeira.
5. Orçamento de Capital.

Movimentação do imobilizado e intangível – contas adicionais:

- aquisições do mês;
- baixas do mês;
- Correção Monetária (se houver a utilização ou necessidade);
- depreciações do mês;
- amortizações do mês.

PROVISÕES DE RESULTADOS DO ANO E OBRIGAÇÕES SOBRE O RESULTADO

Torna-se necessária a construção de contas em duplicata, para que possamos elaborar demonstrativos contábeis mensais completos, e dentro deles fazer as estimativas de impostos sobre o lucro e distribuição de resultados. Como as provisões não serão necessariamente efetivadas financeiramente dentro do mesmo valor, já que poderão ser refeitas todos os meses, só se constituindo obrigação definitiva em determinado período do exercício social da empresa, temos que utilizar as provisões para o resultado acumulado até o mês dentro do período.

A importância das contas de provisões dos impostos sobre o lucro também está relacionada com o subsistema contábil que é Gestão de Impostos.

As contas de obrigações sobre o resultado serão utilizadas para os valores já definidos.

FINANCIAMENTOS

São necessárias contas para dissecação da movimentação dessa rubrica, também visando a relatórios futuros. Como a movimentação tradicional da contabilidade aglutina os dados de entradas e amortizações de empréstimos, do principal e dos juros, e também as atualizações monetárias, temos que criar mecanismos para separar essas informações.

A razão disso é a preparação do plano de contas para outros relatórios gerenciais, que exigem evidências de tais informações. Os principais relatórios são os fluxos de caixa, tanto em moeda corrente como em moeda estrangeira.

Movimentação dos financiamentos – contas adicionais:

- entradas do mês;
- pagamentos do mês principal;
- pagamentos do mês – juros.

PATRIMÔNIO LÍQUIDO

Basicamente, temos dois grupos de contas adicionais: a movimentação do patrimônio líquido, que é uma necessidade que se impõe para relatórios futuros, identicamente às necessidades detectadas para o ativo permanente, e a quantidade de ações ou cotas em que se divide o capital social, para relatórios posteriores de análise de balanço e para obter as informações do valor patrimonial da ação ou cota.

Movimentação do patrimônio líquido – contas adicionais:

- integralização de capital;
- outros acréscimos reais do PL;
- reduções de capital;
- correção monetária (se houver ou for necessária).

Informação quantitativa:

- ações (ou cotas) do capital – quantidade.

CONSUMO DE MATERIAIS

Consumo × Compras de Materiais

Alguns aspectos nos obrigam a contabilizar as compras mensais da forma como propomos. Em princípio, as compras de materiais, por não serem despesas imediatas, tendem a ser contabilizadas diretamente nos estoques de materiais. Porém, a conta de estoques de materiais não é adequada para fornecer dados cumulativos das compras durante o ano, pois são contas de ativos. Assim, é mister fazer uma contabilização adicional das compras no grupo de despesas, para auxiliar os relatórios e índices posteriores.

Além disso, é necessário obter-se o total das compras brutas, com os impostos pagos aos fornecedores, para possibilitar o tratamento adequado para o relatório de fluxo de caixa, além dos indicadores de análise de balanço, enquanto as contas de consumo representam os materiais de consumos líquidos dos impostos creditados.

Despesas de consumo de materiais – contas adicionais:

- Compras do mês:
- compras brutas;
- IPI;
- ICMS.

Consumo de materiais – contas adicionais:

- matéria-prima A;
- componente B;
- material de embalagem C.

Informação quantitativa:

- quantidade de materiais comprados ou consumidos.

VENDAS

Aqui também é necessária uma contabilização que indique o total faturado no mês, desde o valor bruto cobrado, diminuindo-se os impostos apontados nas faturas e notas fiscais, para contabilizarmos a receita líquida de vendas.

Vendas do mês – contas adicionais:

- vendas brutas;
- IPI;
- ICMS;
- PIS;
- Cofins.

Nota: Podem-se incluir as quantidades vendidas dos produtos principais.

16.9 ESTRUTURA DE RELACIONAMENTO

Como já visto nos capítulos anteriores, a conta contábil representa a unidade básica do sistema contábil, pois os objetivos desse sistema sempre convergem para sua administração, comparação e análise. Uma conta recebe dados contábeis, e esses dados são informados por meio de lançamentos.

As contas podem associar-se, formando árvores ou hierarquias, que chamamos de planos de contas. Podemos dizer que uma hierarquia representa a forma como as contas se relacionam entre si. Por essa razão, denominamos esse mecanismo de *relacionamentos*.

Relacionamentos são ligações de uma conta com outras com a finalidade de encontrar um novo saldo por meio da sumarização. Elas podem ser relacionadas independentemente de sua natureza (sintética ou analítica).

Exemplo: quando da implantação das contas contábeis de uma empresa, depois de definida sua estrutura, iniciamos sua criação. Após essa criação, é necessário indicarmos para o sistema qual conta se relaciona com qual conta. Imaginamos que a empresa trabalha com dois bancos de contas correntes, Banco do Brasil e Banco do Estado, e deseja saber o saldo de cada banco, separadamente, e o somatório dos saldos desses dois bancos. Para esse atendimento, temos que criar três contas: Bancos Contas Correntes, Banco do Brasil e Banco do Estado.

Nesse mesmo momento, o sistema obriga-nos a optar, dizendo se a conta criada será mãe ou filha de outra conta. Após esse passo, informamos ao sistema que a conta Bancos Contas Correntes é mãe da conta Banco do Brasil e Banco do Estado, ou podemos dizer que as contas Banco do Brasil e Banco do Estado são filhas da conta Bancos Contas Correntes. A essa ligação damos o nome de relacionamento. Para as contas mães damos o nome de contas sintéticas (não podem receber lançamentos e são só contas sumarizadoras), e para as contas filhas, o nome de analíticas (podem receber lançamentos).

Por ser definida pelo mecanismo de relacionamento, a hierarquia pode ser alterada independentemente de alteração nos códigos das contas. Em outras palavras, podemos excluir uma conta de determinada árvore e incluí-la numa outra árvore sem alterar seu código.

Os saldos das contas sempre refletem a situação mais atual dos relacionamentos. Se uma árvore for modificada e depois receber nova alteração que a conduza à forma anterior, os saldos das contas dessa árvore também voltam ao montante original.

Essa característica, por tornar as mudanças estruturais independentes de alterações nos códigos das contas, traz extrema flexibilidade e facilidade nas mudanças organizacionais e, por ser reversível, permite análises prévias do impacto da nova hierarquia.

Para a montagem dos relacionamentos, separamos as contas em contas "mãe" e contas "filhas". Podemos dizer que uma conta mãe sempre corresponde aos saldos consolidados de suas filhas e, em paralelo, que um nível n de uma árvore qualquer sempre corresponderá à soma dos saldos das contas no nível $n + 1$. Os níveis são numerados dinamicamente sempre que a árvore recebe uma inserção ou eliminação de relacionamento.

Pela Figura 16.1, exemplificamos uma árvore ou hierarquia de relacionamentos.

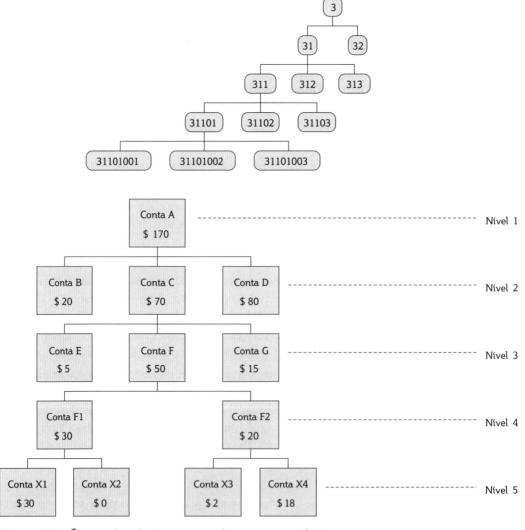

Figura 16.1 Árvore de relacionamento de contas contábeis.

É importante ressaltar que o conceito de relacionamento pode e deve ser ampliado a todos os segmentos da conta contábil. Assim, o segmento produto terá seu relacionamento específico; o segmento ordem de trabalho terá também seu relacionamento, e assim por diante.

O cruzamento de todos os relacionamentos de todos os segmentos da conta constitui-se num gabarito (*template*) que deve ser administrado cuidadosamente pelo setor de contabilidade.

16.10 DEPARTAMENTALIZAÇÃO (CENTROS DE CUSTOS, DESPESAS E RECEITAS)

É absolutamente indispensável que o plano de contas contábil seja complementado pelo plano de contas de departamentalização, para que, pelo menos, essa segunda classificação dos lançamentos contábeis absorva o endereçamento das receitas e gastos também pelos setores que o consomem.

Fundamentalmente, a classificação adicional dos lançamentos contábeis é indispensável para as receitas e despesas, sendo de menor importância para os ativos e passivos, já que, exceto para os dados do controle patrimonial, os lançamentos para esses elementos patrimoniais é de endereçamento genérico. De modo geral, apesar de o conceito de departamentalização absorver classificação de receitas, custos e despesas, a nomenclatura mais utilizada é classificação por *centros de custos*.

A base para a departamentalização é a estrutura organizacional da entidade. Normalmente a estrutura organizacional já deve estar refletida no sistema de folha de pagamento, onde cada funcionário tem um número de registro associado ao código do setor em que trabalha.

Nas empresas de maior porte, a estrutura organizacional é refletida no organograma empresarial. Caso a entidade não tenha um organograma explícito, cabe à contabilidade, em conjunto com o setor de recursos humanos, desenhar a estrutura de centros de custos, que, a partir daí, será utilizada tanto pelo sistema de informação contábil, quanto para o sistema de folha de pagamento e para todos os demais sistemas de informação que envolvam os setores e funcionários (requisição de compras e materiais, reembolso de despesas e viagens etc.).

Normalmente, deve ser definida uma conta de centro de custos até o menor nível hierárquico da entidade, onde há custos, despesas e receitas controláveis. Para nosso exemplo, vamos supor um organograma de uma empresa comercial, que tenha uma pequena rede de três lojas. Observe a Figura 16.2.

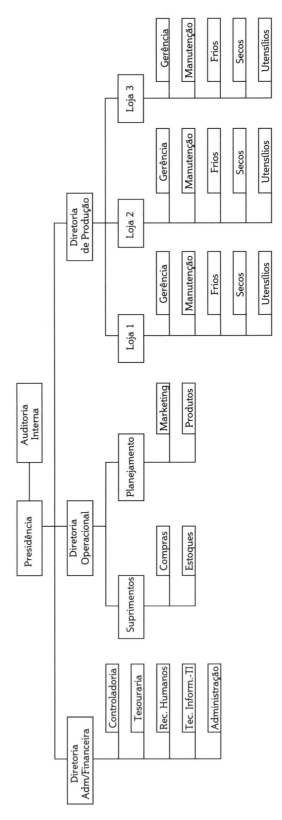

Figura 16.2 Organograma da empresa.

A partir desse organograma, estrutura-se a tabela de centros de custos, podendo seguir a mesma lógica de codificação em graus, similar ao plano de contas contábeis, como no exemplo apresentado a seguir.

Tabela de Centros de Custos e de Receitas

1	**Administração**
11	Presidência
111	Presidência
112	Auditoria Interna
12	Diretoria Administrativa e Financeira
121	Diretoria Administrativa e Financeira
122	Controladoria
123	Tesouraria
124	Recursos Humanos
125	Tecnologia de Informação
126	Administração Geral
2	**Diretoria Operacional**
21	Diretoria Operacional
211	Diretoria Operacional
212	Suprimentos
212.01	Compras
212.02	Estoques
213	Planejamento
213.01	Marketing
213.02	Produtos
3	**Diretoria de Produção**
31	Diretoria de Produção
311	Diretoria de Produção
312	Loja 1
312.01	Gerência
312.02	Manutenção
312.03	Frios
312.04	Secos
312.05	Utensílios
313	Loja 2
313.01	Gerência
313.02	Manutenção
313.03	Frios
313.04	Secos
313.05	Utensílios
314	Loja 3
314.01	Gerência
314.02	Manutenção
314.03	Frios
314.04	Secos
314.05	Utensílios

A partir dessa classificação, todos os lançamentos contábeis deverão, além da conta contábil, ter a classificação também por centros de custos.

16.11 CLASSIFICAÇÕES BÁSICAS

O plano de contas deve ser estruturado a partir de agrupamentos de contas afins, que aqui denominamos classificações básicas. O objetivo das classificações é dar base integrada e automática para os posteriores relatórios gerenciais que serão desenvolvidos, com o intuito de facilitar a interpretação dos usuários das informações contábeis.

A classificação das contas do ativo e passivo deve, necessariamente, obedecer em primeiro lugar à estrutura do balanço patrimonial segundo as normas contábeis do CPC (Comitê de Pronunciamentos Contábeis).

Provavelmente, a questão mais relevante é o plano de contas de receitas e despesas, que tende a ser específico para cada empresa. De qualquer forma, o ambiente de negócios e as necessidades de integração com os demais subsistemas de informação contábil indicam algumas classificações importantes e que convém serem implementadas.

CLASSIFICAÇÕES DO ATIVO
Ativo Circulante
Disponibilidades
Contas a receber de clientes
Estoques
Adiantamentos
Tributos a recuperar
Outros créditos
Despesas pagas antecipadamente
Ativo Não Circulante
Realizável a Longo Prazo
Aplicações financeiras
Outros créditos
Partes relacionadas
Tributos diferidos
Investimentos
Coligadas e controladas
Propriedades para investimentos
Outros investimentos
Imobilizado
Imobilizado bruto
Depreciações acumuladas
Impairment
Intangível
Intangível bruto
Amortizações acumuladas
Impairment

CLASSIFICAÇÕES DO PASSIVO
Passivo Circulante
Fornecedores
Salários e encargos a pagar
Tributos a recolher
Empréstimos e financiamentos
Parcelamentos tributários
Outras obrigações
Passivo Não Circulante
Empréstimos e financiamentos
Parcelamentos tributários
Tributos diferidos
Patrimônio Líquido
Capital social
Reservas
Ajustes de avaliação patrimonial
Lucros ou prejuízos acumulados

CLASSIFICAÇÕES DAS RECEITAS
Receita Operacional Bruta Total
(–) Tributos como não contribuinte (IPI, ICMS-ST)
Receita Operacional Bruta
(–) Tributos como contribuinte (ICMS, ISS, PIS, Cofins)
Receita Operacional Líquida de Vendas
(–) Devoluções, abatimentos e bonificações
Receita Operacional Líquida
Outras receitas operacionais
Receita Operacional Total

CLASSIFICAÇÕES DOS CUSTOS E DESPESAS
Custo dos Produtos e Serviços Vendidos
Materiais diretos
Materiais de embalagem
Variação dos estoques industriais
Gastos gerais
Mão de obra direta
Mão de obra indireta
Materiais indiretos
Serviços de terceiros
Gastos gerais
Depreciações e amortizações
Despesas financeiras líquidas
Despesas financeiras
(–) Receitas financeiras
Outras despesas
Despesas tributárias
Outras despesas

16.12 ERROS MAIS COMUNS NA ESTRUTURAÇÃO DE PLANOS DE CONTAS DENTRO DO ERP

Em nosso entendimento, os erros mais comuns na estruturação do módulo contábil dentro do ERP, por meio do plano de contas e da estrutura da conta contábil, são os seguintes:

I – TRÊS PLANOS DE CONTAS DE GASTOS (CUSTOS E DESPESAS)

Faz-se um plano geral de gastos e triplica-se sua estrutura, ficando a mesma lista de gastos: (1) o plano de gastos para os gastos gerais industriais; (2) duplicando-se o mesmo plano de gastos para as despesas comerciais; e (3) triplicando-se o mesmo plano de gastos para as despesas administrativas.

O ideal (e correto) é fazer um único plano de contas para todos os três setores. O endereçamento para saber se o gasto é industrial, comercial ou administrativo é pela associação com a tabela de centros de custos. Essa funcionalidade deve ser exigida do ERP contratado.

II – UM PLANO DE CONTAS ÚNICO PARA TODAS AS EMPRESAS DO GRUPO CORPORATIVO

Também entendemos inadequado. É possível que, no grupo corporativo, existam empresas iguais ou similares. Porém, é muito comum que existam no grupo empresas com estruturas completamente distintas.

Ao mesmo tempo que podem existir empresas industriais no grupo, também podem existir no grupo corporativo empresas financeiras, *holdings*, fundos de investimento, fundações etc.

Dessa maneira, o adequado é estruturar um plano de contas específico para cada empresa.

III – TRATAR AS EMPRESAS DO GRUPO COMO FILIAIS OU ESTABELECIMENTOS

Não se recomenda também esta estrutura. Cada empresa distinta (CNPJ distinto) deve ser parametrizada no ERP como uma empresa única e não como filial ou estabelecimento.

A abordagem de tratar todas as empresas do grupo como filiais ou estabelecimentos tem como referência facilitar o processo de parametrização dos módulos do ERP, mas não é recomendada. Cada empresa distinta deve ter seu próprio processo de parametrização.

Não se recomenda também essa abordagem, tendo em vista que, no futuro, contas poderão ser encerradas e contas poderão ser abertas, especificamente em cada empresa. Adotada essa abordagem, toda vez que se desejar mudar o nome da conta ou excluir uma conta de uma empresa, fica-se preso a uma estrutura única para todas as empresas, prejudicando a operacionalização contábil individual de cada empresa.

A QUESTÃO DA CONSOLIDAÇÃO

As abordagens II e III têm como referência também facilitar o processo subsequente de consolidação do grupo corporativo.

Entendemos que a questão da consolidação deve ser resolvida com a funcionalidade da estrutura de relacionamentos (seção 16.9) com a criação de contas adicionais das transações entre empresas do grupo (também denominadas partes relacionadas ou transações *intercompany*), criando-se, dentro do ERP, uma empresa virtual, sem CNPJ específico, apenas para esse processo de consolidação.

Todo ERP de qualidade tem a funcionalidade de relacionamentos de contas, juntando contas de todas as empresas do grupo corporativo.

16.13 ESTUDO DE CASO: PLANO DE CONTAS E DE CENTROS DE CUSTOS EM INDÚSTRIA DE MÉDIO PORTE DO RAMO AUTOMOBILÍSTICO

PLANO DE CONTAS

1	ATIVO
1.1	ATIVO CIRCULANTE
1.1.1	DISPONIBILIDADES
1.1.1.01	CAIXA
1.1.1.01.0001	Caixa
1.1.1.02	BANCOS CONTA MOVIMENTO
1.1.2.02.0001	Banco Santander S.A.
1.1.2.02.0002	Banco do Brasil S.A.
1.1.2.02.0003	Banco Votorantim S.A.
1.1.2.02.0004	Banco Itaú S.A.
1.1.2.02.0005	Banco Mercantil do Brasil S.A.
1.1.2.02.0006	Caixa Econômica Federal
1.1.2.02.0007	Banco Bradesco S.A.
1.1.1.03	APLICAÇÕES FINANCEIRAS
1.1.1.03.0001	Banco do Brasil S.A. Ourocap
1.1.1.03.0002	Banco Bradesco S.A.
1.1.1.03.0003	Banco Itaú S.A.
1.1.1.03.0004	...
1.1.2	CLIENTES
1.1.2.01	Clientes Nacionais
1.1.2.01.0001	Clientes Nacionais
1.1.2.02	Clientes Exterior
1.1.2.02.0001	Clientes Exterior
1.1.3	ESTOQUES
1.1.3.01	4
1.1.3.01.0001	Materiais Diretos
1.1.3.01.0002	Embalagens

1.1.3.01.0003	Almoxarifado
1.1.3.01.0004	Importações em andamento
1.1.3.02	PRODUÇÃO EM ANDAMENTO
1.1.3.02.0001	Fábrica
1.1.3.02.0002	Fundição
1.1.3.03	PRODUTOS ACABADOS
1.1.3.03.0001	Reposição
1.1.3.03.0002	Outros
1.1.4	OUTROS CRÉDITOS
1.1.4.01	ADIANTAMENTOS
1.1.4.01.0001	Adiantamentos a fornecedores
1.1.4.01.0002	Adiantamentos a funcionários
1.1.4.01.0003	...
1.1.4.02	TRIBUTOS A RECUPERAR
1.1.4.02.0001	ICMS sobre imobilizado
1.1.4.02.0002	PIS/Cofins sobre imobilizado
1.1.4.02.0003	IRRF Aplicações Financeiras
1.1.4.02.0004	IR PJ
1.1.4.02.0005	CSLL
1.2	ATIVO NÃO CIRCULANTE
1.2.1	REALIZÁVEL A LONGO PRAZO
1.2.1.01	CRÉDITOS
1.2.1.01.0001	Depósitos judiciais
1.2.1.01.0002	BRDE/PR – Finame
1.2.1.02	TRIBUTOS DIFERIDOS
1.2.1.02.0001	IRPJ sobre prejuízos fiscais
1.2.1.02.0002	CSLL sobre prejuízos fiscais
1.2.1.03	PARTES RELACIONADAS
1.2.1.03.0001	Partes relacionadas
1.2.2	INVESTIMENTOS
1.2.2.01	Participações em empresas
1.2.2.01.0001	Controladas
1.2.3	IMOBILIZADO
1.2.3.01	IMOBILIZADO BRUTO
1.2.3.01.0001	Terrenos
1.2.3.01.0002	Edificações
1.2.3.01.0003	Instalações industriais
1.2.3.01.0004	Máquinas e equipamentos
1.2.3.01.0005	Veículos

1.2.3.01.0006	Móveis e utensílios
1.2.3.01.0007	Equipamentos de TI
1.2.3.01.0008	Moldes?
1.2.3.01.0009	Consórcios
1.2.3.02	DEPRECIAÇÃO ACUMULADA
1.2.3.02.0002	Edificações
1.2.3.02.0003	Instalações industriais
1.2.3.02.0004	Máquinas e equipamentos
1.2.3.02.0005	Veículos
1.2.3.02.0006	Móveis e utensílios
1.2.3.02.0007	Equipamentos de TI
1.2.3.02.0008	Moldes?
1.2.4	INTANGÍVEL
1.2.4.01	INTANGÍVEL BRUTO
1.2.4.01.0001	Direitos de propriedade industrial
1.2.4.01.0002	Direitos de tecnologia de ponta
1.2.4.02	AMORTIZAÇÃO ACUMULADA
1.2.4.02.0001	Direitos de propriedade industrial
1.2.4.02.0002	Direitos de tecnologia de ponta
2	**PASSIVO**
2.1	PASSIVO CIRCULANTE
2.1.1	EMPRÉSTIMOS E FINANCIAMENTOS
2.1.1.01	Empréstimos
2.1.1.01.0001	Capital de giro
2.1.1.01.0002	Conta garantida
2.1.1.02	Financiamentos
2.1.1.02.0001	Financiamentos
2.1.2	FORNECEDORES
2.1.2.01	Fornecedores nacionais
2.1.2.01.0001	Fornecedores nacionais
2.1.2.02	Fornecedores exterior
2.1.2.02.0001	Fornecedores exterior
2.1.2.03	Comissões de representantes
2.1.2.03.0001	Comissões de representantes
2.1.3	OBRIGAÇÕES TRIBUTÁRIAS
2.1.3.01	Obrigações tributárias
2.1.3.01.0001	ICMS
2.1.3.01.0002	ICMS ST

2.1.3.01.0003	IPI
2.1.3.01.0004	PIS
2.1.3.01.0005	Cofins
2.1.3.01.0006	ISS
2.1.3.01.0007	IR PJ
2.1.3.01.0008	CSLL
2.1.3.01.0009	IRRF
2.1.3.01.0010	IPTU
2.1.4	OBRIGAÇÕES SOCIAIS
2.1.4.01	Salários e encargos
2.1.4.01.0001	Salários a pagar
2.1.4.01.0002	Provisão de férias
2.1.4.01.0003	Provisão de décimo terceiro
2.1.4.01.0004	Repasses
2.1.4.02	Encargos sociais
2.1.4.02.0001	INSS a recolher
2.1.4.02.0002	FGTS a recolher
2.1.4.02.0003	INSS sobre férias
2.1.4.02.0004	INSS sobre décimo terceiro
2.1.4.02.0005	FGTS sobre provisão de férias
2.1.4.02.0006	FGTS sobre décimo terceiro
2.1.4.02.0007	INSS retido a recolher
2.1.4.02.0008	Contribuição sindical a recolher
2.1.5	OUTRAS OBRIGAÇÕES
2.1.5.01	Outras obrigações
2.1.5.01.0001	Outras obrigações
2.1.6	PARCELAMENTOS TRIBUTÁRIOS
2.1.6.01	Parcelamentos tributários
2.1.6.01.0001	Parcelamentos SRF
2.1.6.01.0002	Parcelamentos PGFN
2.2	PASSIVO NÃO CIRCULANTE
2.2.1	Financiamentos
2.2.1.01	Financiamentos
2.2.1.01.0001	Financiamento 1
2.2.1.01.0002	Financiamento n
2.2.1.01.0999	Parcelas de curto prazo
2.2.2	PARCELAMENTOS TRIBUTÁRIOS
2.2.2.01	Parcelamentos tributários
2.2.2.01.0001	Parcelamentos SRF

2.2.2.01.0002	Parcelamentos PGFN
2.2.2.01.0003	Parcelas de curto prazo
2.3	PATRIMÔNIO LÍQUIDO
2.3.1	CAPITAL SOCIAL
2.3.1.01	CAPITAL SOCIAL
2.3.1.01.0001	Capital social integralizado
2.3.2	RESERVAS
2.3.2.01	RESERVAS DE CAPITAL
2.3.2.01.0001	Reservas de capital
2.3.2.02	AJUSTES DE AVALIAÇÃO PATRIMONIAL
2.3.2.02.0001	Ajustes de avaliação patrimonial
2.3.2.03	RESULTADOS ABRANGENTES
2.3.2.02.0001	Resultados abrangentes
2.3.2.04	RESERVAS DE LUCROS
2.3.2.04.0001	Reserva legal
2.3.2.04.0002	Reservas de lucros
2.3.3	LUCROS OU PREJUÍZOS ACUMULADOS
2.3.3.01	Lucros ou prejuízos acumulados
2.3.3.01.0001	Ajuste de exercícios anteriores
2.3.3.01.0002	Resultados acumulados
2.3.4	RESULTADO DO PERÍODO
2.3.4.01	Resultado do período
2.3.4.01.0001	Resultado do período
3	**RECEITAS**
3.1	RECEITA BRUTA DE VENDAS
3.1.1	RECEITA BRUTA DE VENDAS
3.1.1.01	RECEITA BRUTA – PRODUTOS
3.1.1.01.0001	Clientes automotivos – Nacionais
3.1.1.01.0002	Clientes automotivos – Exterior
3.1.1.01.0003	Reposição
3.1.1.02	RECEITA BRUTA – REVENDA
3.1.1.02.0001	Clientes automotivos – Nacionais
3.1.1.02.0002	Clientes automotivos – Exterior
3.1.1.02.0003	Reposição
3.1.1.03	RECEITA BRUTA – SERVIÇOS
3.1.1.03.0001	Receita bruta – serviços
3.2	DEVOLUÇÕES E ABATIMENTOS
3.2.1	DEVOLUÇÕES E ABATIMENTOS

3.2.1.01	RECEITA BRUTA – PRODUTOS
3.2.1.01.0001	Clientes automotivos – Nacionais
3.2.1.01.0002	Clientes automotivos – Exterior
3.2.1.01.0003	Reposição
3.2.1.02	RECEITA BRUTA – REVENDA
3.2.1.02.0001	Clientes automotivos – Nacionais
3.2.1.02.0002	Clientes automotivos – Exterior
3.2.1.02.0003	Reposição
3.2.1.03	RECEITA BRUTA – SERVIÇOS
3.2.1.03.0001	Receita bruta – serviços
3.3	TRIBUTOS SOBRE AS VENDAS
3.3.1	TRIBUTOS SOBRE AS VENDAS
3.3.1.01	Clientes automotivos – Nacionais
3.3.1.01.0001	IPI
3.3.1.01.0002	ICMS
3.3.1.01.0003	ICMS ST
3.3.1.01.0004	PIS
3.3.1.01.0005	Cofins
3.3.1.02	Clientes automotivos – Exterior
3.3.1.02.0001	IPI
3.3.1.02.0002	ICMS
3.3.1.02.0003	ICMS ST
3.3.1.02.0004	PIS
3.3.1.02.0005	Cofins
3.3.1.03	Reposição
3.3.1.03.0001	IPI
3.3.1.03.0002	ICMS
3.3.1.03.0003	ICMS ST
3.3.1.03.0004	PIS
3.3.1.03.0005	Cofins
3.3.2	TRIBUTOS SOBRE AS REVENDAS
3.3.2.01	Clientes automotivos – Nacionais
3.3.2.01.0001	IPI
3.3.2.01.0002	ICMS
3.3.2.01.0003	ICMS ST
3.3.2.01.0004	PIS
3.3.2.01.0005	Cofins
3.3.2.02	Clientes automotivos – Exterior
3.3.2.02.0001	IPI

3.3.2.02.0002	ICMS
3.3.2.02.0003	ICMS ST
3.3.2.02.0004	PIS
3.3.2.02.0005	Cofins
3.3.2.03	Reposição
3.3.2.03.0001	IPI
3.3.2.03.0002	ICMS
3.3.2.03.0003	ICMS ST
3.3.2.03.0004	PIS
3.3.2.03.0005	Cofins
3.3.3	TRIBUTOS SOBRE OS SERVIÇOS
3.3.3.01	Tributos sobre os serviços
3.3.3.01.0006	ISS

4	**CUSTOS E DESPESAS**
	(Um plano de contas para todos os centros de custos)
4.1	CUSTO DOS PRODUTOS E SERVIÇOS VENDIDOS
4.1.1	Custo dos produtos e serviços vendidos
4.1.1.01	Custo dos produtos e serviços vendidos
4.1.1.01.0001	Custos automotivos nacionais
4.1.1.01.0002	Custos automotivos exterior
4.1.1.01.0003	Custo reposição nacionais
4.1.1.01.0004	Custo reposição exterior
4.1.1.01.0005	Custo revenda nacionais
4.1.1.01.0006	Custo revenda exterior
4.1.1.01.0007	Custo serviços
4.1.1.01.0008	Outros
4.2	CUSTO DE PESSOAL
4.2.1	MÃO DE OBRA DIRETA
4.2.1.01	MÃO DE OBRA DIRETA
4.2.1.01.0001	Salários
4.2.1.01.0002	Pró-labore
4.2.1.01.0003	Horas extras
4.2.1.01.0004	Gratificações
4.2.1.01.0005	Premiações
4.2.1.01.0006	Adicionais
4.2.1.01.0007	Aviso prévio
4.2.1.01.0008	Indenizações
4.2.1.01.0009	Férias e provisão de férias

4.2.1.01.0010	Décimo terceiro
4.2.1.01.0011	PPR/PLR
4.2.1.01.0012	INSS sobre Remunerações
4.2.1.01.0013	INSS sobre Férias
4.2.1.01.0014	INSS sobre Décimo Terceiro
4.2.1.01.0015	FGTS sobre Remunerações
4.2.1.01.0016	FGTS sobre Férias
4.2.1.01.0017	FGTS sobre Décimo Terceiro
4.2.1.01.0018	Alimentação
4.2.1.01.0019	Transporte
4.2.1.01.0020	Assistência Médica
4.2.1.01.0021	Seguro de vida
4.2.1.01.0022	Cesta Básica
4.2.1.01.0023	Estacionamento
4.2.1.01.0024	Seguro de vida
4.2.2	MÃO DE OBRA INDIRETA
4.2.2.01	MÃO DE OBRA INDIRETA
4.2.2.01.0001	Salários
4.2.2.01.0002	Pró-labore
4.2.2.01.0003	Horas extras
4.2.2.01.0004	Gratificações
4.2.2.01.0005	Premiações
4.2.2.01.0006	Adicionais
4.2.2.01.0007	Aviso prévio
4.2.2.01.0008	Indenizações
4.2.2.01.0009	Férias e provisão de férias
4.2.2.01.0010	Décimo terceiro
4.2.2.01.0011	PPR/PLR
4.2.2.01.0012	INSS sobre Remunerações
4.2.2.01.0013	INSS sobre Férias
4.2.2.01.0014	INSS sobre Décimo Terceiro
4.2.2.01.0015	FGTS sobre Remunerações
4.2.2.01.0016	FGTS sobre Férias
4.2.2.01.0017	FGTS sobre Décimo Terceiro
4.2.2.01.0018	Alimentação
4.2.2.01.0019	Transporte
4.2.2.01.0020	Assistência Médica
4.2.2.01.0021	Seguro de vida
4.2.2.01.0022	Cesta Básica

4.2.2.01.0023	Estacionamento
4.2.2.01.0024	Seguro de vida
4.3	GASTOS GERAIS
4.3.1	MATERIAIS INDIRETOS
4.3.1.01	MATERIAIS INDIRETOS
4.3.1.01.0001	Combustíveis
4.3.1.01.0002	Lubrificantes
4.3.1.01.0003	Material auxiliar
4.3.1.01.0004	Ferramentas
4.3.1.01.0005	Moldes, modelos e matrizes
4.3.1.01.0006	Manutenção de máquinas
4.3.1.01.0007	Manutenção civil
4.3.1.01.0008	Manutenção geral
4.3.1.01.0009	Material de limpeza
4.3.1.01.0010	EPI
4.3.1.01.0011	Material de expediente, escritório e TI
4.3.1.01.0012	Copa, cozinha, refeitório, lanches
4.3.2	GASTOS GERAIS COM VENDAS
4.3.2.01	GASTOS GERAIS COM VENDAS
4.3.2.01.0001	Comissões de vendas
4.3.2.01.0002	Fretes e Carretos
4.3.2.01.0003	Feiras e Eventos
4.3.2.01.0004	Publicidade e Propaganda
4.3.2.01.0005	Bonificações / Campanhas de Vendas
4.3.2.01.0006	Brindes e Presentes
4.3.2.01.0007	Marcas e Patentes
4.3.2.01.0008	Desenvolvimento de Protótipos e Moldes
4.3.3	SERVIÇOS DE TERCEIROS
4.3.3.01	SERVIÇOS DE TERCEIROS
4.3.3.01	Advocacia
4.3.3.01.0001	Auditoria
4.3.3.01.0002	Consultas/Exames Médicos
4.3.3.01.0003	Consultoria/Assessoria
4.3.3.01.0004	Contabilidade
4.3.3.01.0005	Despachante Aduaneiro
4.3.3.01.0006	Eletricista
4.3.3.01.0007	Ensaios, Estudos e Testes
4.3.3.01.0008	Manutenção de Sistemas
4.3.3.01.0009	Recrutamento e Seleção

4.3.3.01.0010	Segurança e Vigilância
4.3.4	OUTROS GASTOS GERAIS
4.3.4.01	OUTROS GASTOS GERAIS
4.3.4.01.0001	Telecomunicações
4.3.4.01.0002	Fretes e Carretos
4.3.4.01.0003	Água e Esgoto
4.3.4.01.0004	Aluguéis e Condomínios
4.3.4.01.0005	Bens de Pequeno Valor
4.3.4.01.0006	Correios e Malotes
4.3.4.01.0007	Cursos e Treinamentos
4.3.4.01.0008	Viagens, Refeições e Estadias
4.3.4.01.0009	Fotocópias, Autenticações e Cartórios
4.3.4.01.0010	Despesas bancárias
4.3.4.01.0011	Lanches e Refeições
4.3.4.01.0012	*Leasing*
4.3.4.01.0013	Locação de Máquinas e Equipamentos
4.3.4.01.0014	Perda na Realização de Crédito
4.3.4.01.0015	Revistas e Publicações
4.3.4.01.0016	Seguros
4.3.4.01.0017	Taxas Legais e Judiciais
4.3.5	DEPRECIAÇÕES E AMORTIZAÇÕES
4.3.5.01	DEPRECIAÇÕES E AMORTIZAÇÕES DIRETAS
4.3.5.01.0001	Processo 1
4.3.5.01.0002	Processo 2
4.3.5.01.0003	Processo *n*
4.3.5.02	DEPRECIAÇÕES E AMORTIZAÇÕES INDIRETAS
4.3.5.02.0001	Prédios
4.3.5.02.0002	Equipamentos
4.3.5.02.0003	Móveis e utensílios
4.3.5.02.0004	Veículos
4.3.5.02.0005	Intangíveis
4.4	IMPOSTOS, TAXAS E CONTRIBUIÇÕES
4.4.1	IMPOSTOS, TAXAS E CONTRIBUIÇÕES
4.4.4.01.0001	IPTU
4.4.4.01.0002	IPVA
4.4.4.01.0003	Contribuição Sindical
4.4.4.01.0004	Impostos e Taxas Municipais
4.4.4.01.0005	Impostos e Taxas Estaduais
4.4.4.01.0006	Impostos e Taxas Federais

4.5	DESPESAS FINANCEIRAS LÍQUIDAS
4.5.1	RECEITAS FINANCEIRAS
4.5.1.01.0001	Descontos Obtidos
4.5.1.01.0002	Juros Ativos
4.5.1.01.0003	Variações Cambiais Ativas
4.5.1.01.0004	Receitas s/ Aplicações Financeiras
4.5.1.01.0005	Ajuste de Derivativos Ativo
4.5.2	DESPESAS FINANCEIRAS
4.5.2.01.0001	Descontos Concedidos
4.5.2.01.0002	Juros Passivos
4.5.2.01.0003	Variações Cambiais Passivas
4.5.2.01.0004	Juros e Despesas de Conta Garantida
4.5.2.01.0005	Juros e Despesas de Título Descontado
4.5.2.01.0006	Juros e Despesas de Financiamentos
4.5.2.01.0007	IOF
4.5.2.01.0008	Ajuste de Derivativos Passivo
4.6	OUTRAS RECEITAS OU DESPESAS OPERACIONAIS LÍQUIDAS
4.6.1	OUTRAS RECEITAS OPERACIONAIS
4.6.1.01.0001	Receita de Alienação Imobilizado
4.6.1.01.0002	Venda de Sucata
4.6.1.01.0003	Ganhos tributários
4.6.1.01.0004	Recuperação de Despesas
4.6.2	OUTRAS DESPESAS OPERACIONAIS
4.6.2.01.0001	Custo na Alienação Imobilizado
4.6.2.01.0002	Outros Custos Não Operacionais
4.7	IMPOSTO DE RENDA E CONTRIBUIÇÃO SOCIAL LL
4.7.1	IR E CSLL CORRENTE
4.7.1.01.0001	Imposto de Renda Corrente
4.7.1.01.0002	CSLL Corrente
4.7.2	IR E CSLL CORRENTE
4.7.2.01.0001	Imposto de Renda Diferido
4.7.2.01.0002	CSLL Diferido

CENTROS DE CUSTOS

CÓDIGO	DESCRIÇÃO	NÍVEL
100	**DIRETORIA**	1
101	Diretoria	2
200	**QUALIDADE E LOGÍSTICA**	1
201	Planejamento e Controle de Produção	2
202	Qualidade	2
203	Metrologia	2
204	Engenharia de Fábrica	2
205	Movimentação interna	2
206	Segurança do Trabalho	2
207	Recebimento e Estoque de Materiais	2
208	Expedição	2
220	**USINAGEM**	1
221	Usinagem Torno	2
222	Usinagem Fresa	2
223	Usinagem Furação	2
240	**MONTAGEM**	1
241	Montagem Automatizada	2
242	Montagem Manual	2
260	**FUNDIÇÃO ALUMÍNIO**	1
261	Fusão	2
262	Injeção Alumínio	2
263	Jateamento, Rebarbação e Inspeção	2
280	**FUNDIÇÃO PLÁSTICO**	1
281	Injeção Plástico	2
300	**COMERCIALIZAÇÃO**	1
301	Montadora	2
302	Reposição	2
303	Comercial	2
400	**ADMINISTRAÇÃO E FINANÇAS**	1
401	Financeiro e Faturamento	2
402	Contabilidade e Controladoria	2
403	Compras	2
404	Comércio Exterior	2
405	Recursos Humanos	2
406	Tecnologia de Informação	2
407	Serviços Gerais	2
500	**PESQUISA E DESENVOLVIMENTO**	1
501	Engenharia de P&D	2

QUESTÕES E EXERCÍCIOS – PARTE II

1. Quais são, na sua opinião, os aspectos essenciais que diferenciam a Contabilidade Gerencial da Contabilidade Financeira?
2. Defina o que é controladoria e sua missão.
3. Explique com suas palavras a função do *controller* na organização.
4. O que significam gestão econômica e controle econômico?
5. Faça uma análise comparativa entre controladoria e contabilidade.
6. A controladoria é uma função operacional, de apoio ou de assessoria? Justifique.
7. Qual a missão básica do Subsistema de Informação Contábil?
8. Qual deve ser a abrangência do Sistema de Informação Contábil?
9. Qual deve ser a posição do responsável pelo Sistema de Informação Contábil na sua estruturação e utilização?
10. Explique resumidamente como deve ser a metodologia de estruturação do sistema de informação contábil dentro de um ambiente de SIGE.
11. Explique a interação entre a tomada de decisão, o evento econômico e o lançamento contábil.
12. Quais as características que são fundamentais do método das partidas dobradas para consistência do sistema contábil?
13. Qual o ponto forte da informação contábil? Por quê?
14. Quem são os principais usuários da contabilidade?
15. Cite três exemplos de integrações de contas contábeis entre o balanço patrimonial e a demonstração de resultados.
16. Para que serve o histórico no lançamento contábil?
17. Explique com suas palavras o conceito de lançamento contábil ampliado.
18. Dentro de um enfoque gerencial, há possibilidades de mais de um plano de contas? Justifique. De que tipos?
19. Conceitue o relacionamento entre as contas contábeis.
20. Que tipos de saldos podem existir para as contas contábeis? Explique sua necessidade.
21. O que determina a necessidade de contas adicionais num plano de contas? Dê dois exemplos e justifique cada um deles.
22. Uma empresa de prestação de serviços, dentro de um grupo que deve ter seu balanço consolidado, presta serviços de auditoria externa contábil, consultoria tributária e consultoria de custos. Nas três atividades presta serviços contínuos e serviços especiais, no Brasil e no exterior. Ela tem a seguinte constituição organizacional:
    - Presidência;
    - Gerência Comercial, dividida entre Setor de Marketing e Setor Comercial;
    - Gerência Administrativa, dividida em Setor de Finanças, Setor de Controladoria e Setor de TI;
    - Gerência Operacional, dividida nas três atividades já citadas.

Pede-se:

a) elaborar a estrutura básica da conta contábil, codificando-a;

b) elaborar um plano de contas codificado de receitas e despesas (contendo pelo menos dez tipos de despesas). Se desejar, use o conceito de tabelas.

Nota: o objetivo é que os dois itens atendam às necessidades mínimas de informações fiscais e principalmente gerenciais.

23. Elaborar:

a) uma estrutura de conta contábil (fiscal e gerencial);

b) um plano de contas de despesas e receitas;

c) tendo como referência os seguintes tipos de empresa:

   I – uma empresa que desenvolve uma atividade de concessionária de veículos autorizada (que também comercializa veículos importados, além de todas as atividades já conhecidas [venda, financiamento, revenda, oficina, filiais etc.]);

   II – uma empresa que desenvolve uma atividade de *buffet* de serviços, de grande porte (que também comercializa veículos, salgadinhos, refeições, bebidas, locação de equipamentos e utensílios para restaurantes, eventos etc.);

   III – uma empresa que desenvolve uma atividade de revendedora de pneus para qualquer tipo de veículos (que também comercializa amortecedores, rodas e eventualmente outros itens correlatos, e presta os serviços de consertos, alinhamento, balanceamento etc., e tem algumas filiais);

   IV – uma empresa que desenvolve uma atividade de rede de lojas de departamento (Lojas Cem, Casas Bahia etc.) (que inclui centro de distribuição, marketing e transporte próprio).

Para tanto, identificar, desenvolver e descrever os seguintes pontos:

a) a visão de negócios da organização, que compreende a descrição dos mercados, principais tipos de clientes, produtos/serviços e linhas de produtos/serviços que uma empresa deste ramo deve ter;

b) a visão da organização, que compreende uma descrição da estrutura hierárquica da empresa e dos setores/atividades/departamentos/divisões em que é constituída, utilizando preferencialmente o conceito de organograma;

c) as principais necessidades de informações gerenciais que os três níveis da hierarquia gerencial devem requerer (cúpula, nível gerencial, último nível de decisão).

Apresentar:

a) uma estrutura codificada da conta contábil que atenda aos três pontos anteriores, incluindo necessariamente os conceitos de produtos/serviços e unidades de negócios/divisões;

b) tabelas sumariadas exemplificando os segmentos da conta e sua relação com os negócios e a organização;

c) um plano de contas sumariado de despesa e receitas, considerando os mesmos aspectos.

Subsistemas do Sistema de Informação Contábil

Parte III

Dedicaremos a terceira parte deste trabalho a explorar com mais detalhes cada um dos subsistemas do sistema de informação contábil. Esses subsistemas já foram delineados no Capítulo 12, em que fizemos uma apresentação resumida e apresentamos na Figura 12.1 uma visão geral dos mesmos.

Nosso objetivo é apresentar as principais estruturas necessárias e conhecidas, que têm sido atendidas pelos sistemas contábeis de concepção mais avançada. Procuraremos evidenciar as principais operacionalidades que devem ser atendidas por cada um dos subsistemas, bem como as principais informações e relatórios que devem ser gerados por esses subsistemas, sempre tendo em mente que o usuário final é que determina que tipo e forma de informação ele quer.

Nesta parte da obra, utilizaremos as palavras *sistema* e *subsistema* com o mesmo significado.

17

Subsistema de Contabilidade Societária e Fiscal

Também denominado Sistema de Contabilidade Geral, o Subsistema de Contabilidade Societária e Fiscal é o *coração* do Sistema de Informação Contábil.

Mesmo dentro de uma concepção gerencial, este subsistema é o que merece a maior parte das atenções, porque, bem estruturado, facilitará sobremaneira a construção dos demais subsistemas.

Em resumo, como já havíamos introduzido anteriormente, a estruturação de um ótimo sistema contábil gerencial requer uma estruturação ótima da escrituração, cuja base de dados está no subsistema de contabilidade societária e fiscal. Em outras palavras, quanto mais gerencial for o sistema contábil, mais atenção deve ser dada à parte de registro dos lançamentos contábeis.

Obviamente, dentro desse conceito, é necessário ter em mente o enfoque gerencial do sistema, para que o subsistema societário e fiscal permita a potencialização da informação contábil e sua utilização integrada pelos demais subsistemas.

17.1 OBJETIVOS DO SUBSISTEMA DE CONTABILIDADE SOCIETÁRIA E FISCAL

Os objetivos deste subsistema são os mais conhecidos. Presta-se a criar e estruturar a base de dados e informações para atender às informações de caráter legal, seja da legislação comercial (societária) ou seja da legislação fiscal.

Tanto a legislação comercial como a fiscal adotaram, também, como forma de registro e armazenamento de informações, a metodologia contábil – método das partidas dobradas e lançamento contábil.

Isso significa que se torna obrigatório o formato do lançamento e da conta contábil tradicional. Isso equivale a dizer, também, que para outros subsistemas contábeis tal metodologia não é necessariamente obrigatória, ficando facultativo o seu uso. Em nosso entendimento, mesmo sendo facultativo, devemos utilizá-la, dado seu grande potencial de segurança e de capacidade de informação, como já vimos na Parte II deste livro.

Como enfoque básico, o subsistema de contabilidade societária e fiscal tem como objetivo as informações fundamentais de registro contábil, processamento, armazenamento e evidenciação, explicitadas por meio dos seguintes relatórios e arquivos:

a) lançamentos contábeis;
b) livro Diário;
c) livro Razão e fichas Razão;
d) balancetes;
e) plano de contas com saldos;
f) balanço patrimonial e demonstração de resultados;
g) arquivo contábil.

17.2 ATRIBUTOS E FUNÇÕES

Dentro deste subsistema estão contidas as seguintes funções principais:

ADMINISTRAÇÃO DO FLUXO GERAL DE INFORMAÇÕES CONTÁBEIS

Decorre do atributo deste subsistema ser o coração do sistema de informação contábil. O administrador deste sistema é o responsável pelo fluxo geral de informações para o subsistema contábil societário e fiscal.

Neste processo, está incluso todo tipo de coleta e armazenamento de informações, tais como:

a) lançamentos contábeis feitos diretamente no subsistema de contabilidade geral;
b) lançamentos contábeis feitos por integrações e interfaces com os demais subsistemas contábeis;
c) lançamentos contábeis feitos por integrações e interfaces com os demais subsistemas operacionais;
d) coordenação da coleta e armazenamento de outros dados quantitativos necessários para os subsistemas de apoio à gestão e aos subsistemas de suporte à decisão.

ADMINISTRAÇÃO DOS MODELOS DE INFORMAÇÃO CONTÁBIL

Modelos de informação contábil previamente definidos, como já evidenciamos nos Capítulos 14, 15 e 16, têm que sofrer um processo cuidadoso de manutenção de suas estruturas informacionais, sob pena de prejudicar informações futuras. Cabe ao administrador deste subsistema a tarefa de manter a integridade dos modelos de informação contábil já definidos pela empresa.

ADMINISTRAÇÃO E OPERACIONALIZAÇÃO DA ESTRUTURA LEGAL DO SISTEMA

Esta função está ligada ao processo de gerir e atender às necessidades legais. Tarefas como gestão dos períodos contábeis, como abertura e encerramento mensal, trimestral ou anual dos períodos contábeis.

As tarefas de cumprimento dos prazos, tanto da parte legal como da parte gerencial, também fazem parte desta atribuição.

ORGANIZAÇÃO DO PROCESSO DE INTEGRAÇÃO COM OS DEMAIS SUBSISTEMAS

O processo de integração compreende os subsistemas contábeis e operacionais. Que tipo de informação existe e deve ser gerada e armazenada, em que formato, quais os dados que devem ser incorporados ao subsistema contábil e quais os dados que podem ser acessados direto nos demais subsistemas, quais prazos devem ser obedecidos, qual o processo de arquivamento etc., são tarefas desta função.

CONCILIAÇÃO CONTÁBIL

A grande tarefa complementar ao processo de lançamento contábil é a conciliação contábil. O processo de conciliação, ou análise contábil, nada mais é que um processo de revisão dos lançamentos, para assegurar a exatidão dos mesmos, bem como de revisão da classificação contábil.

Parte da tarefa pode ser feita com subsistemas auxiliares de conciliação automática, junto com outros subsistemas de informação e até feitos por *softwares* especializados.

Há uma tendência muito forte de diminuição significativa desta função com a adoção dos sistemas integrados de gestão empresarial, principalmente quando estes são formatados de maneira inteligente e dentro do conceito que expressamos nos tópicos 9.3 e 9.4.

17.3 OPERACIONALIDADES DO SISTEMA

Citaremos a seguir algumas das principais facilidades e operacionalidades que devem ter este subsistema, a maior parte já reconhecida no mercado fornecedor de *softwares* de contabilidade geral. Não temos condições de exaurir tal tema, uma vez que a criatividade das empresas e a tecnologia da informação sempre permitirão novas opções e facilidades informacionais e sistêmicas.

FLEXIBILIDADE E INTEGRIDADE*

São as operacionalidades fundamentais. Dentro de um sistema de informação contábil gerencial há a necessidade de se trabalhar, ao mesmo tempo, com uma estrutura flexível, e também que permita a total segurança.

---

* Estamos considerando que essas operacionalidades, que necessitam ser fortes no subsistema de contabilidade societária e fiscal, devem também, em linhas gerais, estar dentro dos demais subsistemas contábeis. Diante disso, deixaremos de explicitar tais operacionalidades na explanação dos demais subsistemas dentro desta parte da obra.

A segurança é necessária pela própria característica deste subsistema, que é o grande arquivo de informações legais e fiscais da empresa, e que deve ser mantido por muitos anos.

A flexibilidade é necessária tendo em vista o caráter gerencial da informação contábil.

PARAMETRIZAÇÃO*

Deve permitir a criação, por meio de parâmetros e mnemônicos, de novas estruturas informacionais a partir de banco de dados existentes.

Exemplificando: se o sistema traz como formatação básica de período o período mensal, deve haver possibilidades de se criar outros tipos de períodos, utilizando o banco de dados de datas, tais como período semanal, período decencial, período quinzenal, período bimestral etc.

MULTIEMPRESA E MULTIUSUÁRIO*

É necessário que o sistema atenda a todas as empresas do grupo e a todos os usuários dentro do grupo empresarial.

O conceito de multiempresa não necessariamente implica que seja uma empresa dentro de formas legais. O conceito de multiempresa pode ser o conceito de divisões ou unidades de negócios, onde não há uma empresa diferente de forma explícita.

Dentro do conceito de multiempresa pode ser adotado também o conceito de contabilizações paralelas ou alternativas dos negócios empresariais.

SISTEMA CORPORATIVO E DE CONSOLIDAÇÃO DE BALANÇOS*

Decorrente da operacionalidade citada anteriormente, este sistema deve permitir qualquer processo de aglutinação de informações para a corporação.

Assim, deve ter todas as operacionalidades para o processo de consolidação de balanços, tanto para atender a necessidades legais como a necessidades gerenciais.

INTERNAÇÃO DOS DADOS E ATUALIZAÇÃO DAS INFORMAÇÕES*

O processo de entrada de dados deve ser imediato em cada conta (*on-line*) e a atualização deve ser imediata (*real-time*).

TABELAS E RELACIONAMENTOS*

Como boa parte das contas contábeis são repetitivas, é necessário verificar se o sistema tem facilidades para o processo de construção de tabelas (centros de custos, linhas de produtos etc.), pois elas facilitam sobremaneira o processo de construção de contas e planos de contas.

Além disso, o sistema deve também propiciar uma estrutura inteligente de relacionamentos. *Relacionamento* é uma facilidade operacional de ligação entre contas contábeis, seja uma

---

* Estamos considerando que essas operacionalidades, que necessitam ser fortes no subsistema de contabilidade societária e fiscal, devem também, em linhas gerais, estar dentro dos demais subsistemas contábeis. Diante disso, deixaremos de explicitar tais operacionalidades na explanação dos demais subsistemas dentro desta parte da obra.

a uma, seja através do conceito de tabelas de contas, centros de custos ou outras estruturas da conta contábil.

GERADOR DE RELATÓRIOS*

Operacionalidade já consolidada, que permite aos usuários da informação contábil formatar seus próprios relatórios com muita facilidade, sem necessidade de conhecimento das tecnologias de informática. É um conceito próximo ao de sistema de suporte à decisão.

Os geradores de relatórios devem propiciar a possibilidade de um relatório completo, ou seja:

a) acessar todos as informações do sistema;

b) fazer a edição da forma desejada pelo usuário;

c) possibilitar introdução de cálculos com as informações oriundas do sistema (índices, percentuais etc.);

d) adicionar textos e informações não constantes do sistema;

e) o relatório deve passar a fazer parte do processo de atualização do sistema-mãe.

LANÇAMENTOS AUTOMÁTICOS

O sistema deve permitir lançamentos automáticos e por qualquer sistema de entradas.

Desta maneira, além da entrada direta de lançamentos, o sistema deve permitir toda a alimentação automática por meio das interfaces/integrações com outros subsistemas.

Também deve permitir a formatação de lançamentos oriundos de outros aplicativos, tais como processadores de textos e planilhas eletrônicas.

Deve também ter condição de geração de lançamentos por meio de programação, tais como os lançamentos necessários para rateio e distribuição de saldos ou lançamentos de uma conta para outra.

ABERTURA E FORMATAÇÃO DE CONTAS E PLANOS DE CONTAS

Processo automático de geração, formatação e relacionamento de contas, a partir de estruturas e contas já existentes. É um processo automático de copiagem, com abertura para as pequenas alterações necessárias, facilitando sobremaneira as tarefas de abertura e estruturação das contas e planos de contas parciais.

Esta operacionalidade é muito utilizada quando da criação de um novo departamento e, consequentemente, um novo centro de custo ou despesa.

---

* Estamos considerando que essas operacionalidades, que necessitam ser fortes no subsistema de contabilidade societária e fiscal, devem também, em linhas gerais, estar dentro dos demais subsistemas contábeis. Diante disso, deixaremos de explicitar tais operacionalidades na explanação dos demais subsistemas dentro desta parte da obra.

ENCERRAMENTO OU ALTERAÇÃO DE CONTAS E RECOMPOSIÇÃO AUTOMÁTICA

Processo automático de recomposição de tabelas e relacionamentos, quando da necessidade de fechamento de contas ou centros de custos, ou mesmo de alteração de título ou codificação.

A recomposição centra-se nos períodos anteriores. Ou seja, o que o sistema permite para manter o passado dentro de um aspecto de comparabilidade com o futuro, tendo em vista as alterações ocorridas.

Como exemplo, podemos citar quando um departamento, que tem um centro de custo contábil, sai de uma hierarquia para outra (sai da área industrial e vai para a área administrativa, por exemplo). A questão é como recompor o passado nos relatórios e informações já existentes e estruturadas e manter a comparabilidade com as próximas emissões de relatórios e informações.

ENCERRAMENTO AUTOMÁTICO DAS CONTAS CONTÁBEIS DE RESULTADO

Partindo de definições de períodos contábeis, deve haver processos de encerramento automático das contas de despesas e receitas, sem prejudicar as necessidades gerenciais. É uma operacionalidade que congrega as características de integridade e flexibilidade.

Exemplificando: se a empresa adota o regime trimestral ou mensal de fechamento contábil para fins de legislação do Imposto de Renda, mas tem que atender as necessidades legais e gerenciais com a manutenção do regime semestral ou anual, o sistema deve permitir dois tipos de fechamento automático de períodos contábeis.

Para as necessidades fiscais, todo mês ou trimestre haverá um fechamento, e os dados dos saldos das contas não deverão mais se comunicar e, portanto, ser acumulados. Para as necessidades comerciais e gerenciais a acumulação dentro do ano deverá ser mantida e continuada.

DISPONIBILIZAÇÃO DE PERÍODOS E BANCO DE DADOS

Esta operacionalidade consiste em determinar quantos períodos devem ou podem ser mantidos em aberto, para consulta imediata, e a partir de quantos períodos as informações estarão disponíveis em outros meios de consulta.

Normalmente, essas disponibilizações podem ter tratamento diferenciado segundo:

a) banco de dados de lançamentos;
b) banco de dados de saldos e movimentos das contas.

Como a quantidade de lançamentos é muito grande, é necessário estudar qual a quantidade mínima a ser mantida aberta para consulta e atualização (3 meses, 12 meses), tendo em vista a necessidade de recursos físicos (*hardware*).

Já com os saldos das contas, esta possibilidade se alarga, pois, pela sua própria natureza, são informações de caráter sintético.

CRIAÇÃO E FECHAMENTO DE PERÍODOS

Operacionalidade que consiste em fechar um período automaticamente, à medida que se abre o novo período objeto de lançamento.

Esta operacionalidade deve permitir lançamentos para muitos períodos futuros. Como exemplo, podemos citar lançamentos futuros de despesas de amortização e juros de financiamentos em condições prefixadas. Quando entra um financiamento, o sistema pode permitir a contabilização imediata de juros e/ou amortizações futuras.

Também dentro desta operacionalidade está o processo de segurança de, após fechado um período, não mais se permitir nenhum lançamento retroativo. Esta funcionalidade deve ser objeto de uma administração cuidadosa, sob pena de comprometer a integridade de informações legais e os livros fiscais de Diário e Razão.

OPERACIONALIZAÇÃO DE LANÇAMENTOS E ARQUIVOS CONTÁBEIS

Funcionalidades importantes para o processo de escrituração. Dentro desta funcionalidade está o conceito de lançamento e arquivo de lotes contábeis, o processo de numeração e identificação dos lotes, o processo de importação e exportação de dados, o processo de descentralização da geração de lançamentos, o processo de coordenação das interfaces etc.

17.4 INTEGRAÇÕES COM OUTROS SUBSISTEMAS

Como o subsistema de contabilidade societária e fiscal na realidade se integra praticamente com todos os subsistemas empresariais, sejam contábeis ou operacionais, não reproduziremos aqui as integrações.

Fundamentalmente, esse processo está apresentado no Capítulo 12, Figura 12.1 – Sistema de informação contábil, seus subsistemas e integração operacional.

17.5 INFORMAÇÕES E RELATÓRIOS GERADOS

Por ser o banco de dados primário das informações contábeis e, por conseguinte, o grande banco de dados da contabilidade, este subsistema, após receber todos os interfaces e informações de outros subsistemas, presta-se mais a fornecer dados para outros sistemas do que gerar dados relevantes para o gerenciamento da empresa.

Para atender seus objetivos, as informações e relatórios gerados são as seguintes:

a) banco de dados de lançamentos e contas contábeis;
b) arquivo geral de informações e documentos;
c) despesas por departamento e divisões (centros de custos e despesas);
d) despesas por ordem de trabalho, ordem de serviço etc.;
e) receitas por produtos, divisões, filiais ou regiões etc.;
f) livro Diário e livro Razão;
g) balancetes periódicos, gerais e específicos e planos de contas com saldos;
h) balanço patrimonial e demonstração de resultados;
i) livro de apuração do lucro real (Lalur) (para fins de Imposto de Renda).

17.6 SISTEMA DE INFORMAÇÃO CONTÁBIL PARA PMES

De um modo geral as pequenas e médias empresas (PMEs) não têm o sistema contábil dentro da própria empresa, valendo-se dos serviços dos escritórios de contabilidade, que fazem, além da escrituração e administração do sistema contábil, a operação dos sistemas de folha de pagamento (parte trabalhista) e escrita fiscal. De modo geral, os serviços dos escritórios de contabilidade compreendem a escrituração, a geração de relatórios e o cumprimento de todas as obrigações contábeis, trabalhistas e fiscais, com livros, guias, declarações etc.

O sistema de informação contábil dos escritórios de contabilidade é fornecido, na maioria das vezes, por empresas especializadas nesse segmento (*Folhamatic, Prosoft, Contmatic, Cuca Fresca* etc.) que têm uma estrutura voltada basicamente para o atendimento das necessidades legais, sendo pré-formatados, não tendo como referência, fundamentalmente, as necessidades contábeis gerenciais.

Porém, de modo geral, esses sistemas de informações contemplam um conjunto de operacionalidades e um grau de amplitude de parametrização razoável, com possibilidades de incorporação de necessidades de informações contábeis gerenciais.

Há uma tendência de as operações de uma PME não serem complexas em razão de sua própria dimensão. Contudo, a partir de um determinado porte (digamos a partir de 10 funcionários) os setores dentro da PME tendem a ser relativamente caracterizados. Sabe-se quem são os funcionários administrativos, os funcionários que trabalham com vendas e os funcionários que trabalham com as operações.

Dessa maneira, é indispensável que as PMEs exijam dos escritórios de contabilidade a classificação adicional por centros de custos (vide item 16.10 – Departamentalização). Outro aspecto relevante é que a estrutura do plano de contas seja específica para a empresa, ou em outras palavras, não aceitar a estrutura padrão se esta não está aderente às necessidades informacionais da empresa, já que é comum que a estrutura padrão esteja mais voltada para as necessidades fiscais do Imposto de Renda do que para as necessidades de gestão com as informações contábeis.

Dessa maneira, o mínimo que se espera de um sistema de informação contábil terceirizado para as PMEs compreende o seguinte:

a) incorporação no sistema de contabilidade do conceito de centro de custos, que reflita os diversos setores da empresa;

b) estruturação do plano de contas com visão gerencial, específico para a empresa, com contas para classificação especificada dos gastos e receitas da empresa, não aceitando contas que permitam classificar diversos eventos econômicos diferentes numa mesma conta (ex.: serviços prestados por pessoa jurídica, despesas diversas, outras receitas etc.);

c) disponibilização das informações mensais rapidamente, logo no início do mês seguinte;

d) balancete de verificação, relatórios das despesas e receitas por centros de custos;

e) uma Demonstração do Resultado mensal e acumulado, num formato gerencial para o proprietário, com análise comparativa com o mesmo período do ano anterior;

f) um Balanço Patrimonial mensal num formato gerencial para o proprietário, com análise comparativa com o mês de dezembro do ano anterior;

g) uma Demonstração dos Fluxos de Caixa pelo método indireto, do mês e acumulado até o mês, com análise comparativa com o mesmo período do ano anterior;

h) uma Demonstração dos Lucros Acumulados até o período.

17.7 SISTEMA PÚBLICO DE ESCRITURAÇÃO DIGITAL (SPED)

Desde o ano-base 2008, com entrega para 2009, as empresas estão obrigadas a gerar e transmitir eletronicamente para o governo federal os livros contábeis (SPED). A partir de 2014 também o Livro de Apuração do Lucro Real (Lalur) e a Declaração de Informações Econômico-Fiscais da Pessoa Jurídica (DIPJ).

Os livros abrangidos são:

- Diário e Razão.
- Balancetes Diários e Balanços.
- Diário com Escrituração Resumida.
- Diário Auxiliar.
- Razão Auxiliar.
- DIPJ.
- E-Lalur.

O SPED contábil é idêntico ao SPED Fiscal, ou seja, os arquivos gerados serão transmitidos para o SPED, desobrigando as empresas da guarda em papel. O prazo para guardar será de 5 anos mais o ano corrente. Também as empresas estão obrigadas a enviar o *e-LALUR* para o SPED. Assim, a DIPJ (Declaração de Informações Econômico-Fiscais da Pessoa Jurídica) exigirá um número menor de informações e está dentro do SPED contábil.

O avanço da tecnologia da informação tem expandido as obrigações acessórias de comunicação com o Fisco via integração digital.

Dessa forma, genericamente, o SPED federal acoplou-se às necessidades estaduais e municipais, gerando a necessidade de outras transmissões eletrônicas, quais sejam:

a) EFD contribuições, para o PIS/Cofins, periodicidade mensal;

b) EFD IPI/ICMS, periodicidade mensal;

c) DCTF, periodicidade mensal;

d) GISS sobre ISS, periodicidade mensal;

e) Bloco K e Bloco G, periodicidade mensal;

f) REINF sobre tributos retidos, periodicidade mensal;

g) GIAS de IPI, ICMS, ISS, periodicidade mensal;

h) ECD, periodicidade anual;

i) ECF, periodicidade anual.

Tem sido comum que ERPs, normalmente de origem estrangeira, dada a complexidade da estrutura tributária brasileira, sejam complementados por *softwares* de apuração tributária desenvolvidos em nosso país, que se incorporam a esses ERPs por meio do conceito de *add-on*.

Add-on ou *addon* refere-se à extensão ou complemento – programa de computador usado para adicionar funções a outros programas maiores. Exemplos desse tipo de solução são os *softwares* Mastersaf e Synchro, entre outros.

18

Subsistema de Controle Patrimonial

Este subsistema tem sido necessário devido a grande quantidade de itens de ativos imobilizados e intangíveis, principalmente imobilizados, que devem ser controlados dentro de uma empresa.

A par da grande quantidade de itens, o próprio atributo de serem ativos fixos determina uma filosofia específica de gestão, decorrente desta característica de fixação e imobilidade física e escritural.

Adicionalmente, necessidades legais e fiscais determinam toda uma sistemática de cálculos e controles, que, pela sua complexidade, exigem tratamentos contábeis bastante específicos.

18.1 OBJETIVOS DO SUBSISTEMA DE CONTROLE PATRIMONIAL

São os seguintes:

a) assegurar o controle físico e escritural de todos os itens considerados como ativos fixos dentro da empresa;
b) permitir o processo de valorização contábil fiscal e gerencial do ativo fixo da empresa;
c) permitir o processo de planejamento e controle dos recursos fixos à disposição da empresa;
d) armazenar todas as informações necessárias para todas as gestões relacionadas com o ativo fixo da empresa;
e) permitir o processo de segurança e responsabilidade dos bens e direitos à disposição dos funcionários da empresa;
f) permitir o processo de controle dos impostos recuperáveis das imobilizações (ICMS, PIS e Cofins).

18.2 ATRIBUTOS E FUNÇÕES

Dentro da administração deste sistema contábil, podemos alinhavar as seguintes atribuições e funções:

CONCEITO DE CONTROLE

É a atribuição-chave do administrador deste sistema. Qualquer controle parte de determinados conceitos, que conduzirão a uma série de procedimentos.

Teoricamente, podemos ter três grandes variantes conceituais em termos de controle patrimonial:

a) controle geral e irrestrito, físico e escritural, de todos os itens considerados permanentes (fixos);
b) controle apenas escritural e nenhum controle físico;
c) controle parcial físico e escritural dos itens relevantes, e controle apenas escritural dos itens classificados como não relevantes.

O mais comum tem sido a adoção do primeiro conceito de controle e, em seguida, o último conceito. Ou seja, ou há um controle geral e irrestrito, ou um controle dos itens mais relevantes, tanto em termos físicos como escriturais.

Contudo, o conceito de controle apenas escritural, sem controle físico, que, num primeiro momento aparenta-se absurdo, pode ser bastante viável. O que torna tal controle viável é exatamente as características e atributos físicos dos bens e direitos permanentes: sua fixação e sua imobilidade.

Se o grande tema do controle geral e irrestrito, físico e escritural, é a questão da segurança, esta, na realidade, só pode ser comprometida em itens de pequeno porte. Itens tradicionais, como máquinas, veículos, equipamentos, não conseguirão ser movimentados pelos funcionários responsáveis de forma invisível. Portanto, a segurança está garantida.

Com relação aos itens de pequeno porte e, eventualmente grande valor, o problema de segurança está em condições de igualdade com a segurança de qualquer outro item dentro da empresa, que não seja permanente, como dinheiro em caixa, itens de estoque etc., que não tem um controle físico e escritural nos moldes tradicionais do controle patrimonial.

Deste modo, a adoção de um sistema de controle apenas escritural pode ser viabilizada e trazer resultados econômicos significativos para a empresa, com a simplificação do sistema de controle. Com isso, o subsistema de Controle Patrimonial teria como função básica apenas atender às necessidades legais e gerenciais de forma escritural, como as contabilizações e as transferências e baixas quando houver.

NORMALIZAÇÃO DOS PROCEDIMENTOS DOS EVENTOS PATRIMONIAIS

Denominamos de evento patrimonial as diversas possibilidades de ocorrências (entradas e saídas) com os bens e direitos adquiridos com a intenção de permanência.

Desta forma, uma atribuição da administração do sistema e uma função do sistema de controle patrimonial é a classificação e normalização dos procedimentos dos eventos patrimoniais.

Considerando a existência de aplicativos genéricos tipo *workflow* (item 7.2), tais procedimentos devem ser registrados no sistema em formato computacional, não apenas em formato relatorial, por meio de norma escrita.

Os principais eventos patrimoniais são os seguintes:

a) aquisição de bens e direitos com intenção de permanência;
b) transferências de bens entre estabelecimentos fiscais;
c) transferências de bens entre departamentos ou divisões (centros de custos);
d) empréstimos e comodato de bens;
e) doação de bens e direitos;
f) locação e arrendamento mercantil de bens;
g) ativamento interno de bens;*
h) reformas de equipamentos ou aquisições complementares ativáveis;*
i) obras civis (novos edifícios, ampliações e reformas ativáveis);*
j) sinistro de bens;
k) sucateamento e desmanche de bens;
l) bens para museu;
m) venda de bens e direitos;
n) aplicação do teste para validação do valor recuperável do ativo (*impairment*).

CRITÉRIOS DE ATRIBUIÇÃO DE VALOR E DEPRECIAÇÕES E DECISÃO DE ATIVAMENTO DE GASTOS

Funções do administrador deste subsistema, em consonância com o subsistema de contabilidade societária e fiscal.

Determinados eventos patrimoniais exigem critérios para definir o valor a ser registrado no sistema, como os ativamentos internos e obras civis.

Para o cálculo da depreciação também há necessidade de decidir o critério a ser utilizado para o cálculo, seja em termo de taxas, turnos de trabalho, metodologia, alocação da despesa etc.

A decisão de ativamento dos gastos está relacionada com as possibilidades legais e gerenciais de ativamentos de valores de bens ou gastos, incluindo os itens do ativo intangível, gastos de manutenção, de reformas etc.

CORREÇÃO MONETÁRIA E CONTABILIZAÇÃO DAS CONTAS DO PATRIMÔNIO LÍQUIDO

Esta função deste subsistema nasceu fundamentalmente com as necessidades legais do passado de Correção Monetária das Demonstrações Financeiras previstas na Lei nº 6.404/76 (Lei das S.A.), obrigatórias até 31-12-95.

---

* Normalmente contabilizados como Obras em Andamento.

Como o sistema de correção monetária de balanço, como era comumente chamado, exigia a correção monetária das contas do ativo permanente e das contas do patrimônio líquido, essa função passou a ser incorporada no sistema de Controle Patrimonial.

Mesmo que no atual momento não exista esta obrigatoriedade de correção monetária no Brasil, é importante que o sistema tenha esta operacionalidade, tendo em vista que existem as necessidades gerenciais de balanços em outros denominadores monetários, como os balanços em moeda estrangeira, em que seja preciso tal atualização monetária.

IDENTIFICAÇÃO PATRIMONIAL

Função administrativa e complementar do sistema. É o processo de atribuir número de ordem aos bens e direitos internados dentro da empresa. Tradicionalmente, essa identificação tem sido efetuada com as plaquetas de patrimônio, que são acopladas aos bens adquiridos.

Com os avanços da tecnologia de informação, como o código de barras, a identificação tem sido feita desta forma. Esse novo processo facilita necessidades posteriores de reinventário físico dos bens e direitos.

A identificação é necessária, tanto para gerenciamento interno dos itens do permanente, como para as necessidades escriturais de controle das depreciações e baixas patrimoniais.

INFORMAÇÕES PARA MANUTENÇÃO

Algumas empresas e alguns sistemas oferecidos no mercado apresentam essa operacionalidade. É a utilização do subsistema de controle patrimonial para a gestão das manutenções dos bens da empresa, seja de caráter escritural como operacional.

Dependendo da complexidade da empresa e de seus equipamentos, a gestão da manutenção tem sido feita com *softwares* específicos para tal atividade.

18.3 OPERACIONALIDADES DO SISTEMA

Apresentamos algumas operacionalidades deste subsistema, procurando evidenciar as mais importantes e conhecidas.

CONTROLE PATRIMONIAL COMO BANCO DE DADOS

Para este sistema contábil, talvez esta seja a operacionalidade mais importante. Fundamentalmente, é necessário que o sistema permita, para cada bem ou direito controlado, o arquivamento em forma de banco de dados, de todas as informações necessárias para sua gestão, para todas as áreas da empresa.

Com este fundamento e o gerador de relatórios, todas as necessidades informacionais de toda a empresa, em princípio, serão atendidas.

Damos, a seguir, exemplos de vários dados a serem arquivados para cada item controlado:

a) número do bem ou direito (número da identificação patrimonial);
b) valor original, valor reavaliado, valor de mercado etc.;
c) fabricante e fornecedor;
d) todos os dados da nota fiscal;

e) marca, modelo, número de série;
f) identificação expressiva para fins de custeio;
g) código de família de bens;
h) centro de custo;
i) localização física;
j) planta do seguro;
k) condições de ativamento e movimentação;
l) instruções para depreciação e correção;
m) informações sobre garantia a terceiros (a quem foi dada a garantia, quantas vezes, vencimento da garantia etc.) etc.

MÓDULO DE CÁLCULO DE ATUALIZAÇÃO

É a segunda grande operacionalidade. Fundamentalmente, além do controle físico, a outra grande operacionalidade são as facilidades que o sistema deve permitir para calcular as correções monetárias (se houver) e as depreciações.

O sistema deve permitir diversos tipos de cálculos, para os diversos fins a que possam se destinar. Por exemplo, além da depreciação para fins legais, poderá haver cálculos de depreciação para fins de custo do produto, para fins de consolidação de balanços com a matriz, para fins de balanço em outras moedas etc.

Cada um desses cálculos tornará obrigatória uma acumulação do valor dos bens e direitos específica e que não podem ser misturados, já que é da natureza destes elementos patrimoniais manterem valores acumulados decorrentes de critérios passados.

MÓDULO DE PREVISÃO

Essa operacionalidade é fundamental. Objetiva utilizar o módulo de atualização e seus critérios, para o processo de projeção das depreciações para os próximos exercícios, em todas as possibilidades fiscais e gerenciais.

A outra grande utilidade, além das projeções e simulações de resultados, é sua integração e envio de informações para o Subsistema Orçamentário.

REAVALIAÇÕES, INCORPORAÇÕES E VALOR ÚNICO DOS BENS E DIREITOS

São processos de adição de valores contábeis aos valores originais dos bens e direitos. O sistema deve permitir um acompanhamento dos valores partilhados e de mesma natureza, bem como do total de todos os valores de cada bem ou direito (valor original mais adições), que denominamos de valor único.

A reavaliação caracteriza-se por uma adição de valor decorrente de valor de mercado posterior ao da aquisição e deve ser feito segundo normas legais.

A incorporação normalmente acontece quando se adquire ou se constrói internamente itens complementares ao bem original. Como exemplo, podemos citar a aquisição e adição ao bem de um conjunto opcional, ou ferramentas e dispositivos de valores relevantes ou de durabilidade superior a um ano.

BAIXAS PARCIAIS

Operacionalidade que permite excluir parte do bem.

BENS DE PEQUENO VALOR/ATIVAMENTO POR LOTES

São alguns outros exemplos de operacionalidades. Bens de pequeno valor que podem ser ativados em conjunto, ou mesmo controle de bens de pequeno valor, lançados em despesa na contabilidade, mas que se deseja controlar fisicamente etc.

Apuração e Controle dos Créditos Fiscais

As legislações federais e estaduais permitem, dentro de determinadas condições e critérios, o crédito de ICMS, PIS e Cofins sobre determinados itens que são ativados, ou mesmo sobre o valor das depreciações de determinados bens imobilizados.

Alguns créditos fiscais só podem ser aproveitados parceladamente (por exemplo, o ICMS em 48 meses e o PIS e Cofins em 24 meses). Assim, é necessário que este sistema tenha condições tanto de apurar o valor dos créditos fiscais, nas diversas condições, bem como de controlar os valores a serem aproveitados em exercícios futuros ou a serem estornados nas situações previstas em lei.

18.4 INTEGRAÇÕES COM OUTROS SUBSISTEMAS

As integrações deste subsistema são poucas e estão ligadas aos valores de entradas e saídas (Figura 18.1).

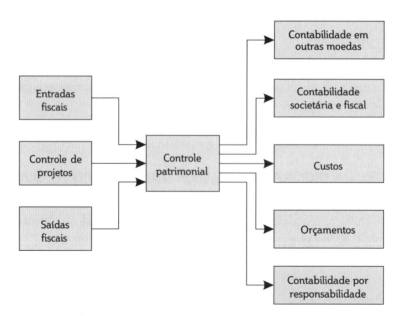

Figura 18.1 Integração do subsistema controle patrimonial e outros subsistemas.

Para contabilizar as entradas, o sistema de controle patrimonial pode ser abastecido pelos seguintes subsistemas:

a) subsistema de entradas de materiais e serviços;
b) subsistema de controle de projetos (para bens em andamento);
c) subsistema de emissão de notas fiscais e faturamento (para as saídas e transferências).

Para contabilizar as saídas, o sistema de controle patrimonial liga-se com:

a) subsistema de contabilidade societária e fiscal, para as contabilizações e apropriação dos créditos de ICMS, PIS e Cofins;
b) subsistema de contabilidade em outros padrões monetários, também para contabilizações de depreciações e saldos dos valores;
c) subsistema de custo, para as depreciações por equipamento e centro de custo;
d) subsistema de contabilidade por responsabilidade, para a depreciação e investimentos por área ou divisão da empresa;
e) subsistema de orçamentos e previsões, para as informações sobre as depreciações futuras.

18.5 INFORMAÇÕES E RELATÓRIOS GERADOS

De modo geral, as informações deste subsistema são atinentes aos itens que controla e, conforme as necessidades, atendem a qualquer usuário dentro da empresa, segundo suas especificações.

Conforme já vimos no tópico anterior, as informações geradas pelo subsistema são canalizadas automaticamente para os demais subsistemas que delas necessitam.

Emissão de Relatórios de Controles e Livros Fiscais

O principal relatório fiscal que deve ser gerado pelo sistema é o CIAP – Controle de Crédito do ICMS do Ativo Permanente (no Estado de São Paulo regulamentado pela Portaria CAT nº 25/2001).

O Fisco federal não exige um livro ou sistema de controle específico para apuração e controle do PIS e Cofins creditados sobre os ativos imobilizados. Contudo, para apuração e controle desses impostos é necessário que o sistema gere um relatório específico.

Outro relatório legal/fiscal, solicitado por algumas unidades da federação, é o controle dos impostos creditados, para eventual estorno, se ocorridas baixas dentro de um período delimitado de tempo pela legislação.

OUTROS RELATÓRIOS

Outros relatórios comuns são:

a) aquisições ou entradas do mês;
b) baixas do mês;
c) resultado nas vendas de permanentes;
d) depreciações por equipamentos (principais);
e) depreciações do mês por centro de custo;

f) imobilizado por centro de custo etc.;
g) ativos por divisão ou unidades de negócio etc.;
h) perdas por desvalorização;
g) diferenças entre o valor da depreciação contábil e da depreciação fiscal;
i) valor dos tributos diferidos pendentes e realizados no período em função das diferenças de critérios de ativamentos e de cálculo de depreciação;
j) valor dos bens e direitos adquiridos por financiamento caracterizado como *leasing* financeiro etc.

18.6 CONTROLE DE INVESTIMENTOS

Um subsistema atrelado ao sistema de Controle Patrimonial, utilizado por muitas empresas, é um sistema para Controle dos Investimentos. Partindo das verbas de investimentos aprovadas no Planejamento Estratégico e/ou Planejamento Orçamentário, estrutura-se um sistema para acompanhar a liberação, empenho e realização dos diversos investimentos planejados. Este sistema deve ser configurado para internar os níveis de responsabilidade e autoridade para as decisões de investimentos.

Este mesmo subsistema pode também ser utilizado para, posteriormente, dar os subsídios para a avaliação econômica do investimento realizado, ou seja, se o investimento atingiu a Taxa de Retorno Esperada, o *Pay-Back* esperado ou o Valor Presente Líquido esperado.

18.7 VALOR RESIDUAL, VIDA ÚTIL E AJUSTE AO VALOR RECUPERÁVEL (*IMPAIRMENT*)

As novas práticas contábeis introduzidas pelas Leis n°s 11.638/07 e 11.941/09, que definiram o alinhamento das práticas brasileiras às práticas contábeis internacionais, determinam que anualmente sejam realizados os seguintes procedimentos para os itens imobilizados e intangíveis:

a) no início de cada ano, deve ser reavaliada a vida útil estimada do bem ou direito, que corresponde ao período de tempo (ou quantidade de produção) que a empresa espera utilizar com cada bem ou direito;
b) também no início de cada ano, deve ser reavaliado qual é o valor residual esperado pelo bem ou direito ao final da vida útil. Define-se valor residual como o valor que a empresa espera receber ou realizar quando do término da utilização do bem ou direito e de sua disponibilização para alienação;
c) com a nova vida útil estimada (se for diferente da anterior), calcula-se qual será a taxa de depreciação ou amortização a ser utilizada no período que se inicia;
d) com o novo valor residual (se diferente do período anterior) tem-se a base de valor depreciável ou amortizável, onde será aplicada a nova taxa decorrente da nova vida útil;
e) ao final do exercício faz-se o teste do valor recuperável do ativo, que deve ser um valor justo. O valor justo é um valor de mercado ou um valor em uso decorrente dos

fluxos futuros de caixa descontado. Se o valor recuperável do ativo for inferior ao valor contábil (já líquido da depreciação ou amortização), deverá ser feito um lançamento de ajuste por desvalorização ao valor recuperável do ativo (*impairment*).

O Subsistema de Controle Patrimonial deverá ter novos campos e operacionalidades para atender todos esses novos requisitos.

18.8 DEPRECIAÇÃO CONTÁBIL *VERSUS* DEPRECIAÇÃO FISCAL

As novas práticas contábeis determinam novos critérios para o cálculo das depreciações dos imobilizados e amortizações dos intangíveis (ver item 18.7), fazendo com que, em inúmeros casos, o valor periódico da depreciação e amortização contábil, mensal e anual, seja diferente da depreciação calculada segundo os parâmetros permitidos pela legislação tributária do Imposto de Renda.

A Lei nº 12.973, de 13-5-2014, que regulamentou a MP nº 627/13, trouxe finalmente a adaptação da Receita Federal do Brasil-RFB para as regras do Imposto de Renda e Contribuição Social para as empresas do Lucro Real e Lucro Presumido às novas práticas contábeis brasileiras introduzidas pelas Leis nº 11.638/07 e nº 11.941/09, que tornaram obrigatórios os padrões internacionais de contabilidade.

Nesta legislação, a RFB continuará aceitando as taxas de depreciação constantes no Regulamento do Imposto de Renda – RIR 1999, para fins de dedutibilidade para o lucro tributável (Lucro Real).

Dessa maneira, caso a depreciação contábil, segundo as novas práticas, apresente valores diferentes dos permitidos pela legislação do IR, as diferenças deverão ser *excluídas* ou *adicionadas* ao lucro contábil, para obtenção do lucro real tributável.

18.9 *LEASING* FINANCEIRO

Também decorrente das novas práticas contábeis, as empresas que adquirirem ativos imobilizados ou intangíveis com empréstimos e financiamentos bancários estruturados sob a forma de *leasing* financeiro deverão tratar esses bens e direitos como ativos imobilizados ou intangíveis, em contrapartida a contas de passivo circulante e passivo não circulante. Desta maneira, esses ativamentos gerarão despesas de depreciação contábil e encargos financeiros de financiamento.

Para as novas práticas contábeis, há dois tipos de *leasing*:

a) *leasing* operacional, que é o *leasing* normal, caracterizando-se o pagamento mensal uma contraprestação de aluguel, onde o arrendatário não ficará com o bem. Neste caso, os valores pagos irão direto para custos ou despesas;

b) *leasing* financeiro, onde a empresa assume todos os ônus, riscos e benefícios pela utilização do bem. Basicamente, o *leasing* financeiro caracteriza-se quando há intenção da empresa de ficar com o bem como propriedade após o término do pagamento das contraprestações do financiamento de *leasing*.

Contudo, a Lei nº 12.973/14, que regulamentou a legislação tributária às novas normas contábeis, não aceita esse tipo de procedimento, devendo toda a contabilização ser reconstituída nos livros fiscais, por meio de adições e exclusões para fins de apuração do lucro real tributável. Ou seja, para fins de IR, todos os valores pagos das contraprestações do *leasing* financeiro serão considerados custos ou despesas do exercício.

Em função disso, o sistema de controle patrimonial deverá ter condições de identificar esses bens e direitos, bem como todas essas movimentações periódicas, e manter uma estrutura de informações que permita o controle até a efetiva baixa do bem ou direito ativado em função de *leasing* financeiro.

18.10 DIREITOS DE USO

O CPC 06 (R2) – Operações de Arrendamento Mercantil determina que, a partir de 2019, todos os contratos de locação ou arrendamentos com prazo determinado de uso superior a doze meses serão considerados como ativo de direito de uso e passivo de obrigação de direito de uso. O contrato é (ou contém) um arrendamento se ele transmite o direito de controlar o uso de ativo identificado por um período de tempo em troca de contraprestação.

Na data de início, o arrendatário deve reconhecer o ativo de direito de uso e o passivo de arrendamento pelo valor presente dos pagamentos futuros do arrendamento previstos no contrato, incluindo multas rescisórias pela taxa de juros do contrato, se existir, ou pela taxa incremental sobre empréstimo do arrendatário.

Os ativos de direito de uso deverão ser controlados no sistema de controle patrimonial porque deverão ser depreciados pelo período de tempo de utilização do contrato de locação. A classificação desses ativos pode ser feita no grupo do imobilizado ou em um grupo separado constante do ativo não circulante. O tratamento contábil, tanto do ativo quanto do passivo, é o mesmo aplicado ao *leasing* financeiro.

18.11 TRIBUTOS DIFERIDOS

As diferenças entre os valores contabilizados pelas práticas contábeis e os valores das contabilizações aceitas pela legislação do IR determinam, segundo as novas práticas contábeis, a contabilização dos tributos diferidos (CPC 32 do Comitê de Pronunciamentos Contábeis). Os tributos diferidos são os tributos de Imposto de Renda e da Contribuição Social sobre o Lucro Líquido – CSLL.

Basicamente, as diferenças são resultantes de:

a) valor das reavaliações e ajustes de avaliação patrimonial e a valor justo, ajustados em cima do valor contábil de aquisição de imobilizados e intangíveis;
b) valor da contabilização dos *impairments*;
c) valor das diferenças entre a depreciação contábil e a depreciação fiscal;
d) ajuste do valor do imobilizado pela exclusão dos *leasings* financeiros para fins de tributação do IR.

O sistema de controle patrimonial deverá ter condições de indicar essas diferenças para fins de apuração, movimentação e controle dos tributos diferidos, até sua realização ou baixa.

19

Subsistema de Contabilidade em Outros Padrões Monetários

Dependendo do desenho do sistema de informação contábil, este subsistema é apresentado como um módulo complementar ao subsistema de contabilidade geral.

Em princípio, este subsistema busca atender tanto às necessidades gerenciais como às necessidades legais, tendo como base a transformação dos valores da contabilidade societária e fiscal, que são contabilizados em moeda corrente do país, para outros denominadores monetários.

Os outros denominadores monetários podem ser para outros países, bem como podem ser de cunho interno.

Como exemplos de outros denominadores monetários para outros países, temos:

a) balanço em moeda estrangeira do país da empresa controladora;
b) balanço em moeda estrangeira do país da empresa controlada;
c) balanço em moeda estrangeira única para consolidar demonstrativos contábeis de empresas em diversos países;
d) balanço em moeda estrangeira para atender aos principais clientes, fornecedores, credores ou necessidades informativas gerais;
e) balanço em dólar, por ser a moeda ainda mais representativa de internacionalização de capitais, para fins de comparabilidade ao longo do tempo e com outras empresas etc.

Como exemplos de outros denominadores monetários dentro do próprio país, temos:

a) balanço em Unidade Monetária Contábil (UMC), para atender às necessidades legais de Correção Monetária de Balanço e/ou Correção Monetária Integral, quando obrigatórios, ou para atender às necessidades gerenciais;

b) balanço em Unidade Monetária Interna da companhia, baseado no conceito de inflação interna.

19.1 OBJETIVOS DO SUBSISTEMA DE CONTABILIDADE EM OUTROS PADRÕES MONETÁRIOS

Fundamentalmente os objetivos são:

a) transformar os dados monetários existentes em moeda corrente nacional, do subsistema de contabilidade societária e fiscal, para outros padrões monetários;
b) permitir gerar informações e relatórios contábeis em outras moedas ou padrões monetários;
c) acumular e armazenar as informações geradas para posterior comparabilidade.

19.2 ATRIBUTOS E FUNÇÕES

A administração deste subsistema deve ter as seguintes preocupações básicas:

OPERACIONALIZAÇÃO DOS CONCEITOS DE CONVERSÃO EM OUTRAS MOEDAS

Os principais conceitos de conversão de demonstrativos para outras moedas são, em linhas gerais, de conhecimento generalizado. É uma função do administrador deste subsistema criar mecanismos, dentro do sistema de informação, para torná-los operacionais, assegurando o melhor conteúdo da informação gerado.

Os principais conceitos de conversão que devem ser operacionalizados são os seguintes:

a) correção monetária dos itens não monetários, principalmente os estoques e adiantamentos de clientes e fornecedores;
b) ajuste a valor presente dos créditos e obrigações;
c) segregação dos resultados financeiros dos resultados operacionais das transações em que ocorre financiamento;
d) ganhos e perdas com os itens monetários;
e) taxas, índices e critérios para conversão das contas de resultado;
f) ganhos ou perdas decorrentes da conversão.

CRITÉRIOS DE MENSURAÇÃO

Os critérios de mensuração, para fins de conversão em outros padrões monetários, estão fundamentalmente ligados aos valores utilizados, período de conversão adotado e momento de contabilização.

Com relação ao período de conversão, há que se definir se a conversão será feita por lançamentos ou por saldos e movimentos e se serão utilizados valores do movimento diário ou movimento mensal.

Sobre os valores utilizados, certos lançamentos são compostos, ou seja, sua formação é decorrente de valores parciais. Por exemplo, certos procedimentos contábeis contabilizam as vendas e compras de mercadorias pelos valores líquidos dos impostos. Procedimento contábil alternativo pode abrir a composição desses valores. Isso tem reflexo nos critérios de mensuração.

A questão do momento de contabilização é mais complexa. Sabemos que cada fato contábil pode ter dois momentos: o momento econômico e o momento financeiro. A contabilidade privilegia o momento econômico para as contas de despesas e receitas. Contudo, receitas e despesas a prazo têm momento de execução financeira diferente do momento da geração do fato. Em moeda corrente, basta fazer a segregação dos resultados financeiros dos resultados operacionais.

Contudo, para fins de contabilização em outras moedas, o resultado é diferente. Numa transformação em dólares, por exemplo, se o valor da receita a prazo a ser considerada for a data do recebimento, esta deverá ser menor do que o valor da receita, considerando-a na data da emissão da nota fiscal, caso a taxa do dólar tenha variado para mais entre o dia da emissão da nota fiscal e o dia do recebimento em dinheiro.

19.3 OPERACIONALIDADES DO SISTEMA

As principais devem ser as seguintes:

MULTIMOEDAS

O subsistema deve permitir a geração de forma automática dos demonstrativos em vários padrões monetários, a partir dos mesmos dados constantes no subsistema de contabilidade societária e fiscal.

Assim, se a empresa tem que gerar relatórios em UMC, dólar, euro etc., estes deverão ser gerados de uma só vez.

TABELAMENTO DE MOEDAS

Facilidades na construção dos índices ou taxas de câmbio para o processo de conversão.

VARIEDADE DE CRITÉRIOS DE TRANSFORMAÇÃO DE VALORES

Operacionalidade fundamental: o usuário deve ter a sua disposição diversas opções de transformação dos dados, seja por registro, seja por movimentação ou composição de valores.

Assim, podemos ter os seguintes critérios de transformação de valores:

a) transformação por lançamento contábil;
b) transformação pelos valores componentes de cada lançamento contábil;
c) transformação por movimentação diária;
d) transformação por movimentação semanal;
e) transformação por movimentação mensal;
f) transformação por momento econômico e retroativa por momento financeiro etc.

PROCEDIMENTO REGENERATIVO

Deve ter facilidades de reacerto geral dos valores já convertidos em outros padrões monetários, quando de uma necessidade posterior.

Como exemplo, podemos citar variações bruscas e anormais do câmbio de determinada moeda. Em nosso país, temos denominado *maxidesvalorizações* ou *maxivalorizações*. Quando de tal ocorrência, todo o passado do banco de dados de valores já convertidos fica comprometido em termos de comparabilidade.

É necessário reconstruir todo o banco de dados anterior, para permitir sua utilização de forma consistente e uniforme com os períodos vindouros.

19.4 INTEGRAÇÕES COM OUTROS SUBSISTEMAS

O subsistema de contabilidade em outros padrões monetários é um subsistema de poucas integrações, pois tem um objetivo muito específico. De qualquer forma, além dos aspectos legais ou obrigatórios, ele permite uma análise gerencial muito boa, tendo em vista que a economia atual é totalmente internacionalizada e a informação em moeda estrangeira, notadamente em dólares, permite um grau muito interessante de comparabilidade (Figura 19.1).

As principais entradas nesse subsistema são da contabilidade geral, do controle patrimonial e do sistema de valorização de inventário. As saídas, além dos próprios relatórios, podem ser encaminhadas para os subsistemas de análise de balanço.

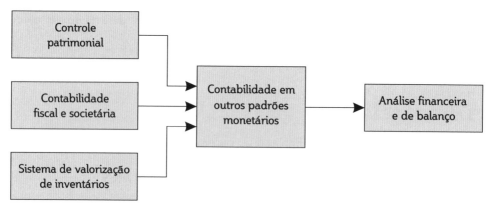

Figura 19.1 Integração do subsistema de contabilidade em outros padrões monetários e outros subsistemas.

19.5 INFORMAÇÕES E RELATÓRIOS GERADOS

As informações e relatórios gerados são similares aos da contabilidade societária e fiscal, quais sejam:

a) balanço patrimonial e demonstração de resultados em outros padrões monetários;

b) demonstração das origens e aplicações de recursos em outros padrões monetários;

c) demonstração do fluxo de caixa em outros padrões monetários;
d) notas explicativas em outros padrões monetários;
e) análise de balanço em outros padrões monetários.

Além dos bancos de dados gerados por este subsistema das informações convertidas em outros padrões monetários, o principal arquivo é aquele necessário para atender às necessidades legais da contabilidade pelo critério de *Correção Monetária Integral*, que foi obrigatório para as sociedades anônimas de capital aberto até 31-12-95 e facultativas atualmente.

Mesmo sendo facultativas, mas caso alguma empresa faça a publicação dos demonstrativos financeiros por este critério, fica a obrigatoriedade dos arquivos à disposição da CVM – Comissão de Valores Mobiliários.

19.6 CONTABILIDADE EM PRÁTICAS CONTÁBEIS ALTERNATIVAS

A maioria dos conceitos, critérios e operacionalidades do Sistema de Contabilidade em outros padrões monetários pode ser aplicada para um subsistema desse mesmo sistema que pode se denominar de Contabilidade em Outras Práticas Contábeis.

Muitas empresas têm seus títulos mobiliários negociados nas bolsas de valores dos Estados Unidos, e, para tanto, são obrigadas a elaborar suas demonstrações financeiras pelos princípios contábeis norte-americanos (US GAAP), emitidos pelo FASB.

No Brasil, a partir do exercício findo em 31-12-2008, todas as empresas (companhias abertas, companhias de grande porte e outros tipos de empresas e entidades) estão obrigadas a apresentar as demonstrações financeiras segundo as alterações da Lei das Sociedades por Ações, a Lei nº 6.404/76, que foi alterada pelas Leis nos 11.638/07 e 11.941/09, que definiram o alinhamento das práticas contábeis brasileiras às normas internacionais de contabilidade do *International Financial Reporting Standards* (IFRS) emitidas pelo *International Accounting Standard Board* (IASB).

As adaptações das normas internacionais estão a cargo do Comitê de Pronunciamentos Contábeis (CPC), órgão colegiado, que tem a participação de diversas entidades representativas e usuárias da informação contábil. Caso a empresa tenha subsidiária em outro país que se caracterize, momentaneamente, em ambiente econômico de hiperinflação, deverá atualizar as demonstrações contábeis da subsidiária estrangeira para o processo de consolidação das demonstrações financeiras utilizando os procedimentos do CPC 42 – Contabilidade em Economia Hiperinflacionária.

20

Subsistema de Valorização de Inventários ou Custo Contábil

Este é um dos subsistemas que mais exige o conhecimento da ciência contábil. Como vimos, a característica por excelência da informação contábil é a mensuração econômica. A atribuição de valor aos estoques da empresa, ou seja, seu processo de valorização, exige muito cuidado e muitas definições, sob pena de inviabilizar a eficácia da informação dos demonstrativos contábeis básicos.

Há várias opções e critérios de valorização de inventários. Além dos critérios já aceitos pela legislação, necessidades gerenciais conduzem-nos a trabalhar com vários outros conceitos de valor. Além disso, há a necessidade de coordenação de vários objetivos diferentes que estarão dentro do subsistema, e fazê-lo de forma econômica, tendo em vista que esse subsistema, em geral, gera uma quantidade muito grande de registros, pela própria característica de que normalmente há grande número de itens a serem controlados pelo sistema de inventário.

20.1 OBJETIVOS DO SUBSISTEMA DE VALORIZAÇÃO DE INVENTÁRIOS

Os principais objetivos desse subsistema centram-se na mensuração dos estoques e das movimentações geradas entre eles. São os seguintes:

a) valorizar todos os estoques finais da empresa, ou seja, mensurar as quantidades obtidas pelo sistema de inventário;
b) valorizar toda a movimentação entre os estoques da mesma natureza e as saídas para outros estoques, fornecedores ou clientes;
c) atender às necessidades legais do custo integrado e coordenado com a contabilidade;
d) atender às necessidades legais dos livros de inventário;
e) atender às necessidades gerenciais de atualização dos valores estocados.

20.2 ATRIBUTOS E FUNÇÕES

Além das funções normais desse subsistema, cabe ao administrador diversas atribuições importantes e que devem ser monitoradas constantemente, para manter a integridade do sistema e do processo de avaliação dos estoques.

DETERMINAÇÃO DOS VALORES DO ATIVO CIRCULANTE ESTOQUES

É a principal função desse sistema. O Ativo Circulante Estoques tende a ser um dos mais representativos dos investimentos empresariais e sua valorização é determinante para se obter o resultado da empresa, tanto para fins fiscais como gerenciais.

DEFINIÇÃO DO CONCEITO DE CONTROLE E APURAÇÃO DO INVENTÁRIO

É fundamental essa definição. A empresa tem que definir que tipo de controle de inventário deverá ser feito e, consequentemente, qual o critério de valorização. Os tipos de controle de inventário são:

a) *controle periódico* – existe uma contagem ao final do período, sem preocupação com as movimentações ocorridas durante esse período. Valorizam-se as quantidades finais objeto da contagem. Não há contabilização intermediária do consumo de materiais e/ou do custo dos produtos vendidos.

b) *controle permanente* – todas as entradas e saídas são apontadas e contabilizadas durante o período, de forma que não há necessidade de inventário final. O sistema de controle aponta automaticamente a quantidade do estoque final.

Para avaliar os estoques finais pelo custo de aquisição ou produção, a empresa tem que ter o controle permanente e, portanto, deve contabilizar o estoque. Este é o conceito fiscal denominado *custo integrado e coordenado com a contabilidade*.

As empresas que adotam o controle periódico não podem usar o custo para avaliar o estoque final, devendo seguir a regra básica da legislação de imposto de renda (art. 15, DL nº 1.598/77). Nesse caso, os estoques finais de produtos em processo e produtos acabados serão avaliados:

a) materiais em processamento – 1,5 vez o maior custo dos materiais aplicados ou 80% do valor dos produtos acabados;

b) produtos acabados – 70% do maior preço de venda do período-base.

O recomendável é a adoção do conceito de controle permanente.

DEFINIÇÃO DO CRITÉRIO GERAL DE VALORIZAÇÃO

Atribuição vital e inicial. Junto com a alta administração, deve-se decidir qual o critério básico a ser adotado para fins legais. Os critérios são:

a) Preço Médio Ponderado;
b) PEPS – Primeiro a Entrar e Primeiro a Sair.

O critério UEPS – Último a Entrar e Primeiro a Sair – não é aceito no Brasil.

Lembramos que o conceito contábil geral de valorização para as aquisições de materiais é o valor das compras, mais custos para estocagem, menos os impostos recuperáveis.

DEFINIÇÃO DE CRITÉRIOS ALTERNATIVOS DE VALORIZAÇÃO

Outras necessidades podem determinar a adoção de critérios alternativos ou complementares, para necessidades gerenciais ou determinadas por outras entidades (CVM, matriz da empresa etc.).

Os principais critérios alternativos de valorização são:

a) preço de reposição;
b) menor preço de mercado (para fins de transferência no subsistema de Contabilidade por Responsabilidade e avaliação da empresa);
c) preço-padrão;
d) preço de última compra corrigido (para fins gerenciais ou da CVM);
e) valorização em outros padrões monetários;
f) preço de venda (para produtos acabados) etc.

IDENTIFICAÇÃO E PROCEDIMENTOS DE CONTABILIZAÇÃO PARA AS CATEGORIAS DE MOVIMENTAÇÃO

Muitos tipos de movimentação são realizados entre os estoques e entre os fornecedores e recebedores das mercadorias e produtos. É função do administrador desse subsistema identificar todas as categorias de movimentação existentes na empresa, e definir os procedimentos adequados para valorização e contabilização.

As categorias de movimentação mais comuns são:

De Entradas

a) compra e importação de materiais ou produtos;
b) devolução de clientes;
c) transferência de materiais ou produtos;
d) empréstimo de materiais;
e) retorno de industrialização;
f) reaproveitamento de materiais e sucatas;
g) construção de materiais internamente para estocagem e posterior requisição;
h) retorno de materiais aproveitáveis;
i) retorno de materiais inaproveitáveis;
j) alteração de origem do material de fabricado para comprado etc.

De Saídas

a) requisição de materiais ou produtos para venda;

b) requisição de materiais de consumo nos departamentos;
c) transferência de materiais ou produtos;
d) devolução para fornecedores;
e) empréstimo de materiais;
f) saídas para industrialização;
g) saídas para entrega dentro da garantia;
h) saídas para ativamento interno;
i) refugo de materiais;
j) alteração da origem do material de comprado para fabricado etc.

20.3 OPERACIONALIDADES DO SISTEMA

As operacionalidades e funcionalidades desse sistema devem estar em linha com seus objetivos, funções e atributos.

VÁRIOS CONCEITOS DE VALOR

Dada as possíveis variadas necessidades fiscais e gerenciais em termos de critérios de valorização, essa operacionalidade é vital.

Dentro dessa operacionalidade, incluem-se a emissão de livros e a geração e guarda de arquivos dos inventários valorizados pelos diversos critérios de valor.

PROCEDIMENTOS DE CÁLCULO PERIÓDICO

O subsistema deve prever pelo menos as três grandes vertentes de período para cálculo do valor dos inventários:

a) valorização a cada transação;
b) valorização pelo movimento diário das categorias de movimentação;
c) valorização pelo movimento mensal das categorias de movimentação.

20.4 ESTOQUES DE MERCADORIAS E CUSTO DAS MERCADORIAS VENDIDAS: EMPRESAS COMERCIAIS

As empresas comerciais têm um único tipo de estoque operacional, que é o estoque de mercadorias disponíveis para venda. Eventualmente, as empresas podem estocar materiais indiretos e para consumo de expediente administrativo, que seguem os mesmos critérios que o estoque operacional.

PROCESSO DE VALORIZAÇÃO

É o processo mais simples. Quantidade × valor, conforme o conceito de valor desejado.

a) quantidade: obtida pelo sistema operacional de controle de estoque de mercadorias;
b) valor: conforme as necessidades fiscais ou gerenciais. O maior banco de dados de valor são os subsistemas de Compras de Mercadorias e de Entradas Fiscais.

O processo de valorização é o mesmo tanto para o estoque final quanto para as saídas do sistema, que se transformam em Custo das Mercadorias Vendidas.

INTEGRAÇÃO COM OUTROS SUBSISTEMAS

Além de receber os dados dos sistemas de compras, entradas fiscais, recebimento físico e controle de estoques, os dados desse subsistema são exportados para os sistemas de contabilidade. Observe, na Figura 20.1, as integrações desse subsistema com os demais sistemas empresariais.

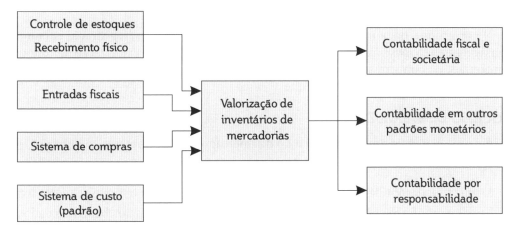

Figura 20.1 Integração do subsistema de valorização de inventários de mercadorias e outros subsistemas.

20.5 ESTOQUES INDUSTRIAIS: VISÃO GERAL

São três os estoques industriais, que se apresentam dentro de um fluxo operacional sequencial.

Na Figura 20.2, apresenta-se uma visão geral esquemática dos estoques e do fluxo dos insumos industriais.

20.6 ESTOQUES DE MATERIAIS E REQUISIÇÃO DE MATERIAIS: EMPRESAS INDUSTRIAIS

É o primeiro estoque das empresas industriais abastecido pelas compras de fornecedores. Em geral, as empresas fazem diversos tipos de estoques, separando em estoques de matérias-primas, estoques de componentes, estoque de materiais indiretos, estoque de materiais de expediente, estoque de materiais de segurança, estoque de materiais de embalagem, estoque de materiais de manutenção etc.

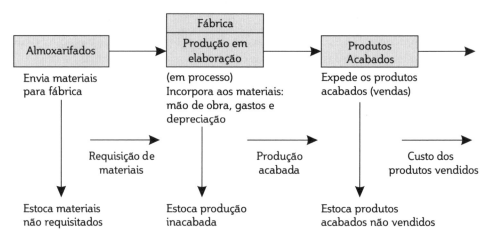

Figura 20.2 Fluxo dos estoques e insumos industriais.

Nesse estoque, há também o processo de valorização das saídas, registradas em um sistema denominado *requisições de materiais*. Dessa maneira, além da valorização dos estoques de materiais, há também a valorização das requisições ou saídas de materiais, conforme as diversas categorias de movimentação que citamos.

PROCESSO DE VALORIZAÇÃO

É o processo mais simples e similar ao das mercadorias das empresas comerciais.

Quantidade × valor, conforme o conceito de valor desejado.

a) quantidade: obtida pelo sistema operacional de controle de estoque de mercadorias;
b) valor: conforme as necessidades fiscais ou gerenciais. O maior banco de dados de valor são os subsistemas de Compras de Mercadorias (nacionais e importadas) e de Entradas Fiscais.

O processo de valorização é o mesmo tanto para o estoque final quanto para as saídas do sistema, que se transformam em Consumo de Materiais, normalmente classificados em Consumo de Materiais Diretos (aos produtos) e Consumo de Materiais Indiretos (despesas dos centros de custos).

INTEGRAÇÃO COM OUTROS SUBSISTEMAS

Além de receber os dados dos sistemas de compras, entradas fiscais, recebimento físico e controle de estoques, os dados desse subsistema são exportados para os sistemas de contabilidade (Figura 20.3).

20.7 ESTOQUES DE PRODUTOS EM PROCESSO E CUSTO DA PRODUÇÃO ACABADA: EMPRESAS INDUSTRIAIS

É o estoque mais complexo de uma empresa. Como consequência, isso traz também bastante complexidade para a coleta dos dados físicos dos estoques, bem como para mensuração do valor destes.

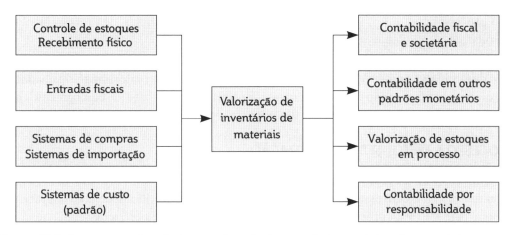

Figura 20.3 Integração do subsistema de valorização de inventários de materiais e outros subsistemas.

O estoque em processo representa a fábrica trabalhando. O valor do estoque em processo é consequência dos valores das requisições de materiais mais todos os gastos periódicos de fabricação, debitados às fabricas. Os gastos de fabricação adicionados aos materiais são os gastos de:

a) mão de obra direta;

b) mão de obra indireta fabril (de chefia e dos setores de apoio à fábrica);

c) despesas gerais dos departamentos fabris;

d) depreciação dos imobilizados fabris;

e) amortização dos intangíveis fabris.

Esse estoque também é denominado Produção em Andamento, Produção em Elaboração ou Produção Inacabada.

O fato de estar em processo e inacabado indica que podemos ter na fábrica produtos, partes de produtos ou itens que estão sendo trabalhados ainda no início do processo – nas primeiras fases do processo fabril –, bem como itens que estão sendo trabalhados no final do processo – em suas últimas fases de processo fabril.

O produto é dado como pronto quando *todas as fases*, inclusive embalagem e etiquetas, estiverem sendo concluídas, e o produto estiver disponível para ser entregue ao cliente. Nesse momento, passa a figurar no estoque de Produtos Acabados ou, como alguns denominam, estoque de Expedição.

RELEVÂNCIA DO ESTOQUE EM PROCESSO

Em muitas empresas industriais esse estoque não é relevante. Normalmente, são empresas cujos produtos finais têm um processo de fabricação muito rápido, transformando as matérias-primas e componentes em produtos acabados em espaços de tempo muito curtos, como minutos, horas ou, no máximo, dias. Exemplos desse tipo de empresa são empresas com processos contínuos, tais como indústrias químicas, de bebidas, de processamento de petróleo, de componentes plásticos etc.

Empresas que têm produtos fabricados por encomenda ou cujos produtos demandam longo ciclo de fabricação tendem a apresentar estoques em processo com valores significativamente relevantes. Como exemplo podemos citar as indústrias naval, de base, de equipamentos para usinas, de máquinas, de tratores e veículos especiais, aeronáutica etc.

PROCESSO E MÉTODO DE VALORIZAÇÃO

Falaremos do processo de valorização desse estoque com enfoque primário da legislação fiscal e comercial. Outrossim, os mesmos critérios devem ser utilizados para valorizar esse estoque para outros padrões monetários ou a custos padrões ou preços de venda, quando a empresa julgar necessário.

A legislação exige como método de custeio para os estoques em processo o *método do custo por absorção histórico*. Nesse método, os estoques são valorizados pelo custo industrial, compreendendo os custos diretos e indiretos.

Assim, o processo de valorização seguirá o método de custeio por absorção. Como o custeio por absorção compõe-se de quatro partes (materiais, custo direto de fabricação, custo indireto de fabricação e depreciação), estas deverão ter um tratamento diferenciado, nas condições que assim forem necessárias.

CRITÉRIO DE VALORIZAÇÃO E CUSTO HISTÓRICO DO PROCESSO

Adotado um critério de custo – PEPS ou preço médio ponderado –, a questão volta-se para atender à necessidade legal do custo histórico como base de valor.

Tendo em vista que o ciclo de fabricação de muitos produtos pode ser longo, a obtenção do custo histórico pode trazer alguma complexidade de obtenção. Isso deve-se à própria natureza desse estoque.

Em linhas gerais, isso significa que cada item de estoque, quando adentrado no processo produtivo – unitariamente ou em lote –, deve ter seu custo calculado de forma distinta de uma nova entrada no processo desse mesmo item. Em outras palavras, o custo de fabricação de um item ou lote do item adentrado num mês deve ter um custo diferente do mesmo item ou lote adentrado no mês seguinte, mesmo que, posteriormente, os dois itens ou os dois lotes fiquem física e conjuntamente estocados.

O mesmo dá-se com o custo de fabricação. Uma hora de um centro de custo aplicada em determinado item de estoque ou lote, em um mês, pode ser diferente de outra quantidade de tempo aplicada, até no mesmo item ou lote, no mês seguinte. Assim, é necessário acumular para o mesmo item de estoque, às vezes, horas do mesmo centro de custo com valores diferentes, por terem sido aplicadas em períodos diferentes.

OBTENÇÃO DOS DADOS FÍSICOS

Por serem estoques inacabados, além da quantidade em estoque, o outro dado para o processo de valorização é o estágio de fabricação em que está o item, parte ou produto. Em geral, o processo de fabricação consta de um roteiro de fabricação, que é construído pela engenharia de fábrica ou engenharia de processos.

Dentro do processo de fabricação constam todos os processos ou fases por que passa o item, parte do produto ou o produto. O estágio de fabricação significa a fase em que está o item de estoque, no momento em que está sendo inventariado.

Além das partes individuais dos produtos, existem também os conjuntos e subconjuntos em processo de montagem. Podem ser vários processos de montagem – várias fases – e isso determina também um estágio de fabricação.

Dessa maneira, os dados físicos necessários para identificar itens estocados na produção em processo são:

a) quantidade em estoque – obtida pelo subsistema de Controle de Estoque em Processo (da fábrica);
b) identificar se o item de estoque é um item isolado ou um subconjunto, conjunto ou produto em finalização – identificado pelo subsistema de Estrutura do Produto;
c) as fases – os processos – já executados e o estágio em que se encontra cada item de estoque – obtidos pelo subsistema de MRP ou do Controle de Produção;
d) o roteiro de fabricação de cada item de estoque e os centros de custos ou de trabalho executantes das fases – obtidos pelo subsistema de Processo de Fabricação;
e) os equipamentos ou máquinas que efetuam os processos de fabricação – obtidos pelo subsistema de Processo de Fabricação ou chão de fábrica;
f) o tempo de cada fase ou processo – obtido pelo subsistema de Processo de Fabricação ou chão de fábrica.

PROCESSO DE VALORIZAÇÃO – CUSTO DOS MATERIAIS

Independente de o item estar ainda na primeira fase, que é só a retirada do material e a colocação na fábrica, ou de ele estar no processo de finalização do produto, os materiais são valorizados pelo conceito de valor adotado – preço médio ou PEPS – vezes a quantidade constante do estoque e pela quantidade de material utilizada em cada item.

O custo médio do material é obtido pela valorização das requisições de materiais ocorridas no subsistema de Estoque de Materiais, quando da valorização das saídas daquele estoque para o estoque em processo.

PROCESSO DE VALORIZAÇÃO – CUSTO DIRETO DE FABRICAÇÃO

O custo direto de fabricação é a valorização dos esforços de fabricação aplicados aos itens, conjuntos e produtos em elaboração, efetuada pelos departamentos, centros de custos ou centros de trabalhos, que são considerados setores diretos aos produtos finais.

As duas maneiras mais comuns de cálculo são:

a) custo horário direto de fabricação, para produção tipo ordem;
b) custo por unidade de produto final, para produção tipo contínuo.

Para tanto, é necessário calcular o estoque considerando todos os tempos e processos já executados até o estágio em que se encontra cada item de estoque em processo, conforme vimos anteriormente. Na Figura 20.4, representamos uma visão de um processo contínuo, em que mostramos que cada processo pode ter um ou mais centros de custo (departamento, setor, centro de trabalho) executantes de cada fase.

Início do processo	→	Processo 1	→	Processo 2	→	Processo 3	→	Processo 4	→	Finalização
	→	Centro de Custo 1 Executante	→	Centro de Custo 2 Executante	→	Centro de Custo 3 Executante	→	Centro de Custo 4 Executante	→	

Figura 20.4 Visão geral de processos sequenciais na produção em processo.

Dessa maneira, se, por exemplo, um item já tiver com todas as fases executadas até o Processo 3, o valor do estoque será a somatória de:

a) material requisitado do item;

b) custo direto de fabricação do centro de custo 1 × tempo executado do Processo 1;

c) custo direto de fabricação do centro de custo 2 × tempo executado do Processo 2;

d) custo direto de fabricação do centro de custo 3 × tempo executado do Processo 3.

No caso das letras *b*, *c* e *d*, se for custo por processo contínuo, será o custo adicionado às quantidades do produto final que passou pelo processo.

PROCESSO DE VALORIZAÇÃO – CUSTO INDIRETO DE FABRICAÇÃO

Normalmente, o custo indireto de fabricação é obtido pela aplicação de um percentual ou índice sobre o custo direto de fabricação obtido conforme mostramos acima. Esses índices ou percentuais são, em geral, obtidos pelos critérios de absorção ou rateio de custos indiretos, sobrepondo-os em valor aos custos diretos de fabricação.

Se a empresa utilizar o Custo ABC, em vez de custo indireto de fabricação, será aplicado o custo das atividades.

Segue a mesma sequência de cálculo indicada para o custo direto de fabricação.

Dependendo da empresa, toda a depreciação poderá ser considerada como custo indireto de fabricação.

PROCESSO DE VALORIZAÇÃO – DEPRECIAÇÃO

Há dois conceitos de depreciação, para fins de cálculo de estoques:

a) depreciação de equipamentos que permite alocação direta aos produtos e componentes, denominada depreciação direta;

b) depreciação de imobilizados que não permite alocação direta aos produtos e partes, denominada depreciação indireta.

A depreciação dos imobilizados considerada indireta deve fazer parte do custo indireto de fabricação.

A depreciação direta pode ser alocada aos itens inventariados da mesma forma que o custo direto de fabricação, para as fases já executadas segundo os equipamentos utilizados em cada fase, como mostramos na Figura 20.5.

Início do processo	→	Processo 1	→	Processo 2	→	Processo 3	→	Processo 4	→	Finalização
	→	Equipamento 1 Utilizado	→	Equipamento 2 Utilizado	→	Equipamento 3 Utilizado	→	Equipamento 4 Utilizado	→	Finalização

Figura 20.5 Visão geral de processos sequenciais na produção em processo e depreciação.

O subsistema de Controle Patrimonial deverá fornecer o custo da depreciação de cada equipamento, transformando-a em custo por hora de utilização, se for custo por ordem, ou custo por departamento, se for processo contínuo.

PROCESSO DE VALORIZAÇÃO – CUSTO TOTAL

O custo total de um item de estoque em processo é então formado por:

a) Custo dos Materiais Requisitados para o item ou lote deste;
b) Horas Trabalhadas em cada Processo × Custo Direto de Fabricação de cada centro de custo executante, para o item ou lote deste;
c) Percentual de Custo Indireto de Fabricação para cada centro de custo executante;
d) Horas de Equipamento Utilizado × Custo de Depreciação Direta para o item ou lote deste.

EXEMPLO DE CÁLCULO

Tomaremos como exemplo dois lotes de um mesmo componente fabricado, só que em estágios diferentes de produção.

Dados da Estrutura do Produto e do Processo de Fabricação

Material do componente = Aço

Quantidade de matéria-prima por componente = 1 kg

Preço do Material = $ 2,00/kg

Horas por lote de 10 peças: Estágio 2 – 0,4 hora
                              Estágio 3 – 2 horas

Custos Horários =   do Departamento 2 – $ 30,00/hora*
                     do Departamento 3 – $ 25,00/hora*
                     de Máquinas   – $ 80,00/hora

* Custos Diretos + Custos Indiretos de Fabricação

Cálculos:

Lote A – Na Fase 2 – 10 peças

10 peças × 1 kg × $ 2,00 =	$ 20,00	– Materiais
0,4 h × $ 30,00 =	12,00	– Custo de Fabricação
0,4 h × $ 80,00 =	32,00	– Depreciação
Custo de Inventário do Lote	$ 64,00	
Custo por Peça na fase 2	6,40	

Lote B – Na Fase 3 – 10 peças

10 peças × 1 kg × $ 2,00 =	$ 20,00	– Materiais
0,4 h × $ 30,00 =	12,00	– Custo de Fabricação – Estágio 2
2,0 h × $ 25,00 =	50,00	– Custo de Fabricação – Estágio 3
2,4 h × $ 80,00 =	192,00	– Depreciação – Fases 2 e 3
Custo de Inventário do Lote	$ 274,00	
Custo por Peça na fase 3	27,40	

CUSTO DA PRODUÇÃO ACABADA

Quando da conclusão do produto final, após a última fase, este deverá ser encaminhado para o subsistema de Controle de Estoques de Produtos Acabados. Fundamentalmente, o processo de valorização concluído pelo subsistema de Valorização de Inventário em Processo é que será carregado para estoque de acabados.

Assim, o custo da produção acabada, que é o final da valorização dos estoques em processo, é a entrada no sistema de valorização de estoques acabados.

INTEGRAÇÃO COM OUTROS SUBSISTEMAS

Esse subsistema recebe dados físicos e quantitativos dos diversos sistemas de apoio à fábrica, quais sejam, MRP, Chão de Fábrica, Estrutura do Produto, Processo de Fabricação, Controle de Estoques de Produção em Processo.

Após isso, há o processo de valorização, obtido com dados do setor de Folha de Pagamento, como as horas, para obtenção do custo horário, mais os dados das despesas para elaboração do custo de fabricação e dados das depreciações obtidos pelo subsistema de Controle Patrimonial.

Fundamentalmente, o subsistema de valorização de inventários em processo exporta suas informações para as diversas áreas da contabilidade.

A Figura 20.6 esquematiza essas integrações.

20.8 ESTOQUE DE SERVIÇOS EM PROCESSO E CUSTO DOS SERVIÇOS ACABADOS: EMPRESAS DE SERVIÇOS ESTOCÁVEIS

Determinados empreendimentos de serviços, notadamente industriais, devem estocar e valorizar serviços em andamento. São serviços estocáveis, tais como industrialização (cromeação, niquelamento etc.), serviços de usinagem, serviços de montagem industrial etc.

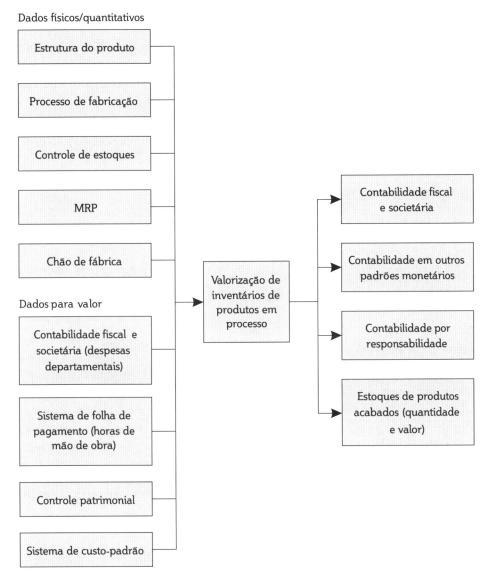

Figura 20.6 Integração do subsistema de valorização de inventários de produtos em processo e outros subsistemas.

Todos os procedimentos indicados para a valorização de estoques de materiais e em processo devem ser aplicados de forma similar para os serviços industriais estocáveis.

20.9 ESTOQUE DE PRODUTOS ACABADOS E CUSTO DOS PRODUTOS VENDIDOS: EMPRESAS INDUSTRIAIS

Concluído o processo produtivo, os produtos finais são encaminhados para o estoque de expedição ou produtos acabados. Fundamentalmente, não há valorização adicional, pois esta deverá ter sido feita pelo último estágio concluído no processo.

PROCESSO DE VALORIZAÇÃO

O processo de valorização normalmente é feito junto com o inventário de produção em processo. Se a empresa trabalha com o conceito de custo por ordem, cada unidade de produto ou lote de produção sairá do processo totalmente valorizado e por esse valor será estocado. Posteriormente, será considerado como custo do produto vendido.

Se a empresa opera num sistema de produção contínua, o estoque de unidades acabadas recebe o mesmo custeio do estoque das unidades produzidas no processo, pelo critério de unidades equivalentes de produção.

INTEGRAÇÃO COM OUTROS SUBSISTEMAS

A Figura 20.7 representa as principais integrações desse subsistema.

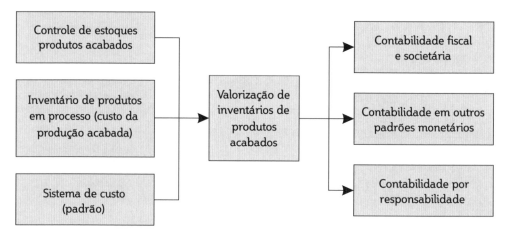

Figura 20.7 Integração do subsistema de valorização de inventários de produtos acabados e outros subsistemas.

20.10 INFORMAÇÕES E RELATÓRIOS GERADOS

As principais informações geradas pelo Subsistema de Inventário são:

a) valor dos estoques finais de mercadorias ou materiais, produtos em processo e produtos acabados;

b) valor das movimentações ocorridas nos estoques e entre os estoques, sendo as principais a valorização das requisições dos materiais, o custo da produção acabada e o custo dos produtos vendidos;

c) apresentação dos estoques finais e das movimentações em diversos padrões monetários ou a diversos tipos de valor em moeda corrente, como custo padrão, preços de venda, preços de mercado etc.;

d) as informações desses subsistemas são, em geral, destinadas aos demais subsistemas de contabilidade (Societária/Fiscal, Outros Padrões Monetários, por Responsabilidade).

Os principais livros ou registros desse subsistema são:

a) Livro de Inventário, para todos os estabelecimentos da empresa, segundo os critérios determinados pela legislação;
b) Contabilização do Custo Integrado e Coordenado com a Contabilidade Fiscal e Societária;
c) Livro de Inventário Auxiliar para Correção Monetária Integral, quando feito pela empresa.

20.11 RESUMO E VISÃO GERAL: SISTEMA DE CUSTOS CONTÁBIL NO ERP

O objetivo fundamental do sistema de custos contábil é atender as práticas contábeis de avaliação dos estoques de materiais e estoques industriais, bem como atender às necessidades fiscais de custo integrado e coordenado.

Esse sistema também deve utilizar duas estruturas básicas de informações quantitativas: a estrutura dos produtos e os roteiros de fabricação. A acumulação dos dados nesse sistema dá-se pela introdução de outro subsistema, o sistema de ordens de produção, e é articulado por outro módulo ou subsistema do ERP, denominado MRP, que é gerido pelo setor de Planejamento e Controle da Produção (PCP).

Outros sistemas que apoiam o MRP são os sistemas de chão de fábrica, os sistemas de apontamento das horas trabalhadas, os sistemas de *kanban*, administração das restrições e *just-in-time*.

MRP

As seguidas evoluções de TI permitiram a incorporação de outras necessidades e estruturas de informações e hoje temos o MRP – II que tem como denominação *Manufacturing Resource Planning* (Planejamento dos Recursos da Manufatura). Portanto, hoje o *software* do MRP contempla também a administração dos equipamentos fabris, dos roteiros de fabricação, das estruturas dos produtos e articula-se com o sistema de ordens de fabricação. Dessa maneira, esse sistema faz parte do conjunto de sistemas que estruturam o sistema de custos contábil.

O sistema é abastecido pelo programa de produção ou de venda, onde constam as quantidades de produtos finais a serem obtidos ao final do processo, para cada período considerado (dia, semana, mês). Esse acionamento é denominado também de programa mestre de produção ou venda. Será o programa de venda se houver estoques de produtos acabados a serem considerados. Será o programa de produção se não for considerado a quantidade de estoques de produtos acabados ou esses não existirem.

O sistema lê a estrutura do produto e o roteiro de fabricação e identifica todos os itens que devem ser produzidos para o programa de produção para aquele período, com os seus respectivos tempos de fabricação e *lead times*, dias em estoque de segurança etc., bem como as fases e os equipamentos a serem utilizados para cada item, até o produto final.

O sistema também lê os estoques de materiais, para verificar se há estoques suficientes para o programa de produção do período e as necessidades adicionais de materiais para todos os itens. Lê também os estoques de produção em andamento e produtos acabados, considerando os eventuais estoques existentes na fábrica desses itens.

Como objetivo final do sistema, ele emite ordens de compras e ordens de produção. As ordens de compra vão para o setor de suprimentos, que, por sua vez, dá o seguimento do processo por meio das cotações e da colocação de pedidos nas quantidades necessárias. As ordens de produção vão para o PCP e fábrica, para a produção de cada item do produto, a montagem dos subconjuntos e conjuntos, até a conclusão do lote dos produtos finais.

Estrutura do sistema de custos contábil

A Figura 20.8 mostra a estrutura básica do sistema de custos contábil dentro de um sistema integrado de gestão.

O sistema deve apurar o custo dos materiais e o custo de fabricação. No caso do custo contábil, não é necessariamente a apuração do custo unitário, mas, o mais comum, é, primeiro, a apuração do custo do lote de fabricação, para depois se obter o custo unitário.

Para os materiais, o MRP lê a estrutura de produto de cada item sendo produzido, em conjunto com a quantidade do lote de produção, e valoriza os materiais pelo custo médio de aquisição, normalmente o custo médio ponderado, que é o mais utilizado no Brasil. Por se tratar de custo contábil, os dados do custo médio ponderado constam do estoque de materiais, que, por sua vez, é abastecido pelo sistema de recebimento fiscal, onde se escrituram e contabilizam as notas fiscais de entradas de materiais e a movimentação do estoque de materiais. O próprio MRP faz as movimentações e valorizações e já acumula os valores obtidos na ordem de produção aberta para cada item.

O custeamento do roteiro de fabricação segue um procedimento similar. O MRP lê os roteiros da fabricação e suas fases, onde consta o tempo necessário para cada fase e carrega na ordem de produção. Ao final do mês, o setor de contabilidade de custos apura o custo horário de fabricação de cada departamento ou setor direto constante dos roteiros (que deve incluir todos os custos indiretos) e insere no sistema de custos contábil. Assim, o sistema de custos contábil multiplica o tempo das fases pelo valor dos custos horários de fabricação e acumulada também na mesma ordem de produção do item sendo fabricado.

Esse processo segue todas as fases do roteiro do item, e as acumulações vão acontecendo nas ordens de produção. Ao final do mês existirão ordens de produção de itens que ainda não estão concluídas, que serão inventariadas como produção em processo (*WIP – Work in Process*) pelo valor total constante na ordem. Os itens que foram concluídos terão sua ordem de fabricação fechada, e o valor final da ordem será transformado em custo unitário de produtos acabados, que serão contabilizadas como estoque de produtos acabados.

Portanto, o sistema de custos contábil tem a preocupação exclusiva de obter o valor dos estoques industriais de produção em processo e produtos acabados para fins de avaliação dos estoques para o encerramento das demonstrações contábeis.

O sistema de custos contábil dentro de um ERP pressupõe o conceito de custo integrado e coordenado com a contabilidade. Assim, os valores a serem utilizados e as quantidades a serem obtidas devem constar dos demais subsistemas do ERP.

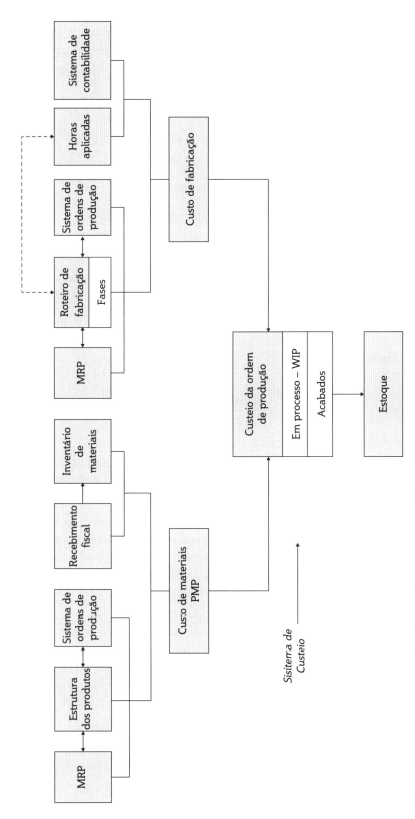

Figura 20.8 Organização do sistema de custos contábil no ERP.

Cálculo básico dos materiais e custo de fabricação

O cálculo básico dos materiais é a apuração do custo de aquisição, normalmente o médio. A comprovação de integração da movimentação e custo dos materiais se dá por:

a) utilização do custo real/histórico/médio obtido pelo recebimento fiscal e controle de materiais;
b) as requisições de materiais de cada componente ou produto final para cada ordem de produção por meio do MRP e controle de estoque.

O cálculo básico do custo de fabricação compreende:

a) o custo horário de fabricação dos setores de mão de obra direta;
b) a absorção dos custos indiretos de fabricação, geral ou por fábrica, também denominado absorção do *over head*;
c) a absorção dos custos da depreciação contábil (não é necessário, para fins contábeis, a separação entre depreciação direta e indireta, podendo todos os custos de depreciação serem considerados indiretos).

O critério mais utilizado pela maioria dos ERPS para obtenção do custo horário de fabricação tem a seguinte fórmula:

$$\text{Custo Horário de Fabricação} = \frac{\text{Gastos Reais Departamentais}}{\text{Horas constantes dos roteiros}}$$

Esse critério tem sido utilizado para evitar a necessidade de apuração dos tempos realmente utilizados em cada fase do roteiro, que, para muitas empresas, é bastante trabalhoso e dificultoso.

Esse critério parte da premissa de que as horas previstas ou padrão constantes dos roteiros serão efetivamente realizadas. Assim, ao final do mês, o MRP e o sistema de custos contábil acumula todas as horas-padrão dos roteiros, dos itens que foram produzidos no mês, para cada departamento ou setor direto. Dessa maneira, obtém-se o custo horário médio por departamento ou setor direto, desconsiderando as horas pagas, trabalhadas ou realmente realizadas, ficando apenas com as horas previstas.

Esse é o elemento fundamental para diferenciação dos diversos custos aplicados aos diversos itens e produtos finais, o que satisfaz a legislação. Esse critério não considera tempos perdidos em retrabalhos e ociosidades, partindo da premissa da eficiência completa da fábrica. Por considerar como numerador o valor dos gastos reais, esse critério qualifica-se como integrado e coordenado com a contabilidade e facilita sobremaneira a avaliação do custo horário de fabricação.

21

Subsistema de Gestão de Tributos

A base para a existência desse subsistema está na grande quantidade de impostos, taxas e contribuições existentes no país. As bases de cálculo e as formas de tributação também apresentam-se de muitas maneiras.

Adicionam-se a esses fatores as inúmeras possibilidades de exceções tributárias, como isenções, suspensões, não incidências, não tributações etc., o que torna necessário um detalhamento eficaz dos tipos de bases de cálculo (despesas, receitas, resultados, saídas, entradas etc.), de modo a permitir um gerenciamento eficaz dos impostos gerados pela empresa, buscando a otimização e a redução do impacto financeiro ocasionado por eles.

Complementarmente, as necessidades informacionais do Balanço Social têm exigido acuracidade nas informações dos impostos e contribuições geradas pela empresa.

Em linhas gerais, e tendo em vista a magnitude mais comum para as empresas, podemos seccionar esse subsistema em quatro grandes blocos de informações, considerando os diversos tipos de impostos e contribuições:

a) impostos e contribuições sobre mercadorias;
b) impostos e contribuições sobre o lucro;
c) contribuições sobre folha de pagamento;
d) outros impostos, taxas e contribuições.

21.1 OBJETIVOS DO SUBSISTEMA DE GESTÃO DE TRIBUTOS

O principal objetivo desse subsistema é apresentar as informações relativas às bases de cálculo sobre as quais os impostos foram gerados e, também, quais as bases de cálculo que normalmente seriam objeto de tributação, mas que, pelas exceções tributárias, não tiveram a incidência dos impostos, taxas e contribuições.

Os objetivos principais são os seguintes:

a) informar as bases de cálculo de incidência dos tributos;
b) informar as exceções das bases de cálculo dos tributos;
c) permitir a gestão operacional dos tributos, na busca do impacto mínimo para a empresa;
d) permitir a visão do impacto dos tributos sobre todos os estabelecimentos da empresa, e das empresas do grupo corporativo;
e) possibilitar o acompanhamento sistemático dos impostos a recuperar, dos créditos tributários pendentes (regulares e contenciosos) e dos impostos parcelados;
f) dar as informações para o Balanço Social.

21.2 ATRIBUTOS E FUNÇÕES

A principal função do administrador desse subsistema é identificar com clareza e precisão as informações relevantes que serão utilizadas pelos usuários das saídas desse subsistema. A importância dessa função está em que as informações geradas pelo subsistema, após coleta e processamento dos dados de outros subsistemas, devem estar no grau adequado de síntese.

Apresentar todas as bases de cálculo resultará em relatórios longos, que dificultarão o processo de gestão. Sintetização em demasia não permitirá uma gestão adequada. Há que se fazer uma condensação suficiente para a tomada de decisão e a ação.

21.3 OPERACIONALIDADES DO SISTEMA

Operacionalidade básica é a alimentação automática do sistema. Como o volume de informações geradas sobre os impostos é muito grande, esse subsistema deve ter na integração e no interfaceamento abrangente sua principal operacionalidade.

Outra operacionalidade é um processo inteligente de indexação e cálculo de juros moratórios, tendo em vista que os tributos podem ser objeto de recuperação por vários períodos, ao mesmo tempo que nos casos de parcelamento de tributos os pagamentos sofrem o processo de adição de juros e multas pela postergação do vencimento.

21.4 INTEGRAÇÕES COM OUTROS SUBSISTEMAS

O subsistema, em suas quatro grandes áreas, deve ser totalmente integrado com os sistemas operacionais ou contábeis que geram as informações de base de cálculo ou exceções da base de cálculo, bem como dos valores recolhidos, a recolher ou a recuperar.

Apresentamos na Figura 21.1 as integrações com os outros subsistemas, para as quatro áreas desse subsistema.

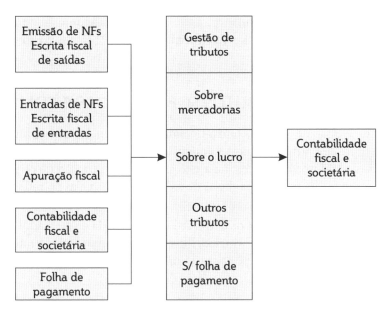

Figura 21.1 Integração do subsistema de gestão de tributos e outros subsistemas.

21.5 INFORMAÇÕES E RELATÓRIOS GERADOS

Deverá sair um relatório para cada tributo importante. O relatório deve conter em linhas gerais as seguintes informações sobre cada tributo:

a) principais bases de incidência dos impostos;
b) principais bases de não incidência dos impostos;
c) tipos de movimentação mais relevantes (entradas, compras, importações, exportações, transferências, remessas, despesas operacionais, receitas operacionais, receitas financeiras etc.);
d) prazos de recolhimento, indexador legal, se existir, prazo de entrega das guias ou declarações;
e) alíquotas básicas para as movimentações mais relevantes;
f) valor dos impostos: debitados, creditados, aproveitados, postergados, diferidos, a recuperar etc.

Os principais impostos, atualmente, que devem merecer relatórios e análises específicas sao:

a) sobre mercadorias: IPI, ICMS, ISS, PIS, Cofins, Imposto de Importação, Imposto de Exportação, Simples;
b) sobre o lucro: Imposto de Renda, Contribuição Social, IR Retido na Fonte sobre Juros Sobre o Capital Próprio, Lucro Presumido;
c) sobre a folha de pagamento: INSS, FGTS, Sesi/Senai/Sest, Seguro-Acidente etc.;
d) outros impostos: IR nas Remessas para o Exterior, Imposto sobre Operações Financeiras (IOF), Imposto/Contribuição sobre Movimentação Financeira, IR Retido

na Fonte sobre Aplicações Financeiras, INSS sobre autônomos, Imposto Territorial Rural (ITR), Imposto Predial e Territorial Urbano (IPTU), Imposto sobre Veículos Automotores (IPVA) etc.

21.6 APURAÇÃO DOS TRIBUTOS SOBRE VENDAS E COMPRAS

O sistema de Gestão de Tributos tem a finalidade de gerenciar e otimizar a carta tributária geral da empresa. Outrossim, no tocante principalmente aos impostos de transações com mercadorias, produtos e serviços, há a necessidade da apuração dos tributos gerados pelas vendas e receitas e os tributos passíveis de crédito gerados pelas entradas e compras de mercadorias e serviços.

Esse sistema é que permite gerar os livros de entrada e saída de mercadorias, bem como a apuração fiscal dos impostos IPI, ICMS, ISS, PIS e Cofins e também dos tributos envolvidos pelo Simples, para as empresas que aí se enquadram. Existem casas de *softwares* especializadas em fornecer esse tipo de sistema.

21.7 ESCRITURAÇÃO ELETRÔNICA E COMUNICAÇÃO

É importante ressaltar que o sistema de apuração dos tributos sobre vendas e compras deve compreender as operacionalidades de transferência automática e eletrônica para os órgãos governamentais. Como exemplo podemos citar a obrigatoriedade do envio eletrônico às secretarias de fazenda estaduais das informações do Sistema Integrado de Informações sobre Operações Interestaduais com Mercadorias e Serviços (SINTEGRA).

A partir de janeiro de 2008, o Convênio ICMS-143 de 15/12/06, aprovado no Estado de São Paulo pelo Decreto nº 51.436, de 28-12-06, instituiu a Escrituração Fiscal Digital (EFD), que irá substituir a escrituração e impressão dos seguintes livros:

1. Registro de Entradas.
2. Registro de Saídas.
3. Registro de Inventário.
4. Registro de Apuração do IPI.
5. Registro de Apuração do ICMS.

Pelo Ato COTEPE 82/06 foi baixado o Manual de Orientação do Leiaute da Escrituração Fiscal Digital (EFD).

21.8 AMPLITUDE DO SISTEMA DE GESTÃO TRIBUTÁRIA

A complexidade do sistema tributário brasileiro tem exigido das empresas atenção cada vez maior para essa questão, sempre no sentido de otimizar a carga tributária das empresas e do grupo corporativo.

A Figura 21.2 mostra a expansão das necessidades tributárias dentro do sistema de informação de gestão tributária.[1]

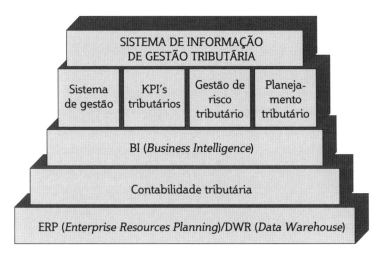

Figura 21.2 Componentes do Sistema de Informação de Gestão Tributária.

Além do próprio sistema de gestão tributária que já exploramos, o sistema também deveria ter um conjunto de indicadores de desempenho – KPIs tributários (*Key Performance Indicators*) –, para o processo de acompanhamento dos procedimentos de todos os envolvidos na apuração e gestão tributária.

Os riscos identificados provenientes de decisões administrativas sobre tributos (decisões de adotar regimes tributários, de adotar procedimentos de créditos ou não de tributos das transações etc.), que podem envolver riscos futuros decorrentes de interpretações diferentes dos agentes governamentais fiscalizadores, devem ser mensurados e monitorados nesse subsistema.

O subsistema de planejamento tributário tem como finalidade identificar as alternativas de adoção de regimes ou situações tributárias possíveis, mensurando seus impactos financeiros e monitorando quando essas alternativas de planejamento tributário podem ser adotadas.

Em termos de estrutura de tecnologia de informação, o sistema de gestão tributária utiliza dados dos módulos de subsistemas operacionais do ERP e, em conjunto com os eventos mensurados na contabilidade tributária, encaminha esses dados e informações para um sistema de apoio, como o *Business Intelligence*, preenchendo os dados do sistema de informação de gestão tributária.

---

[1] Extraído de NAZARETH, Luiz Gustavo Camarano. *Controladoria Tributária*: uma contribuição para a estruturação do sistema de gestão de tributos. 2018. Tese (Doutorado em Administração) – Universidade Metodista de Piracicaba, Piracicaba, 2018.

Subsistemas de Análise Financeira e de Balanço

Esses subsistemas têm sido apresentados dentro do próprio subsistema de Contabilidade Geral, ou, quando isso não é possível, por meio de subsistemas operacionalizados por planilhas eletrônicas.

O importante é a sistematização desse tipo de análise, pois é a ferramenta principal de análise da Contabilidade Gerencial, de cunho de gestão global da companhia.

Como são necessárias as análises financeira e de balanço, tanto para dados em moeda corrente, como para dados em outras moedas, entendemos necessário um subsistema específico, que permita integridade, flexibilidade e operacionalização ao longo do tempo. Esse subsistema deve ter características próximas de um DSS – sistema de suporte à decisão.

Dentro do subsistema de Análise Financeira, consideramos necessário:

a) Fluxo de Caixa;
b) Demonstração das Origens e Aplicações dos Recursos;
c) Demonstração das Movimentações do Capital e dos Investimentos.

Dentro do subsistema de Análise de Balanço, consideramos necessário:

a) Análise Vertical e Horizontal;
b) Indicadores de Análise de Balanço;
c) Análise de Rentabilidade;
d) Análise de Valor Patrimonial e das Ações;
e) Análise de Valor da Empresa.

22.1 OBJETIVOS DO SUBSISTEMA DE ANÁLISE FINANCEIRA E DE BALANÇO

Os objetivos são os seguintes:

a) permitir uma visão geral da empresa, para avaliação de sua solidez, capacidade de pagamento, liquidez financeira e adequação da rentabilidade;
b) permitir uma análise de tendência de todos os indicadores;
c) permitir uma visão do potencial da empresa, em termos de fluxo futuro de lucros e caixa;
d) permitir uma avaliação constante do valor da empresa, para acompanhamento de sua imagem no mercado financeiro e de investimentos.

22.2 ATRIBUTOS E FUNÇÕES

A função desse sistema é possibilitar o monitoramento da empresa vista de seu conjunto patrimonial e de resultados, em relação aos diversos mercados em que ela atua.

As atribuições da administração do sistema estão ligadas ao questionamento constante da validade dos indicadores e ao processo de adaptação desses indicadores, relatórios, conceitos de avaliação em cima das mudanças ocorridas dentro da empresa e dos mercados de investimento, bem como das tendências teóricas financeiras de avaliação de empreendimentos negociais.

22.3 OPERACIONALIDADES DO SISTEMA

Esses subsistemas têm como referencial operacional um enorme grau de flexibilidade no tratamento matemático das informações. Como os dados do sistema são, em geral, de natureza sintética e permanentemente significativos ao longo do tempo, por sua generalidade, o trabalho com muitos períodos é interessante.

QUANTIDADE DE PERÍODOS PASSADOS

Pela natureza financeira das informações, é desejável que os dados desses sistemas estejam disponíveis por muitos anos. Assim, os movimentos mensais de 20 ou 30 anos atrás, se existirem, devem ser incorporados aos sistemas e mantidos.

PERÍODOS FUTUROS

Deve haver flexibilidade para incorporação de períodos futuros, como os períodos já constantes das projeções e dos planos orçamentários. O subsistema deve permitir base para utilização desses períodos na forma de simulação.

PROCESSO REGENERATIVO E DE INDEXAÇÃO

Por trabalhar com análises em mais de uma moeda, é necessária a operacionalidade de se reformular todo o banco de dados, quando variações abruptas ou outras ocorrências com as moedas acontecerem.

Deve haver facilidade e flexibilidade para transformação em outros padrões monetários, com todo o banco de dados dos períodos passados e futuros.

FORMATAÇÃO DE CÁLCULOS

Esses sistemas têm características de DSS e de planilhas eletrônicas. As facilidades desses aplicativos, em termos de formatação e interação de cálculos, devem constar destes subsistemas.

ANÁLISE TENDENCIAL

Em complemento ao tópico anterior, recursos de métodos estatísticos, pelo menos os mais simples e usuais, devem fazer parte desses subsistemas. Como exemplo, podemos citar as ferramentas de análise de regressão linear, desvio-padrão, ponto de equilíbrio etc.

22.4 INTEGRAÇÕES COM OUTROS SUBSISTEMAS

Fundamentalmente, esses subsistemas são decorrentes das contabilidades geral e em outros padrões monetários (Figura 22.1).

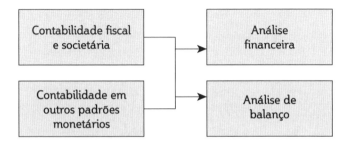

Figura 22.1 Integração dos subsistemas de análise financeira e de balanço e outros subsistemas.

22.5 INFORMAÇÕES E RELATÓRIOS GERADOS

Os principais relatórios gerados são:

a) Demonstração do Fluxo de Caixa;
b) Demonstração das Origens e Aplicações de Recursos;
c) Demonstração das Movimentações de Capital;
d) Análise do Balanço Patrimonial;
e) Análise da Demonstração de Resultados;
f) Painel de Indicadores;
g) Avaliação da Empresa.

As informações constantes dos relatórios seriam:

a) valores absolutos em várias moedas;
b) avaliações percentuais;
c) indicadores específicos e inter-relacionados;
d) indicadores de potencial etc.

Subsistema de Orçamento

Podemos dizer que o sistema de Orçamento é um prolongamento do sistema de Contabilidade Geral (Fiscal e Societária). Em princípio, todas as informações constantes do sistema contábil devem compor o orçamento.

Dentro desse conceito, à Contabilidade Geral soma-se o Orçamento, e esse conjunto de subsistemas trabalha as informações contábeis de forma integrada, em três módulos, em relação à temporaneidade da informação contábil: informações contábeis do passado, informações contábeis do presente e informações contábeis do futuro, onde estão as informações do orçamento (Figura 23.1).

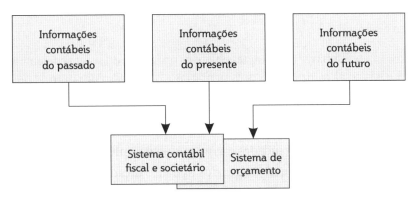

Figura 23.1 Sistema contábil e sistema orçamentário e aspecto temporal das informações.

Em termos de concepção, o sistema orçamentário é bastante simples, já que reproduz as estruturas do sistema de Contabilidade Geral. O motivo básico para isso é a necessidade do aspecto de controle do sistema orçamentário, que é a análise das variações. Para executá-la, é necessário o confronto dos dados orçados com os dados reais, e estes estão na Contabilidade Geral.

Nada impediria a construção de um sistema orçamentário separado modularmente do sistema de contabilidade geral. Dado, contudo, a necessidade de interfaces de grande abrangência que exigem os dois segmentos do sistema de informação contábil, parece-nos que essa opção não é a mais indicada.

23.1 OBJETIVOS DO SUBSISTEMA DE ORÇAMENTO

O objetivo básico do Subsistema de Informações de Orçamento é cumprir o Plano Orçamentário, que decorre do Plano Operacional. Nesse sentido, o plano orçamentário é a resultante da etapa do processo de gestão denominada planejamento operacional, que canaliza as diretrizes operacionais para a etapa de Programação. O Orçamento é uma parte da Programação Operacional, juntamente com outros segmentos da programação, como programa de produção, programa de investimentos etc.

É importante ressaltar que o processo de orçamento dentro de uma empresa não se limita às informações inseridas no sistema. O processo orçamentário é longo e exige uma integração funcional e sinérgica muito grande, em todas as áreas da empresa. O subsistema orçamentário é apenas a resultante final de um processo muito abrangente e participativo, que inclui:

- análises do ambiente;
- leitura e construção de cenários;
- programação e atribuição de responsabilidades;
- definição de programas operacionais e conceitos de gestão;
- definição de objetivos gerais e departamentais para o próximo ano;
- disseminação da informação contábil e o conceito de controle adotado;
- evidenciação do orçamento como instrumento de avaliação de desempenho, específico e setorial etc.

Podemos, então, alinhavar os seguintes objetivos principais do sistema orçamentário, tendo como enfoque básico as informações orçamentárias e o processo de controle orçamentário:

a) executar o plano orçamentário da empresa;
b) pré-orçar e orçar o que deve acontecer;
c) administrar as responsabilidades e a integração das informações;
d) programar, calcular e contabilizar todos os dados orçados;
e) efetuar o controle orçamentário.

23.2 ATRIBUTOS E FUNÇÕES

Boa parte das atribuições do administrador do sistema orçamentário é interligada com o processo orçamentário.

O processo orçamentário compreende:

a) estruturação das fases do processo orçamentário e elaboração do cronograma do processo;
b) definição dos procedimentos, responsabilidades e tarefas a serem executadas durante o processo;
c) incorporação dos objetivos da alta administração no programa orçamentário.

As principais funções do responsável pelo sistema orçamentário são:

a) definição da metodologia de orçamento e critérios de inserção dos dados orçamentários no sistema de informação;
b) revisão dos conceitos de classificação das despesas e receitas;
c) revisão ou elaboração do manual de contabilização das despesas e receitas;
d) definição dos métodos e critérios de valorização, tais como: que moeda(s) utilizar, critérios de indexação (se necessário), tabelas das projeções dos indicadores de variação de preços, índices de quantificação ou dados gerais de volumes de venda e produção etc.

As bases que direcionam os cálculos e a introdução dos lançamentos contábeis no sistema orçamentário, além do balanço e do demonstrativo de resultados, são duas:

a) hierarquia funcional e departamentalização da empresa, que indica a estrutura de centros de custos e despesas;
b) identificação, definição e planificação contábil das receitas dos produtos e mercados da empresa.

As atribuições e funções depois da implantação do orçamento ligam-se ao conceito de controle orçamentário, que são:

a) análise das variações orçamentárias, entre o orçado e o real;
b) verificação de responsabilidades, identificação dos ajustes necessários e relatório mensal de avaliação orçamentária.

23.3 SEGMENTOS DO ORÇAMENTO

Os segmentos do Plano Orçamentário são:

a) Orçamento Operacional;
b) Orçamento de Investimentos e Financiamento;
c) Orçamento de Caixa e Projeções dos Demonstrativos Contábeis Básicos.

No Orçamento Operacional é que está a maior quantidade de trabalho do processo orçamentário, pois nele estão as principais peças orçamentárias que atendem à base dos departamentos operacionais da companhia.

Os outros dois segmentos são elaborados em conjunto com a alta administração, e poucas pessoas dentro da empresa participam e têm responsabilidade sobre eles, ficando sua elaboração restrita, normalmente, às áreas de Diretoria e Gerências de Finanças e de Controladoria.

23.4 PRINCIPAIS PEÇAS ORÇAMENTÁRIAS

ORÇAMENTO DE VENDAS

É o principal orçamento e determina todos os demais. Trabalha com as seguintes principais variáveis:

a) identificação dos produtos da empresa;
b) identificação dos principais mercados para o produto;
c) identificação e definição dos sistemas de financiamento das vendas para os diversos produtos e mercados;
d) identificação e definição dos prazos para os sistemas de financiamento;
e) orçamento de quantidades para os produtos, mercados e sistemas de financiamentos;
f) preços unitários de venda para os produtos, mercados e sistemas de financiamentos;
g) definição das taxas de juros para os sistemas de financiamento;
h) impostos incidentes sobre as vendas para os produtos e mercados.

Utiliza os seguintes outros sistemas empresariais:

a) carteira de encomendas;
b) previsão de vendas;
c) acompanhamento do negócio.

ORÇAMENTO DE PRODUÇÃO

Fundamentalmente, é um orçamento quantitativo. É necessário para os orçamentos de compra e consumo de materiais, e para auxiliar o plano de estruturação da logística e avaliação em termos de capacidade dos recursos fabris e de mão de obra.

Um dos pontos-chave desse orçamento é identificar os produtos a serem produzidos. Para isso, é necessário relacionar os produtos a serem vendidos, obtidos no orçamento de vendas, com os processos executados para produzir o produto.

Muitas empresas vendem o mesmo produto, para seus diversos mercados, obtido de formas diferenciadas. Parte dos produtos é manufaturada internamente com determinadas atividades, e parte dos produtos é obtida através de manufatura por terceiros, ou seja, por outro processo.

Produtos elaborados parcial ou integralmente dentro da empresa têm um programa de produção específico e, consequentemente, processos e materiais específicos. Produtos obtidos integralmente de terceiros têm outra programação específica, notadamente com processos de compra particulares.

Utiliza os seguintes outros sistemas operacionais e de informações:

a) orçamento de vendas;
b) sistema de estoque de produtos acabados;
c) orçamento de estoque de produtos acabados (que decorre da política de estocagem).

ESTUDO DE CAPACIDADE E LOGÍSTICA

Feito o orçamento de produção, as atenções voltam-se para dentro do sistema empresa, para avaliação da capacidade dos recursos para atender à produção orçada. Nessa etapa do processo orçamentário, verifica-se se os recursos atuais da empresa estão alinhados com os objetivos do programa produtivo. Em linhas gerais, os seguintes aspectos são observados:

a) estudo da capacidade de produção do parque industrial (se é necessária a aquisição de mais equipamentos);
b) estudo da capacidade de produção da mão de obra direta (se é capaz de absorver a produção ou se há necessidade de contratação de mais mão de obra);
c) estudo da capacidade dos imóveis de absorver os eventuais aumentos de recursos de equipamentos e mão de obra;
d) estudo da capacidade dos setores de apoio à produção e à comercialização, em termos de mão de obra, equipamentos ou serviços de terceiros.

ORÇAMENTOS DE MATERIAIS – COMPRAS E CONSUMO

Decorrem do orçamento de quantidades de produção. Trabalham as seguintes variáveis:

a) produtos a serem produzidos, considerando os processos de cada um;
b) quantidade a ser produzida;
c) estrutura de cada produto;
d) tipo de material (matéria-prima, serviços, componentes, importados, embalagem etc.);
e) preço dos materiais;
f) tempos de espera de compras e estocagem;
g) materiais com demanda independente.

Sistemas operacionais integrados e informações utilizadas:

a) MRP e Programa Mestre de Produção;
b) Estoque de Materiais;
c) Sistemas de Compras, para preços;
d) Estrutura do Produto e Processo de Fabricação, para quantidades e tempos de espera;
e) Sistema de Consumo de Materiais para itens com demanda independente (normalmente, para os materiais indiretos).

ORÇAMENTO DE MÃO DE OBRA

Trabalha as seguintes variáveis:

a) quantidade de funcionários por setor;
b) horas de trabalho;
c) salário dos funcionários;
d) outras remunerações dos funcionários (adicionais, comissões etc.);
e) encargos sociais;
f) indicadores e dados de aumento salarial.

Trabalha os seguintes sistemas:

a) Sistema de Folha de Pagamento;
b) Sistema de Contabilidade Fiscal e Societária.

ORÇAMENTO DE DESPESAS GERAIS

É a peça orçamentária que projeta os gastos gerais em despesas departamentais.

Fundamentalmente, trabalha com dados de contabilidade geral, já que os gastos passados, em geral, tendem a servir de base para projetar o futuro.

Trabalha principalmente com os seguintes sistemas:

a) Sistema de Contabilidade Fiscal e Societária;
b) Sistema de Contratos e Terceirizações.

ORÇAMENTO DE DEPRECIAÇÕES

Orça as despesas de depreciações por setor, departamento ou divisão.

O sistema que abastece o sistema Orçamentário é o Sistema de Controle Patrimonial.

ORÇAMENTO DE DESPESAS FINANCEIRAS

Toma como base os financiamentos já existentes e uma previsão dos financiamentos e empréstimos a serem contratados.

O sistema que abastece o sistema Orçamentário é o Sistema de Controle de Financiamentos.

ORÇAMENTO DE INVESTIMENTOS

Tem como fonte o sistema de Gerenciamento e Contabilização de Projetos. Em função de sua enorme relevância para muitas empresas, exploramos no item 23.8 a estruturação de um subsistema específico para esse orçamento.

ORÇAMENTO DE CAIXA E PROJEÇÕES DOS DEMONSTRATIVOS CONTÁBEIS

Esses orçamentos são trabalhados basicamente dentro do sistema de Planejamento Financeiro (Administração do Fluxo de Caixa).

23.5 OPERACIONALIDADES DO SISTEMA

O principal fundamento operacional desse sistema está em fazer que o processo de cálculo e contabilização dos valores orçados seja efetuado de forma o mais automática possível, evitando ao máximo entrada de dados de forma manual. Para tanto, os recursos de geração de relatórios, cálculos e lançamentos automáticos entre os diversos sistemas abastecedores, formas de controle a avaliação, devem ser elementos fundamentais a serem desejados e buscados para esse sistema.

Lembramos que a base do sistema orçamentário é a contabilização das receitas e despesas por produtos e, principalmente, por setores e departamentos (centros de custos). Damos, a seguir, as principais operacionalidades desejadas para esse sistema.

CÁLCULOS AUTOMÁTICOS

Partindo de informações já existentes em outros subsistemas, essa operacionalidade consiste em ativar procedimentos de cálculos, a partir da inclusão de parâmetros de cálculos, em cima das informações já existentes, seja das contas contábeis dos valores reais, seja das contas contábeis com valores orçados de períodos anteriores.

Esses procedimentos podem ser abastecidos por tabelas de indicadores, para indexações, variações desejadas ou de produtividade esperada.

APROPRIAÇÃO DE CÁLCULOS DE PLANILHAS ELETRÔNICAS

É muito comum a preparação de orçamentos com planilhas eletrônicas, pela facilidade de cálculo e simulação. Após o fechamento dos números para o próximo orçamento, esse sistema deve ter grande operacionalidade de apropriação dos dados das planilhas e carregar automaticamente para as peças orçamentárias.[1]

LANÇAMENTOS ORÇAMENTÁRIOS AUTOMÁTICOS

Como exemplo, podemos citar lançamentos de orçamento feitos automaticamente com base em dados já existentes, incorporando ou não elementos de cálculo.

LANÇAMENTOS EM CONTAS SINTÉTICAS

No sistema de Contabilidade Geral, os lançamentos contábeis são efetuados nas contas analíticas. Contudo, num trabalho orçamentário, alguns grupos de contas podem não ter tanta relevância. Assim, o sistema deve conter essa operacionalidade. Ou seja, para fins de orçamento, os lançamentos podem ou não ser feitos direto nas contas sintéticas, independente do nível de hierarquia das contas.

---

[1] Há uma tendência atualmente nas empresas de médio e grande portes que já contam com um ERP, a aquisição de um software específico para o plano orçamentário, para a substituição da utilização de planilhas eletrônicas para o processo de cálculo das peças orçamentárias. Os softwares mais conhecidos em âmbito mundial são Hyperion, Cognos, Profhix etc. Em âmbito nacional podemos citar: Execplan, Kassai, Gesplan, Shysphera, All Strategy etc.

Essa operacionalidade pode economizar diversos lançamentos e simplificar o controle orçamentário.

PROCEDIMENTO DE CORTE

É uma operacionalidade cada vez mais exigida. Normalmente, um sistema tradicional relata as variações orçamentárias com o real. O real pode ser maior ou menor do que o orçado. No caso de ser menor, não há nenhum problema.

Contudo, se os valores realmente forem superiores aos valores orçados, e o responsável pelo orçamento não conseguir recuperar o "estouro" da verba, o orçamento geral da empresa poderá estar comprometido.

Considerando a tecnologia de informação e a possibilidade de controle *real-time*, toda vez que um evento de despesa for suplantar a verba destinada para determinado mês, o sistema orçamentário deverá impedir que a despesa seja efetuada. Chamamos a isso de procedimento de corte. O sistema orçamentário deverá impedir a realização da despesa, quando esta for suplantar a verba destinada para o responsável, dentro daquele período de tempo, normalmente dentro do mês.

A despesa só poderá ser efetuada se, posteriormente, o responsável pelo orçamento liberar verba adicional para o responsável do centro de custo.

Nesse sentido, aplicativos como *workflow* e *alertador* devem ser incorporados ao sistema orçamentário.

Essa operacionalidade deve ser aplicada principalmente para as compras, despesas gerais e requisições internas de materiais.

EMPENHO E REALIZAÇÃO

É outra operacionalidade muito interessante, que deverá ser buscada dentro do possível.

Muitas despesas, antes de serem efetuadas, têm um procedimento anterior de solicitação de compra ou requisição. Assim, o sistema deverá informar, além dos valores orçados, qual a parte do orçamento daquele mês que já está empenhada com solicitações anteriores.

Depois de realizadas, cai o *status* de verba empenhada, para verba realizada.

Em resumo, os valores orçados para um período podem ter os seguintes tipos de verba:

a) verba orçada;
b) verba orçada já empenhada;
c) verba empenhada já realizada;
d) verba orçada já empenhada e a realizar.

ORÇAMENTO AJUSTADO E *FORECAST*

Muitas empresas adotam conceitos adicionais de condução do plano orçamentário. Em termos de sistemas de informações, os mais adotados são:

a) orçamento ajustado: quando a empresa determina mudanças no orçamento original, fazendo alterações nas quantidades e valores, de tal forma que surge um novo orçamento, com novos valores e metas;

b) *forecast*: quando a empresa determina revisões periódicas no orçamento original sem alterar seus valores e quantidades, mas criando uma nova base orçamentário, ou seja, um novo orçamento. Nessa concepção, o orçamento original é denominado de *budget* e o novo orçamento de *forecast*. Nesse conceito, haverá dois orçamentos e a necessidade de duas justificativas ou análise das variações: primeiro com os valores originais (*budget*) e segundo com os valores revistos (*forecast*).

A introdução do conceito de *forecast* exige que o sistema de orçamento tenha a operacionalidade de dois ou mais planos orçamentários no seu banco de dados.

SIMULAÇÃO

Essa operacionalidade é vital para o sistema orçamentário. Após estruturado o sistema orçamentário, com todas as integrações necessárias, dentro da metodologia contábil, esse terá condições de ser também um sistema simulador.

Isso é possível porque todas as peças orçamentárias se integram e são canalizadas para o orçamento das demonstrações contábeis. Dessa maneira, é possível tornar o sistema orçamentário também um sistema simulador, permitindo rapidamente a obtenção dos resultados planejados sob várias condições operacionais e de novos possíveis cenários.

23.6 INTEGRAÇÕES COM OUTROS SUBSISTEMAS

Apresentamos para cada uma das principais peças orçamentárias todos os subsistemas que devem conectar-se com o sistema de orçamento. Apresentamos na Figura 23.2 um esquema que sintetiza essas integrações.

23.7 INFORMAÇÕES E RELATÓRIOS GERADOS

O sistema orçamentário fornece os seguintes relatórios principais:

a) relatório de pré-orçamento;
b) orçamento por centros de custos ou departamentos;
c) orçamento por divisões ou unidades de negócio;
d) orçamento geral da empresa;
e) orçamento original e orçamentos ajustados;
f) orçamento em várias moedas;
g) orçamento consolidado;
h) relatórios de controle orçamentário (real × orçado e análise das variações).

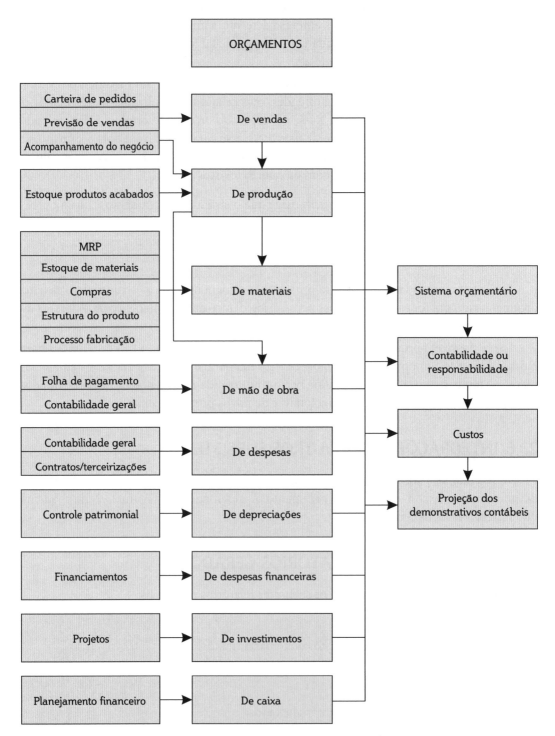

Figura 23.2 Integração do subsistema de orçamento e outros subsistemas.

Além disso, deve fornecer informações para:

a) formação de custo-padrão;
b) formação e/ou análise de preços de venda;
c) planejamento e simulação de resultados;
d) avaliação de projetos e investimentos.

23.8 SISTEMA DE INFORMAÇÃO DE ORÇAMENTO DE INVESTIMENTOS

Para muitas empresas o orçamento de investimento reveste-se de grande envergadura e complexidade, em função do porte da organização e da complexidade de suas operações. Assim, quando essa situação se verifica, é necessário estruturar um subsistema de informação orçamentário específico para o planejamento e orçamento de investimentos.

O orçamento de investimentos compreende os ativos fixos, ou seja, os gastos que serão ativados, como:

a) investimentos em outras empresas;
b) ativos imobilizados;
c) ativos intangíveis.

Esse orçamento exige a elaboração de uma norma de procedimentos específica, onde devem constar os níveis de autoridade, de valor, informações e justificativas necessárias etc., dentro de uma estrutura de *workflow*. A Figura 23.3 mostra como esse subsistema deve ser estruturado.

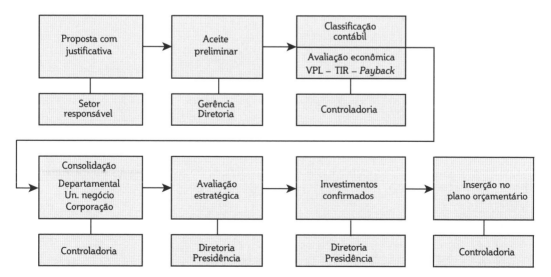

Figura 23.3 Subsistema de orçamento de investimentos – fluxo de sistema de informações.

O fluxo do sistema inicia-se com a solicitação de um funcionário que tem autorização no sistema para fazer a proposta de solicitação de aquisição de um investimento. Neste momento, em função de valor, tipo de investimento etc., a norma prevê se deverá haver uma justificativa econômica ou simplesmente uma justificativa qualitativa.

Em seguida, por meio do *workflow*, a proposta segue para aprovação preliminar do gestor superior hierárquico. A próxima etapa, fundamental e de responsabilidade da contabilidade ou controladoria, é a classificação contábil, uma vez que determinados investimentos poderão ser considerados despesas e não serem ativados, como reformas, manutenções, bens de pequeno valor etc. Nessa mesma etapa o setor de contabilidade ou controladoria fará a verificação da avaliação econômica, se foi feita de forma adequada.

Em seguida, o sistema emite relatórios consolidadores, para indicar e classificar as propostas feitas pelas diversas áreas da empresa, para a etapa seguinte, a avaliação estratégica, uma vez que nem todas as propostas de investimentos serão aceitas pela diretoria ou presidência da empresa.

A etapa final, a mais simples, é a inserção no plano orçamentário dos investimentos aprovados e confirmados, finalizando o processo para aquele período orçamentário.

24

Subsistema de Custos Gerencial e Preços de Venda

Abordaremos neste capítulo o subsistema de Custos com o enfoque gerencial. O enfoque de custos para inventário, que denominamos de Custo Contábil, foi apreciado no Capítulo 20. O complemento do sistema de custo gerencial são os sistemas de formação e gestão de preços de venda.

Não tem sido muito comum a formatação de sistemas de custos de forma genérica, para ser utilizado em qualquer empresa. O sistema de Custos, bem como o sistema de Contabilidade por Responsabilidade, que veremos no próximo capítulo, são dois dos sistemas gerenciais de contabilidade em que se tem muita dificuldade de generalização, dado que cada empresa tem seu modo particular de operar suas divisões, bem como de traduzir em sistema seu entendimento de custos.

A razão dessa dificuldade de generalização com relação a custos está exatamente nos diversos métodos que a ciência contábil desenvolveu para custear um produto. A polêmica entre o custeio variável e o custeio por absorção ainda hoje permanece como uma das grandes polêmicas não resolvidas na contabilidade gerencial.[1]

De qualquer maneira, apresentaremos as linhas gerais para a formatação de um sistema de custos gerencial, sempre com o enfoque de integração dos demais subsistemas empresariais.

24.1 OBJETIVOS DO SUBSISTEMA DE CUSTOS

O principal objetivo de um sistema de custos gerencial é apurar os custos unitários dos produtos e serviços produzidos pela empresa para formação do preço de venda. Além dos custos unitários dos produtos e serviços, há também a possibilidade do custo unitário de outros objetos de custos, como, por exemplo, o custo das atividades.

---

[1] Ainda assim, *softwares* como o MyABCM e outros têm condições de ajudar nesse processo de generalização.

Partindo da apuração do custo unitário de produtos ou objetos de custos, o sistema deve estar preparado para gerar e fornecer informações e relatórios para um leque de informações para análise de custos.

Dessa maneira, em linhas gerais, os objetivos do subsistema de custo gerencial e preços de venda devem estar alinhados para providenciar informações para tomada de decisão sobre:

a) custo unitário dos produtos e atividades;
b) custo por ordem de trabalho;
c) custo para formação de preços de venda;
d) análises de custos;
e) análise de rentabilidade de produtos;
f) listas de preços;
g) acompanhamento de preços de venda formados e praticados;
h) custo-padrão e análise das variações;
i) acompanhamento das variações de preços dos insumos etc.

24.2 ATRIBUTOS E FUNÇÕES

O principal atributo do administrador do sistema de Custos é definir os conceitos de acumulação, mensuração e formatos de cálculo dos valores a serem incorporados e organizados pelo sistema.

CUSTO POR ORDEM OU PROCESSO

Primeiramente, em função do sistema produtivo e dos produtos fabricados, escolher o sistema de acumulação básico, entre:

a) sistema de acumulação de custos por ordem de fabricação;
b) sistema de acumulação de custos por processo ou produção contínua.

O sistema por ordem é efetuado normalmente para produtos não seriados, sob encomenda, e a base de acumulação são os custos reais da encomenda ou lote de encomenda.

O sistema por processo é efetuado para produtos em linha de montagem ou produção contínua, e a base de acumulação são os gastos departamentais por onde passam os produtos fabricados em série ou em processo contínuo.

CUSTEIO POR ABSORÇÃO OU CUSTEIO VARIÁVEL

Com relação ao método, há que se definir se a empresa usará o método de custeamento unitário dos produtos, que pode ser:

a) custeio por absorção, que inclui os custos diretos/variáveis, e absorve, por meio de rateio ou critérios de alocação, os custos indiretos/fixos. O método de custeamento por atividades enquadra-se como custeio por absorção;

b) custeio variável ou também chamado de custeio direto, que só considera os custos variáveis ou diretos, não havendo rateios ou alocações. Nesse método, enquadra-se o custeio variável oriundo da Teoria das Restrições.

FORMATO DOS CÁLCULOS

Nessa atribuição, incluem-se as definições de critérios de rateio, se utilizáveis, bem como o critério de acumulação dos dados dos direcionadores de atividades, se utilizado o Custeio ABC.

Além disso, outros critérios de cálculo, como os necessários para formação dos diversos *mark-ups*, serão utilizados para a formação de preços de venda com base em custo.

DEFINIÇÃO DOS PADRÕES

A definição dos conceitos, critérios e procedimentos para formatação do custo-padrão é um atributo da administração do sistema de custo. Inclui tanto os padrões de preço quanto os padrões de quantidade.

24.3 OPERACIONALIDADES DO SISTEMA

As operacionalidades principais exigidas desse sistema são a rapidez e a flexibilidade necessárias para reunir as informações de custo para o processo decisório. Como o processo decisório sobre custos e preços de venda tem uma dinâmica própria, o sistema em geral não se caracteriza por procedimentos de cálculo e consulta de forma estática.

Além disso, pela própria característica de velocidade com que acontece a realização dos negócios, diversas necessidades são geradas no dia-a-dia, exigindo do sistema essa flexibilidade que estamos salientando.

Ressaltamos também algumas outras operacionalidades.

INTEGRAÇÃO PARA ANÁLISE

É necessária uma perfeita integração com diversos outros subsistemas. Como o sistema deve permitir análises com bastante grau de detalhe, as integrações com alguns sistemas, como compras, engenharia, processo, faturamento, devem ser abrangentes e completas.

APURAÇÃO POR OBJETOS DE CUSTOS

A linha mestra do sistema é a apuração de custo unitário de produtos. Contudo, ele deve estar aberto para outras apurações, que denominamos de objetos de custos. Citamos como exemplo:

a) custo por ordem de trabalho (ordem de serviço, ordem de execução);
b) custo por lote de fabricação;
c) custo por partes e peças;
d) custo por conjuntos, normais e opcionais;

e) custo de configuração de produtos;
f) custo por processos;
g) custo por setor ou departamento etc.

GERAÇÃO DE LISTAS DE PREÇOS

Procedimentos automáticos para geração e correção de lista de preços baseadas em custo unitário. Muito utilizada para peças de reposição.

ANÁLISE DAS VARIAÇÕES

O sistema, em sua totalidade, deve trabalhar com as diversas opções de preços dos insumos de produção, constantes de outros subsistemas empresariais, como:

a) preços reais;
b) preços padrões;
c) preços de reposição.

Com isso, a operacionalidade da análise das variações entre os dados reais e os dados padrões, tanto em preços como em quantidade, deve fazer parte do sistema.

AVALIAÇÃO GERAL DA EFICIÊNCIA

Esse procedimento relaciona-se com um processo sistemático de reunir informações quantitativas e de valor, oriundo dos dados dos custos unitários dos produtos. Em outras palavras, é um processo retroativo de coleta e acumulação de informações.

Associando as quantidades esperadas para execução de determinados processos, podemos efetuar análises comparativas com os dados realmente acontecidos e avaliar a eficiência dos diversos componentes formadores do custo.

24.4 INTEGRAÇÕES COM OUTROS SUBSISTEMAS

APURAÇÃO DOS CUSTOS UNITÁRIOS

Para apuração dos custos unitários dos produtos e objetos de custos, as informações quantitativas são canalizadas dos dois principais sistemas abastecedores de custos:

a) estrutura de produtos;
b) processo de fabricação.

A estrutura de produtos fornece a composição dos produtos e as quantidades de matérias-primas, componentes e materiais de embalagens necessárias.

O processo de fabricação fornece os tempos necessários para a execução das diversas fases do roteiro de fabricação, os departamentos ou setores que a executam e os equipamentos que são necessários para a execução das fases.

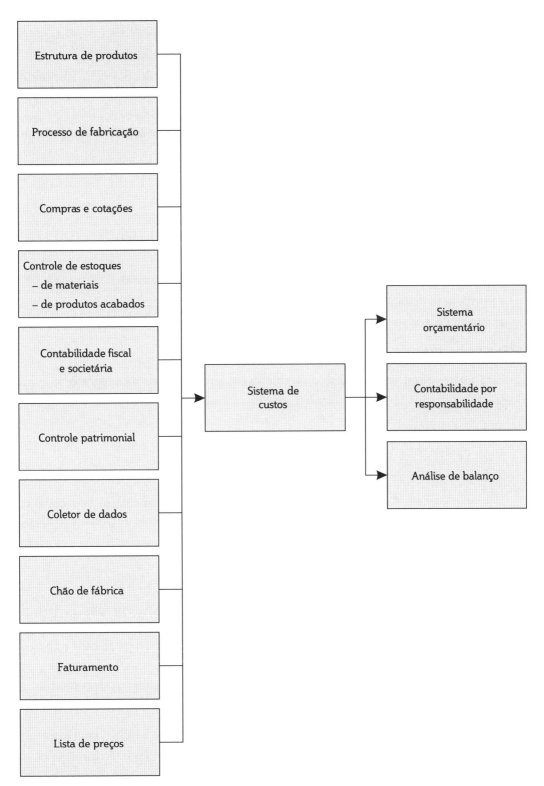

Figura 24.1 Integração do subsistema de custos e outros subsistemas.

Para os valores, os principais sistemas abastecedores são os seguintes:

a) sistema de compras e cotações (para valorização dos materiais);
b) sistema de contabilidade fiscal e societária (para valorização dos custos de fabricação); eventualmente, para valorização do custo horário de mão de obra, utiliza-se o sistema de folha de pagamento;
c) sistema de controle patrimonial (para valorização das depreciações dos equipamentos diretos).

ACUMULAÇÃO DOS GASTOS POR ORDEM DE TRABALHO

Para essas informações, os sistemas utilizados são:

a) coletor eletrônico de dados da fábrica (para as horas trabalhadas);
b) chão de fábrica (para as fases trabalhadas);
c) controle de estoque de materiais (para as requisições de materiais);
d) inventário de materiais (para o custeamento dos materiais);
e) contabilidade societária e fiscal (para o custeamento do custo de fabricação).

ANÁLISES DE CUSTOS E RENTABILIDADE DE PRODUTOS

Para a parte gerencial de análise, os seguintes sistemas fornecem as integrações:

a) faturamento;
b) lista de preços;
c) compras e cotações;
d) estoque de produtos acabados.

Informações desse sistema são importantes para o sistema Orçamentário, bem como são fundamentais para estabelecimento de diretrizes e conceitos no sistema de Contabilidade por Responsabilidade.

24.5 INFORMAÇÕES E RELATÓRIOS GERADOS

Em princípio, poucos relatórios fixos são gerados por esse sistema. Por sua característica de ser um sistema de auxílio ao processo decisório, as informações geradas são constantes de relatórios de cunho especial, gerados e formatados de maneira diferente a cada estudo ou análise solicitada.

Alguns relatórios tendem, contudo, a ser gerados de forma rotineira, tais como:

a) Custo Unitário dos Produtos;
b) Comparação entre Preços de Venda Praticados × Preços de Venda Calculados;
c) Levantamento de Custo das Ordens de Trabalho, no Custeio por Ordem;
d) Custo de Fabricação por Setor ou Departamento, no Custeio por Processo;
e) Análise das Variações entre o Custo-padrão e o Custo Real.

24.6 RESUMO E VISÃO GERAL DO SISTEMA DE CUSTO GERENCIAL

A Figura 24.2 apresenta a estrutura básica para organização do sistema de custos gerencial. Os objetivos básicos do sistema de custos gerencial são:

a) apurar o custo unitário de uma unidade de cada produto ou serviço da empresa, para formação do preço de venda e análise de rentabilidade;
b) mensurar o custo unitário com valores atuais em nível de reposição, ou com valores orçados ou padronizados;
c) permitir trabalhar com simulações de forma prospectiva e não reativa.

Não é objetivo central do sistema de custos gerencial apurar o custo real de produção, tanto em nível unitário quanto em nível total de lotes de produção.

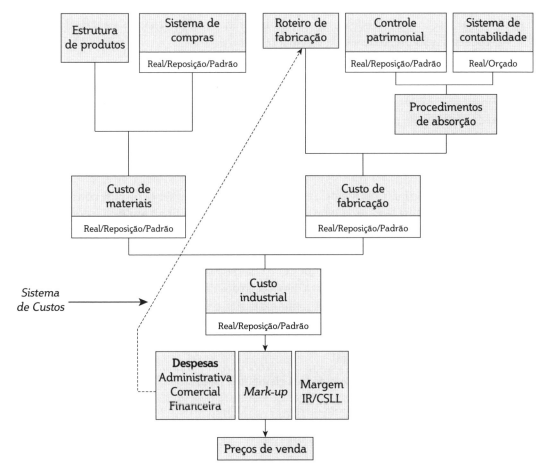

Figura 24.2 Organização do sistema de custo gerencial.

O referencial para o custeamento unitário de produtos e serviços sempre parte da estrutura do produto e do processo ou roteiro de fabricação ou execução. Assim, são três estruturas básicas de informação e conceituação:

a) a estrutura dos produtos e serviços, para apuração do custo dos materiais;

b) o processo ou roteiros de fabricação ou execução, para apuração do custo da mão de obra direta e da depreciação direta;

c) os conceitos de alocação dos custos indiretos, que podem ou não serem utilizados, dependendo do método adotado.

Após a obtenção do custo de produção (custo industrial na indústria, custo do serviço em serviços), conclui-se o processo com a formação de preços de venda. Nessa etapa, as informações necessárias e os conceitos são:

a) identificação e determinação da margem de lucro desejada;

b) identificação do impacto dos tributos sobre o lucro (imposto de renda e contribuição social sobre o lucro);

c) determinação do nível de capacidade de produção;

d) identificação do nível de despesas administrativas, comerciais e financeiras a serem cobertas pelo preço de venda calculado.

A utilização do conceito de multiplicador (*Mark-up*) é o critério mais utilizado para a formação de preço de venda a partir do custo. Ele resume, num índice matemático, o percentual necessário para que o preço de venda cubra o custo industrial, as despesas e dê a margem desejada. Pode também ser utilizado o conceito de divisor. O *Mark-up* será estudado no Capítulo 13.

Custo dos materiais

O custo dos materiais é obtido pela estrutura do produto ou serviço, onde constam todos os materiais necessários para cada item ou produto ou serviço final, multiplicado pelos preços de compra, a serem obtidos no sistema de compras ou por inserção, se for custo-padrão.

Assim, o valor dos materiais de cada produto ou serviço, no sistema de custo gerencial, pode ser tanto o custo-padrão como pode ser o custo de reposição. Se a empresa decide por essas duas formas de mensuração, haverá a duplicação dos dados no sistema de custos gerencial. O custo de reposição é um custo real. Em muitos casos, o último preço de compra é também o custo de reposição. Em nosso entendimento, isto é recomendável e só auxilia a gestão.

Custo de fabricação ou produção

O custo de fabricação compreende três elementos de custo:

a) o custo da mão de obra direta ou dos setores diretos, denominado de custo direto de fabricação;

b) o custo da depreciação direta;

c) a alocação (absorção, apropriação, distribuição ou rateio) dos custos indiretos de fabricação.

As informações quantitativas para o custeamento direto – mão de obra direta e depreciação direta – encontram-se no módulo do roteiro de fabricação ou execução. Ali estão os tempos necessários para cada fase ou estágio de produção para cada item ou produto ou serviço final.

Os valores são obtidos em outros dois subsistemas:

a) a depreciação dos equipamentos diretos (equipamentos constantes nos roteiros de fabricação) pode ser obtida no sistema de controle patrimonial;
b) o custo horário da mão de obra direta e setores diretos é obtido no sistema de contabilidade;
c) os procedimentos de absorção são elaborados também a partir do sistema de contabilidade.

As formas de custeio também podem ser as seguintes:

a) podem ser inseridos no sistema, para fins do custo-padrão;
b) podem ser obtidos mensalmente na contabilidade para o custo de reposição real, desde que considerando uma capacidade de produção com estabilidade;
c) podem ser obtidos periodicamente no sistema de orçamento, que pode ser utilizado tanto para estruturar os padrões quanto para aplicação em termos de custo de reposição.

As duas formas mais recomendadas são o custo-padrão e os dados obtidos a partir do sistema orçamentário.

Custo total e formação do preço de venda

A soma do custo dos materiais e do custo de fabricação ou produção dá o custo industrial unitário de cada produto e serviço. Com isso, aplicando-se o *Mark-up* determinado, obtém-se o preço de venda a partir do custo.

A obtenção do preço de venda a partir do custo unitário não quer dizer que ele será aplicado efetivamente. O preço de venda formado a partir do custo é um preço-parâmetro. A partir dele, a empresa irá fazer estudos de mercado, para determinar o melhor preço a ser praticado para todos os produtos e serviços, de forma a alcançar a rentabilidade do investimento.

24.7 SISTEMAS DE PRECIFICAÇÃO ESTRATÉGICA (*PRICING*)

A metodologia considerada clássica e provavelmente a mais estudada para formação do preço dos produtos e serviços é aquela que parte do custeamento unitário dos produtos e serviços e, a partir deles, fazer o preço de venda que cobre, além do custo de produção, também os gastos administrativos, comerciais e financeiros, e dê a margem de lucro desejada.

Contudo, essa abordagem baseada em custos pode impedir a captura de uma melhor rentabilidade, uma vez que é possível que alguns segmentos de clientes estejam dispostos a pagar um preço maior pelos produtos e serviços, porque veem neles um *valor subjetivo, de utilidade*, que os estimulam a aceitar um preço maior.

Dessa maneira, a ciência da administração de marketing desenvolveu o conceito de precificação de produtos e serviços, denominada genericamente pelo inglês "*pricing*", com o objetivo de identificar o máximo de preço que determinados clientes estariam dispostos a pagar por um determinado produto ou serviço e fazer o preço de venda com esse fundamento mercadológico.

A metodologia do *pricing* não toma como referência o custo unitário dos produtos e serviços, mas sim, outros conceitos mercadológicos e econômicos, como valor percebido pelo cliente, disponibilidade para pagar, segmentação, diferenciação, utilidade etc. Outro aspecto fundamental no *pricing* é a *utilização intensiva da ciência da psicologia* do consumidor, sempre com o objetivo de identificar, antecipadamente, as preferências do consumidor, como eles se comportam e reagem em relação aos produtos e seus respectivos preços no momento da compra.

O objetivo do *pricing* é obter o preço de venda dos produtos e serviços que satisfaça os dois lados da negociação, o vendedor e o consumidor, e que ambos saiam ganhando: o consumidor porque se sente bem em pagar pelo preço do produto ou serviço, e o vendedor (a empresa), que obtém a máxima rentabilidade na transação.

Assim, o modelo geral da precificação é partir dos clientes para obter o valor que esses estariam dispostos a pagar, e não partir dos custos para formar preços de venda.

Podemos definir precificação como o conjunto de atividades ou processos de atribuir preços aos produtos e serviços tendo como base referencial o valor percebido pelos clientes, mais do que em custos de produção e comercialização, para obtenção da maior rentabilidade da empresa.

É também importante reconhecer que os efeitos das estratégias de precificação são diferentes para os diversos produtos e serviços. Para os produtos e serviços caracterizados como *commodities*[2] os efeitos das estratégias de precificação são quase nulos, ou muito baixos.

Sistemas de Informação

A precificação é um processo exógeno, ou seja, vem de fora para dentro, vem dos clientes e do mercado. Portanto, há a necessidade de estruturação dos sistemas de informações necessários para manter a estrutura organizacional da precificação.

Sistemas de informação de captura de dados do mercado e dos clientes

Além das pesquisas de mercado que se fazem necessárias, as empresas podem estruturar sistemas de informações da sua própria base de clientes, e, em seguida, aplicar métodos estatísticos para detectar os comportamentos básicos dos consumidores de seus produtos.

Exemplos de aplicativos de tecnologia de informação já desenvolvidos para esse tipo de análise são:

a) DW – *Data Warehouse* (armazém de dados);
b) BI – *Business Intelligence* (inteligência nos negócios);
c) DM – *Data Mining* (mineração de dados);
d) RN – Redes Neurais;

---

[2] *Commodities* (mercadoria em inglês) podem ser definidas como mercadorias que são produzidos em larga escala e comercializadas em nível mundial.

e) IA – Inteligência Artificial;

f) *Big data* (grande armazém de dados).

As empresas de TI, IBM, Microsoft, SAP e Oracle, fornecem programas de gestão para mais de 10.000 varejistas no mundo capazes de armazenar o histórico de vendas diário de cada loja nos últimos meses, bem como analisar e gerenciar os dados obtidos. Outros *softwares* registram o histórico de vendas e cálculo de preços para diferentes regiões de acordo com o poder aquisitivo do consumidor local etc.

Softwares para gestão diária dos preços de venda

Para a gestão diária ou mensal dos preços de venda, a empresa deve estruturar sistemas de informações que permitam alterar a todo instante as variações de preços de venda que se fazem necessárias para a gestão dos mercados, produtos e da rentabilidade.

Dependendo do porte da organização e do mercado que atua, do tipo de produto, é possível que um sistema estruturado em Excel seja suficiente, como no caso de indústrias de produtos em que não há necessidade de gestão diária de preços de venda. Porém, para organizações de grande porte, com centenas de pontos de venda em regiões diferentes, de grande variedade de produtos e de grande consumo, como empresas de redes varejistas, haverá a necessidade de desenvolver *softwares* específicos para gestão diária dos preços de venda.

Esses *softwares* devem conter todos os produtos à disposição dos pontos de venda, o estoque existente, o período de validade dos estoques, tanto por perecibilidade quanto por obsolescência comercial, a possibilidade ou não de remanejamento de estoques etc., de tal forma que a todo instante, em tempo real, se saiba o resultado de cada transação em cada ponto de venda, o lucro obtido em cada transação e a possibilidade de alterar os preços em função das ofertas dos concorrentes e das pressões dos consumidores. Denominamos esse tipo de *software* de "*mesa de precificação*", que deve ter uma equipe para sua administração e operação.

25

Subsistema de Contabilidade por Responsabilidade

Junto com o subsistema de Custos, este é o subsistema contábil gerencial por excelência. Definimos Contabilidade por Responsabilidade como toda informação contábil que tem como objetivo apresentar a contabilidade para segmentos da empresa onde exista um responsável por determinados custos e receitas. É também denominada Contabilidade Divisional.

As principais maneiras de segmentar a empresa por responsabilidade partem da estrutura hierárquica da empresa. Assim, os principais centros de responsabilidade são:

a) Centros de Custos ou Centros de Despesas;
b) Atividades;
c) Centros de Lucros;
d) Centros de Investimentos ou Unidades de Negócios.

Para cada uma dessas divisões da empresa, há um responsável hierárquico. A Contabilidade por Responsabilidade objetiva dar, a cada responsável, as informações contábeis do segmento da empresa que ele administra.

25.1 OBJETIVOS DO SUBSISTEMA DE CONTABILIDADE POR RESPONSABILIDADE

O objetivo desse subsistema é identificar e separar as informações contábeis, dentro do sistema de Contabilidade Geral, para cada um dos responsáveis por alguma área de responsabilidade dentro da companhia.

A área de responsabilidade pode ser um setor, um departamento, uma filial, uma divisão ou uma unidade de negócio.

Os objetivos são:

a) apurar os custos e despesas *controláveis* de cada segmento da empresa sob comando de um responsável;
b) apurar o resultado (lucro ou prejuízo), de cada filial, centro de lucro, divisão ou unidade de negócio da empresa;
c) avaliar o retorno do investimento de cada centro de responsabilidade;
d) avaliar o desempenho dos gestores de cada centro de responsabilidade.

25.2 ATRIBUTOS E FUNÇÕES

Identicamente ao sistema de Custos, esse sistema tende a ser específico para cada empresa, pois depende da visão que a empresa tem de seus negócios e, por conseguinte, das necessidades informacionais para gerir os diversos segmentos de negócios ou áreas da empresa.

Isto dá um caráter de conceitualidade muito grande para o sistema, exigindo do administrador um conhecimento profundo, tanto da empresa, como dos modelos de decisão, mensuração e informação a serem identificados e construídos para operacionalizar o sistema.

Outro ponto forte desse subsistema é a identificação das transferências de produtos e serviços entre as atividades e os centros de resultados.

As principais atribuições do administrador desse sistema são:

a) identificação das áreas de responsabilidade e dos centros de resultados em que se deve segmentar a empresa. Para tanto, há que se fazer um estudo entre produtos, negócios e áreas geradoras de resultado dentro da empresa, que podem ser físicas ou apenas virtuais;
b) definição dos conceitos de mensuração a serem aplicados;
c) definição do sistema de transferência entre os centros de resultado e as atividades, incluindo os critérios de mensuração para os preços de transferência;
d) definição do momento das transferências (momento da produção, momento da venda, transferência pós-deduzida (*backflushing transfer*);
e) definição dos procedimentos gerais do fluxo de informações entre os centros de resultados ou atividades segmentadas no sistema.

25.3 OPERACIONALIDADES DO SISTEMA

A principal operacionalidade esperada para esse sistema consiste no máximo aproveitamento que se pode ter dos dados dos demais sistemas de informação operacionais e de apoio à gestão da empresa.

Esse sistema tem como base critérios de mensuração diferentes em relação aos já existentes nos demais sistemas da empresa.

25.4 INTEGRAÇÕES COM OUTROS SUBSISTEMAS

Os subsistemas do Quadro 25.1 enviam informações para o sistema de Contabilidade por Responsabilidade.

Quadro 25.1 Informações e sistemas abastecedores.

Informações	Sistemas abastecedores
• Transferências entre Atividades ou Centros de Lucros	Sistema de Entradas
	Sistema de Saídas
	Controle dos Estoques (Materiais em Processo e Produtos Acabados)
• Receitas	Sistema de Saídas (Vendas dos Produtos por Área de Responsabilidade)
• Custo da Produção Acabada	Estoque em Processo
• Custo dos Produtos e Serviços Vendidos	Estoque em Processo e Estoque de Produtos Acabados
• Consumo de Materiais	Estoque de Materiais
• Despesas Gerais	Contabilidade Fiscal e Societária
• Outras Receitas e Despesas (Financeiras, Não Operacionais etc.)	Contabilidade Fiscal e Societária
• Depreciações por Atividades ou Centros de Investimentos	Controle Patrimonial
• Investimentos por Área de Responsabilidade	Controle Patrimonial
• Transferências Pós-deduzidas	Sistema de Custos
	Controle dos Estoques

Informações do sistema de Contabilidade por Responsabilidade são utilizadas para subsídios para o sistema Orçamentário, bem como auxiliam o processo de custo-padrão, formação de preços de venda e análise de rentabilidade de produtos por divisões (Figura 25.1).

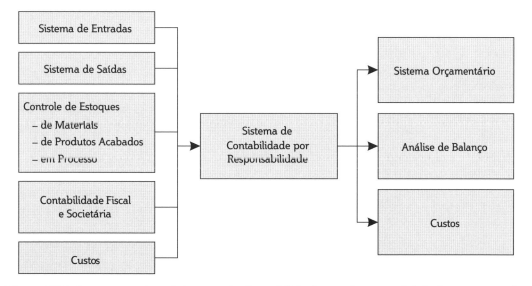

Figura 25.1 Integração do subsistema de Contabilidade por Responsabilidade e outros subsistemas.

25.5 INFORMAÇÕES E RELATÓRIOS GERADOS

Os relatórios gerados pelo sistema de Contabilidade por Responsabilidade mais comuns são relatórios tradicionais de contabilidade, obviamente seguindo a orientação de apresentação de informações de responsabilidade apenas de cada segmento da empresa. Os principais relatórios são:

a) Demonstração de Resultados por atividade ou centro de lucro;
b) Balanço Patrimonial por atividade ou centro de lucro;
c) Receitas e Despesas por filial;
d) Despesas por centro de custos ou despesas;
e) Análise de Rentabilidade por centro de investimento etc.

26

Controladoria Estratégica e Subsistema de Acompanhamento do Negócio

A participação da controladoria no planejamento estratégico das corporações é considerada elemento fundamental do processo de gestão, subsidiando os gestores nas tomadas de decisões e suprindo o processo estratégico com sistemas de informações. A atuação da controladoria estratégica influencia o processo decisório da corporação, fornecendo subsídios para as decisões estratégicas a serem tomadas.

Segundo Mosimann et al. (1993), para apoio à estratégia, a controladoria, como administradora do sistema de informações econômico-financeiras da organização, deve interpretar o impacto econômico de possíveis eventos de natureza empresarial. Tais eventos são extraídos de projeções de cenários nos quais a corporação está inserida, devendo considerar seus pontos fortes e fracos.

Neste sentido, a controladoria estratégica deverá ter a capacidade de captação de informações provenientes do ambiente externo, para as quais será considerada, em paralelo, a análise dos pontos fortes e fracos da corporação, resultando em diretrizes estratégicas a serem traçadas.

26.1 INFORMAÇÕES DE CONTROLADORIA ESTRATÉGICA

Exemplos de informações que devem ser geradas pela controladoria estratégica em uma corporação são:

a) custos e rentabilidade dos produtos dos competidores;
b) informações sobre o processo de gestão de preços dos competidores;
c) capacidade produtiva dos concorrentes;
d) satisfação dos clientes em relação à concorrência;
e) motivos dos negócios perdidos;

f) grau de satisfação dos empregados;
g) imagem da empresa junto aos recrutados e funcionários potenciais;
h) índice de absenteísmo;
i) indicadores de produtividade × produtividade esperada;
j) evolução da qualidade dos fornecedores;
k) capacidade produtiva e saúde financeira dos fornecedores;
l) grau de relacionamento e satisfação com os fornecedores;
m) imagem institucional;
n) impacto na empresa das conjunturas econômica, política e social;
o) indicadores do mercado externo, importações, câmbio etc.;
p) satisfação dos acionistas;
q) avaliação dos cenários;
r) valor da empresa etc.

26.2 SISTEMAS DE INFORMAÇÕES DE CONTROLADORIA ESTRATÉGICA

A estruturação dos sistemas de informações de controladoria estratégica parte da necessidade de adicionar aos sistemas empresariais atuais informações de nível estritamente estratégico. Neste sentido, a controladoria estratégica centra-se na visão da organização como um sistema aberto, pois exerce sua função não somente na identificação dos pontos fortes e fracos da organização, mas também na identificação das ameaças e oportunidades nas quais está inserida.

A estruturação proposta é a integração de quatro subsistemas de informações estratégicas que, em conjunto com os sistemas ERP, BI e DW, formam os sistemas de informações de controladoria estratégica. Esses subsistemas são:

a) cenários empresariais;
b) sistema de informação de acompanhamento do negócio;
c) *balanced scorecard*; e
d) gestão de riscos.

A identificação desses subsistemas é fruto de uma revisão bibliográfica e sua inserção como a responsabilidade da controladoria decorre da própria natureza desses subsistemas, que exigem fortemente a necessidade de mensuração econômica.

A estruturação do modelo parte da premissa de que a organização assume a necessidade de um sistema integrado (ERP), que possua a característica de unir e integrar todos os subsistemas componentes dos sistemas operacionais e dos sistemas de apoio à gestão. A Figura 26.1 apresenta o modelo de estruturação dos sistemas de informações de controladoria estratégica.

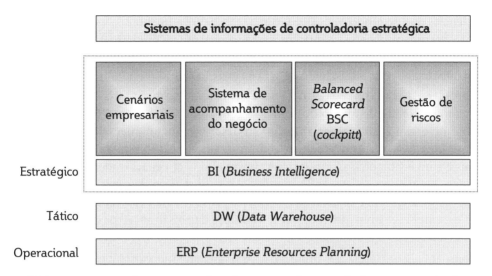

Figura 26.1 Estruturação dos sistemas de informações de controladoria estratégica.[1]

De acordo com o modelo apresentado, o *Data Warehouse* tem como objetivo armazenar todos os dados que são de interesse da média administração, originários dos sistemas operacionais e de apoio à gestão, constantes do ERP, e mesmo de fontes externas à organização.

Após serem armazenados todos os dados pertinentes à organização, eles serão reorganizados no BI, que tem como objetivo oferecer as informações produzidas a partir do tratamento de grandes volumes de dados que se encontram no *Data Warehouse*. Os dados assim que inseridos nos sistemas transacionais subsidiarão os sistemas de apoio à decisão em informações nas mais diversas formas.

No ambiente estratégico, segundo o modelo proposto, o sistema de informação de controladoria estratégica é dividido em quatro subsistemas: cenários empresariais, sistema de acompanhamento do negócio, *balanced scorecard* e gestão de riscos.

Esses subsistemas são responsáveis por todas as informações necessárias à alta administração, as quais podem ser originadas de subsistemas específicos de cada área e também do BI, através de informações de cunho preventivo à tomada de decisões, permitindo condições de identificar possíveis resultados com antecedência aos eventuais problemas levantados pela alta administração.

26.3 CENÁRIOS EMPRESARIAIS

Na última década aumentou de sobremaneira o ritmo acelerado das mudanças políticas, econômicas, sociais e tecnológicas no mundo, tendo como consequência frequentes rupturas

---

[1] Extraído de PADOVEZE, SANTOS e SOFFNER. Estruturação do sistema de informação de controladoria estratégica. In: RODRIGUES DE SOUSA et al. *Estratégia organizacional*: teoria e prática na busca da vantagem competitiva. Campinas: Akademica Editora, 2006.

de tendências que, segundo Marcial e Grumbach (2005), aumentam a incerteza com relação ao futuro das organizações, seja qual for a área na qual atuam. Cenário é o conjunto formado pela descrição coerente de uma situação futura e pelo encaminhamento dos acontecimentos que permitem passar da situação de origem à situação futura.

Considerada como uma das atividades essenciais de controladoria estratégica, o desenvolvimento e acompanhamento dos cenários tem como objetivo verificar a tendência das previsões de organizações especializadas em descrever sucintamente os cenários em que estão inseridas. A construção de cenários empresariais parte da premissa de que os dados não são reais e sim, estimados, assim, torna-se possível prever cenários identificando possíveis tendências. Do ponto de vista de Rattner (1979), a construção de cenários visa a um procedimento sistemático para detectar as tendências prováveis da evolução, numa sequência de intervalos temporais, e procura identificar o começo da tensão social na qual as forças sociais poderiam alterar essas tendências.

Consoante isso, Marcial e Grumbach (2005) afirmam que existem cenários possíveis, os cenários realizáveis e os cenários desejáveis, conforme a Figura 26.2.

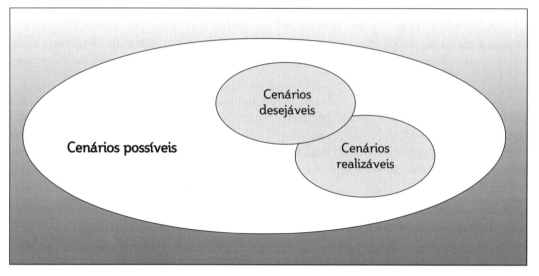

Fonte: Marcial e Grumbach (2005, p. 43).

Figura 26.2 Tipos de cenários.

Outra técnica muito utilizada é traduzir as variáveis macroeconômicas em dois ou três cenários mais prováveis (otimista, provável, pessimista, por exemplo), incorporando as probabilidades de ocorrência de cada um. Em princípio, o cenário com maior grau de probabilidade de ocorrência deverá ser utilizado para a sequência dos processos de planejamentos operacionais e orçamentários.

Tabela 26.1 Exemplo de cenários com variáveis macroeconômicas.

	I Otimista	II Moderado	III Pessimista
Probabilidade	25%	50%	25%
PIB – Mundial – Variação	4,5%	4,0%	3,5%
PIB – EUA – Variação	4,0%	2,5%	1,5%
PIB – Brasil – Variação	3,5%	2,5%	1,5%
Balanço de pagamentos – US$ bi	30,0	25,0	20,0
Reservas Internacionais – US$ bi	120,0	80,0	100,0
Déficit público – % do PIB	4,0%	4,5%	5,0%
Dívida Externa – US$ bi	40	80	120
Juros nominais – %	8%	10%	12%
Taxa de Câmbio – %	5%	7%	9%
Inflação anual – IPC – %	3%	4%	6%
Taxa média desemprego	7,5%	8,5%	9,5%
Crescimento do setor	+10%	+5%	0%
Crescimento da empresa	+12%	+7%	+2%

26.4 BALANCED SCORECARD

O *Balanced Scorecard*, conhecido também como Controle de Metas Estratégicas, parte de uma proposta de unir a visão estratégica da organização com as fases de execução e controle do processo de gestão empresarial. Esse termo em português significa "cartão de marcação balanceado" e foi desenvolvido pelos norte-americanos Kaplan e Norton.

Kaplan e Norton (1997) afirmam que o *Balanced Scorecard* traduz a missão e a estratégia das empresas num conjunto abrangente de medidas de desempenho que serve de base para um sistema de medição e de gestão estratégica.

Sob a ótica desses pesquisadores, eles acreditam que as organizações constroem metas estratégicas, mas não desenvolvem um sistema de acompanhamento diário para a organização, assim como os gestores divisionais.

Do ponto de vista de Laudon e Laudon (2004), ambos acreditam que o modelo do BSC suplementa as medidas financeiras tradicionais com medições que levam em consideração as quatro perspectivas equilibradas. Segundo os autores, o BSC deve ser utilizado pelos gerentes de modo a verificar até que ponto a empresa está atingindo suas metas estratégicas.

Segundo Kaplan e Norton, a busca por objetivos de natureza financeira é considerada como ênfase no BSC, pois procura medir o desempenho organizacional sob quatro perspectivas equilibradas, que são:

a) perspectiva financeira;
b) perspectiva do cliente;
c) perspectiva dos processos internos da organização; e
d) perspectiva do aprendizado e crescimento.

Diante disso, o BSC avaliará a estratégia adotada à luz do recente desempenho. A este último processo Kaplan e Norton denominam-no de aprendizado estratégico.

Tabela 26.2 Exemplo de acompanhamento de indicadores com *Balanced Scorecard*.

Perspectiva	Meta	Mês 1	Mês 2	Mês 3	Mês N	Acumulado	Anualizado	Variação
Aprendizado e Crescimento								
Horas de treinamento – Internos	2.400	120	200	220	180	720	2.160	–10%
Cursos Externos	60	5	4	7	5	21	63	5%
Turnover	0,75	0,8	0,9	0,5	0,7	0,725	0,725	–3%
Processos Internos								
Rejeitos por milhão	1.200	120	100	80	150	450	1.350	13%
Repasse / Horas Padrão – %	1,43	1,5	1,2	1,5	1,3	5,5	1,375	–4%
Fornecedores – dias em atraso	2	4	5	6	4	4,75	4,75	138%
Investimentos em qualidade – %	0,95	1,5	1,2	0,95	0,8	1,1125	1,1125	17%
Clientes								
Dias de tramitação pedidos	2	4	3	2	2	2,75	2,75	38%
Entrega – dias	1	1,5	1,2	1,4	1	1,275	1,275	28%
Treinamento de clientes – horas	80.000	5.000	6.000	7.000	7.500	25.500	76.500	–4%
Satisfação de clientes	98%	90%	85%	88%	92%	0,8875	0,8875	–9%
Reclamações dos clientes								
Graves	6	1	0	0	0	1	3	–50%
Não graves	12	1	2	3	2	8	24	100%
Total	18	2	2	3	2	9	27	50%
Não resolvidas	0	0	1	1	0	0,5	0,5	
Financeira								
Rentabilidade	15%	1,0%	2,0%	1,5%	1,3%	5,8%	17,25%	15%
Margem operacional	8%	7,0%	10,0%	9,0%	8,0%	8,5%	8,50%	6%
Investimentos em P&D – % ROL	2,5%	3,0%	3,5%	3,0%	2,8%	3,1%	3,08%	23%

26.5 GESTÃO DE RISCOS

Segundo a teoria de finanças, o gerenciamento do risco está intimamente relacionado com o retorno do investimento, podendo ser denominado risco financeiro. Contudo as organizações sujeitam-se a inúmeros outros tipos de riscos, sendo que na sua maioria não possuem características financeiras, porém, merecem ser tratados com a mesma relevância pelos impactos econômicos que podem trazer à empresa, gerando a necessidade de um sistema de informação para gerenciamento de todos eles.

A gestão de riscos parte do pressuposto de que todos os riscos que envolvem a organização impactam em seus resultados, e que para todos os efeitos a exposição da organização aos riscos é mensurada pela contabilidade, conforme a Demonstração de Resultados do Exercício e do Balanço Patrimonial.

Cocurullo (2002) entende que o risco é a variação potencial nos resultados, estando presente em quase todos os empreendimentos que as organizações realizam. Assim, quando o risco está presente nos negócios, o resultado deste negócio não pode ser precisamente previsto. Sendo assim, Barrese e Scordis apud Bertolucci (2005, p. 8) acreditam que o risco não implica necessariamente algo indesejável, pois os resultados podem ser tanto positivos quanto negativos. Segundo eles, o resultado esperado depende se está acima ou abaixo do esperado. Nesta mesma linha de raciocínio, os autores apontam que organizações lidam tanto com riscos puros quanto especulativos. O risco puro está associado a perigos que só apresentam consequências negativas, enquanto riscos especulativos podem ter consequências positivas ou não.

O foco da gestão de riscos é manter um processo sustentado de criação de valor para os acionistas, já que os empreendimentos estão sempre expostos a um conjunto de riscos. Os riscos podem ser definidos como eventos futuros incertos que podem influenciar os objetivos estratégicos da organização. Para identificar o perfil de cada risco torna-se necessário reconhecer que seu conceito é utilizado em diversas perspectivas, entre as quais destacam-se: risco como oportunidade, risco como perigo ou ameaça e risco como incerteza.

Tabela 26.3 Exemplo de mapa de gerenciamento de riscos.

A = Alto M = Moderado B = Baixo				Avaliação			
Riscos Identificados	Dado	Variação Possível	Valor Nominal	Probabilidade		Impacto	Valor do Risco
				Avaliação	%		
Riscos correntes							
Patrimoniais							
Aplicações Financeiras			20.000	B	1%	A	200
Créditos em moeda estrangeira	2,90	20%	10.000	M	50%	A	−2.900
Débitos em moeda estrangeira	2,90	20%	25.000	M	50%	A	7.250
Perdas no estoque não contabilizadas			10.000	A	90%	A	9.000
Créditos com clientes concentrados			20.000	B	10%	A	2.000
Inadimplências – atrasos existentes			5.000	A	99%	A	4.950
Imobilizados – passíveis de furtos			2.000	B	10%	B	200
Imobilizados – obsolescência			50.000	B	2%	A	1.000
Soma			142.000				21.700
Contingentes							
Processo Trabalhista 1			4.000	B	2%	B	80
Processo Trabalhista N			2.500	A	95%	A	2.375
Risco Trabalhista N			30.000	B	5%	A	1.500
Risco Procedimento ICMS			50.000	M	50%	A	25.000
Risco Procedimento IR/CSLL			150.000	M	50%	A	75.000
Soma			236.500				103.955
Riscos futuros							
Patrimoniais							
Resultados de Controladas	1	20%	200.000	M	50%	A	20.000
Perda de controle interno	1	2%	800.000	B	20%	M	3.200
Soma			1.000.000				23.200
Operacionais							
Aumentos de custos de fornecedores	1	15%	800.000	B	20%	A	24.000
Perda de *market-share*	1	10%	4.000.000	B	5%	A	20.000
Soma			4.800.000				44.000
Total Geral			6.178.500				192.855

26.6 SISTEMA DE ACOMPANHAMENTO DO NEGÓCIO

Acompanhamento do negócio significa a necessidade que a empresa tem de se situar no mercado de seus produtos, bem como de se situar na conjuntura econômica do país e do exterior. O acompanhamento do negócio reúne informações para o planejamento estratégico da empresa, para a análise das oportunidades e ameaças do ambiente, bem como para a ênfase dos pontos fortes e pontos fracos da companhia.

Dentro de um Sistema Integrado de Gestão Empresarial, informações para acompanhamento do negócio, geradas dentro da empresa, estão nos diversos módulos ou subsistemas. Essas informações têm caráter estatístico, com tendência a serem trabalhadas em sistemas especialistas, como os Sistemas de Suporte à Decisão (DSS/EIS).

Contudo, para o acompanhamento do negócio são necessárias outras informações, estas de origem externa, tais como dados dos concorrentes, da conjuntura econômica etc., que, em nosso entendimento, devem fazer parte de um rol mínimo para essa finalidade.

Essas informações devem ser inseridas de alguma forma dentro desse subsistema, e, em conjunto com as informações internas geradas, permitirão dar uma visão de acompanhamento do negócio e seus mercados, de caráter contínuo e sistemático.

Os conceitos e sistemas de *Balanced Scorecard* (Controle de Metas Estratégicas), *Cockpitt* (Comando Piloto Central) e *BI – Business Intelligence* (Sistema de Inteligência do Negócio) são considerados *softwares* que efetivam um tipo de subsistema de acompanhamento do negócio. Mais recentemente este subsistema de informação tem sido denominado CPM – *Corporate Performance Management* – Administração do Desempenho Corporativo ou BPM – Business Performance Management – Administração do Desempenho do Negócio.

26.7 OBJETIVOS DO SUBSISTEMA DE ACOMPANHAMENTO DO NEGÓCIO

Os objetivos desse subsistema centram-se em coletar e armazenar informações que possibilitem visualizar a empresa em seu ramo de atuação, dentro da conjuntura econômica. Para tanto, o subsistema deve ter informações para:

a) acompanhamento periódico do desempenho das vendas, clientes e mercados;
b) acompanhamento periódico da situação econômica geral do setor de atuação da empresa;
c) acompanhamento periódico da situação econômica geral do país e do mundo;
d) acompanhamento dos indicadores de evolução internos *versus* os externos (preços, crescimento das vendas, indicadores de produtividade etc.);
e) acompanhamento periódico do desempenho das empresas concorrentes;
f) acompanhamento periódico das importações dos produtos concorrentes;
g) acompanhamento periódico das exportações dos produtos concorrentes;
h) avaliação do tamanho dos mercados em que a empresa atua (consumo aparente);
i) informações para avaliação da participação da empresa no mercado (*market share*);
j) indicadores de produtividade, satisfação e gestão de clientes, satisfação e gestão dos funcionários etc.

26.8 ATRIBUTOS E FUNÇÕES

As atribuições básicas do administrador desse subsistema são:

a) definição de quais informações devem fazer parte do banco de dados do sistema;
b) identificação das fontes das informações, bem como dos meios e processos de coleta;
c) definição dos critérios de ajustes das informações externas que devem ser internados no sistema. Por exemplo: uma companhia tem vários produtos dos quais apenas um concorre com a empresa. O ajuste seria feito pela escolha de um critério, para, com base nos dados da empresa concorrente (o balanço, por exemplo), determinar a parcela que concorre com a empresa.

26.9 OPERACIONALIDADES DO SISTEMA

Como vimos, a estrutura desse sistema assemelha-se fortemente com sistemas de suporte à decisão. Dessa maneira, a operacionalidade fundamental é a possibilidade de esse sistema coletar, de forma rápida, precisa e automática, as informações de todos os outros sistemas empresariais.

Por conseguinte, uma operacionalidade consequente é a necessidade de o sistema permitir o tratamento gráfico-estatístico das informações coletadas, que serão apresentadas, seguramente, em formato visual.

A outra operacionalidade necessária é que esse sistema deve ser totalmente aberto para uso da tecnologia de EDI (*Exchange Data Informations*) – Troca Eletrônica de Dados –, uma vez que grande parte das informações é de origem externa.

26.10 INTEGRAÇÕES COM OUTROS SUBSISTEMAS

Dentro da empresa, fundamentalmente, esse sistema é abastecido pelo sistema de Faturamento (Vendas) associado ao sistema de Cadastro de Clientes, para a análise das vendas.

Para análise dos concorrentes, utiliza-se dos critérios do sistema de Análise de Balanço.

As informações de produtividade, evolução de preços etc. serão calculadas com base nos dados coletados de diversos sistemas operacionais da empresa, para serem comparadas com o setor.

As demais informações serão obtidas de sistemas externos à empresa, através de coleta EDI.

Esse sistema é o grande municiador do planejamento estratégico e, portanto, fornece informações para o sistema orçamentário, notadamente para o orçamento de vendas (Figura 26.3).

26.11 INFORMAÇÕES E RELATÓRIOS GERADOS

As principais informações e relatórios desse subsistema são:

a) análise de balanço dos concorrentes;
b) análise percentual e evolutiva dos dados da conjuntura econômica e do setor;

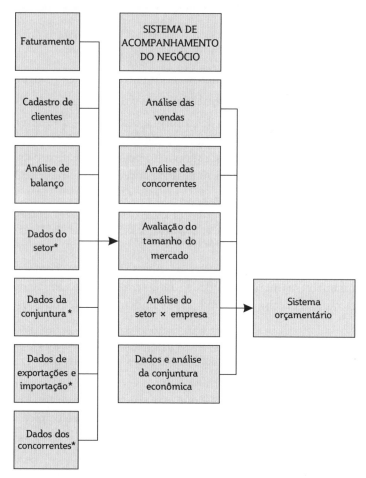

* Dados de Sistemas Externos à Empresa.

Figura 26.3 Integração do subsistema de acompanhamento do negócio e outros subsistemas.

c) análises comparativas e evolutivas entre a empresa e os dados de setor;

d) estatística de vendas por regiões, clientes, produtos, mercados etc.;

e) estatísticas e gráficos para avaliação do consumo aparente (produção nacional, exportações, importações).

26.12 GOVERNANÇA CORPORATIVA E SISTEMA DE INFORMAÇÃO DE RELAÇÕES COM INVESTIDORES

O conceito geral que fundamenta este papel básico dos órgãos reguladores do mercado financeiro (CVM-BOVESPA, ABRASCA etc.) é mundialmente denominado governança corporativa. O conceito de *governança corporativa* representa a participação ativa dos investidores institucionais na administração geral dos negócios da empresa. De um modo geral, representa a necessidade de que os acionistas minoritários têm de participar efetivamente da direção geral dos negócios da corporação.

As empresas que adotam o conceito de governança corporativa tendem a dar maior transparência de seus negócios e padrões contábeis e financeiros ao mercado, tornando-se empresas com maior aceitação geral, e, consequentemente, atrativas para investimentos.

A BOVESPA, com o intuito de provocar a melhoria constante no processo de governança corporativa, instituiu um conjunto de regras para incentivar a melhoria no processo de comunicação com os investidores, denominado de níveis de governança. Parte do Nível 1, até o Nível 3, chegando até o nível máximo chamado de Novo Mercado. Para cada Nível, a companhia aberta é obrigada a prestar informações adicionais ao mercado de investidores, por meio da diretoria de Relações com os Investidores. Essas informações são consideradas adicionais porque não estão na estrutura mínima de informações que são obrigatórias pela Lei nº 6.404/76.

Para fazer esse papel, é necessário que a empresa estruture um subsistema de informação que atenda permanentemente as necessidades dos diversos interessados, dos quais os principais são os investidores ou acionistas minoritários.

SISTEMA DE INFORMAÇÕES PARA RELAÇÃO COM INVESTIDORES

As companhias abertas (empresas que têm ações ou títulos negociados nas bolsas de valores) têm obrigatoriedade de manter uma pessoa ou setor para manter um canal de comunicação com os investidores e demais *stakeholders* (partes interessadas) na empresa.

Cabe à controladoria no seu apoio à controladoria estratégica a estruturação desse sistema de informação, que é uma extensão do sistema de informações de acompanhamento do negócio, para que os responsáveis por essa atividade apresentem informações e dialoguem com o mercado. Esse diálogo normalmente é feito permanentemente ou em encontros estabelecidos, tais como reuniões periódicas com Investidores e Instituições, Associação dos Analistas de Investimentos do Mercado de Capitais (APIMEC), Bolsas de Valores, bancos, visitas à empresa etc.

Mesmo empresas que não são companhias abertas tem que ter esse sistema de informação para atender os bancos com quem trabalham, fornecedores, clientes, prestadores de serviços, investidores interessados etc.

Esse subsistema de informação deve ser estruturado pela contabilidade ou controladoria, uma vez que as informações constantes nesse subsistema têm que ter a consistência contábil, mesmo que constem informações operacionais, como volume de produção e vendas, participação de mercado etc., da mesma forma que têm que ter uma auditoria externa que valide as informações.

As informações constantes nesse subsistema, fundamentalmente, são aquelas que os investidores querem como:

- Estratégias de Negócios, Estratégias de Organização.
- Mercados de Atuação e Produtos.
- Tecnologias e Estado da Arte dos Produtos.
- *Market Share*.
- Importações e Exportações.

- Estruturas de Custos e Despesas.
- Gestão dos Preços de Venda.
- Potencial de Resultados Futuros, Valor da Empresa.
- Estrutura Patrimonial e de Liquidez.
- Administração do Caixa e Hedges.
- Perfil do Endividamento.
- Competitividade Internacional e Cambial.
- Competitividade de Custos etc.

INTEGRAÇÕES COM OUTROS SUBSISTEMAS

Fundamentalmente, os investidores e outros interessados querem se posicionar sobre a estratégia empresarial, além de que querem ter uma noção forte da estrutura de custos e despesas da empresa e de seu futuro. Assim, além das informações constantes do subsistema de acompanhamento do negócio, as informações constantes no subsistema de contabilidade societária, custos, contabilidade por responsabilidade são essenciais (Figura 26.4).

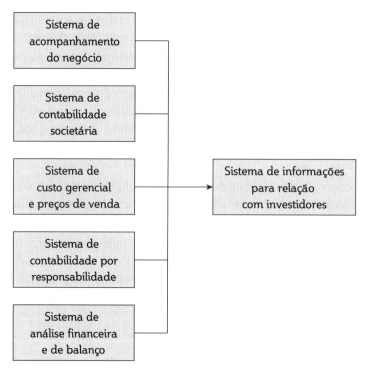

Figura 26.4 Integração do subsistema de relações com investidores e outros subsistemas.

Demonstrativos Contábeis Básicos e Integração e Transferência de Informações dos Subsistemas Empresariais para a Contabilidade Geral

O objetivo deste capítulo é fazer um resumo das interações entre os diversos sistemas empresariais e a contabilidade, dando um enfoque para os demonstrativos contábeis básicos, quais sejam, o Balanço Patrimonial e a Demonstração de Resultados.

Primeiramente, faremos uma apresentação de um formato tradicional dos demonstrativos contábeis básicos. Em seguida, faremos uma apresentação resumida dos sistemas que interagem com cada conta desses demonstrativos. Por último, apresentaremos as integrações e transferências de informações dos demais sistemas empresariais para a contabilidade geral da empresa.

27.1 DEMONSTRATIVOS CONTÁBEIS BÁSICOS: FORMATO TRADICIONAL

Quadro 27.1 Balanço patrimonial.

ATIVO	PASSIVO

CIRCULANTE
• Caixa e Bancos
• Aplicações Financeiras
• Clientes (Duplicatas a Receber)
• Estoques
   – de Mercadorias (se comércio)
   – de Materiais
   – de Produtos em Processo
   – de Produtos Acabados
• Impostos a Recuperar sobre Mercadorias
• Despesas do Exercício Seguinte
NÃO CIRCULANTE
Realizável a Longo Prazo
• Aplicações Financeiras
• Clientes
• Depósitos Judiciais
• Investimentos
   – em Controladas e Coligadas
   – outros
• Imobilizado
• Intangível
	CIRCULANTE
	• Fornecedores (Duplicatas a Pagar)
	• Salários a Pagar
	• Encargos Sociais a Pagar
	• Impostos a Recolher sobre Mercadorias
	• Impostos a Recolher sobre o Lucro
	• Dividendos e Lucros a Distribuir
	• Participações a Distribuir
	• Financiamentos e Empréstimos
	• Contas a Pagar
	
	NÃO CIRCULANTE
	Exigível A Longo Prazo
	• Financiamentos
	• Parcelamento de Impostos
	
	Patrimônio Líquido
	• Capital Social
	• Reservas
	• Lucros acumulados

Quadro 27.2 Demonstração de resultados.

> RECEITA OPERACIONAL BRUTA
> (–) Impostos sobre Vendas
> = RECEITA OPERACIONAL LÍQUIDA
> (–) CUSTO DOS PRODUTOS E SERVIÇOS VENDIDOS
> (Custo das Mercadorias Vendidas, se comércio)
> - Materiais Diretos
> - Materiais Indiretos
> - Mão de obra
> - Despesas Gerais
> - Depreciações e Amortizações
> (±) Variação dos Estoques de Produtos em Processo e Produtos Acabados
> = LUCRO BRUTO
> (–) DESPESAS OPERACIONAIS
> - Despesas Administrativas
> - Despesas Comerciais
> = LUCRO OPERACIONAL
> (+) Receitas Financeiras
> (–) Despesas Financeiras
> (±) Correção Monetária de Balanço (se necessário)
> (±) Equivalência Patrimonial
> (±) Outras Receitas e Despesas
> = LUCRO LÍQUIDO ANTES DOS IMPOSTOS
> (–) Impostos sobre o Lucro
> - Imposto de Renda
> - Contribuição Social
> = LUCRO LÍQUIDO DO EXERCÍCIO
> (–) Participações dos Administradores e Empregados
> (–) Dividendos e Lucros a Distribuir
> = LUCRO TRANSFERIDO PARA O PATRIMÔNIO LÍQUIDO

27.2 IDENTIFICAÇÃO DOS SUBSISTEMAS OPERACIONAIS E CONTÁBEIS QUE INTERAGEM COM AS CONTAS DOS DEMONSTRATIVOS CONTÁBEIS BÁSICOS

Faremos no Quadro 27.3 um resumo dos subsistemas que interagem com as contas dos demonstrativos contábeis básicos.

Quadro 27.3 Interação dos sistemas operacionais e contábeis e as contas contábeis básicas.

CONTAS	SUBSISTEMAS INTERAGENTES
ATIVO CIRCULANTE	
• Caixa e Bancos	Conciliação Bancária Tesouraria Planejamento Financeiro
• Aplicações Financeiras	Excedentes de Caixa
• Clientes (Duplicatas a Receber)	Contas a Receber Cadastro de Clientes Faturamento Exportações Apropriador de Pedidos
• Estoques – de Mercadorias (se comércio) – de Materiais	Controle de Estoques e Requisição de Mercadorias ou Materiais Compras Cadastro de Fornecedores Recebimento Físico Recebimento Fiscal Escrita Fiscal de Entradas Contas a Pagar Importações Valorização de Inventário de Mercadorias e Materiais
– de Produtos em Processo	Estoques em Processo Valorização de Inventário em Processo
– de Produtos Acabados	Estoque de Produtos Acabados Valorização de Inventário de Acabados
• Impostos a Recuperar sobre Mercadorias	Faturamento Compras Escrita Fiscal de Saídas Escrita Fiscal de Entradas Gestão de Impostos

(Continua)

(Continuação)

CONTAS	SUBSISTEMAS INTERAGENTES
Despesas do Exercício Seguinte	–
NÃO CIRCULANTE	
Realizável a Longo Prazo	Idem ao Circulante
• Aplicações Financeiras	Idem ao Circulante
• Clientes	–
• Depósitos Judiciais	
Investimentos	Controle Patrimonial
– em Controladas e Coligadas	Controle Patrimonial
– outros	Controle Patrimonial
• Imobilizado	Controle Patrimonial
	Escrituração Fiscal de Entradas
• Intangível	Controle Patrimonial
	Escrituração Fiscal de Entradas
PASSIVO	
CIRCULANTE	
• Fornecedores (Duplicatas a Pagar)	Compras
	Cadastro de Fornecedores
	Importações
	Recebimento Físico
	Recebimento Fiscal
	Escrituração Fiscal de Entradas
• Salários a Pagar	Folha de Pagamento
	Recursos Humanos
• Encargos Sociais a Pagar	Folha de Pagamento
	Recursos Humanos
	Gestão de Impostos
• Impostos a Recolher sobre Mercadorias	Escrituração Fiscal de Entradas
	Escrituração Fiscal de Saídas
	Compras
	Faturamento
	Gestão de Impostos
• Impostos a Recolher sobre o Lucro	Gestão de Impostos
• Dividendos e Lucros a Distribuir	–
• Participações a Distribuir	–
• Financiamentos e Empréstimos	Financiamentos
• Contas a Pagar	Escrituração Fiscal de Entradas
	Contratos e Terceirizações

(Continua)

(*Continuação*)

CONTAS	SUBSISTEMAS INTERAGENTES
NÃO CIRCULANTE	
Exigível a Longo Prazo	
• Financiamentos	Financiamentos
• Parcelamento de Impostos	Gestão de Impostos
PATRIMÔNIO LÍQUIDO	
• Capital Social	Controle Patrimonial
• Reservas	Controle Patrimonial
• Lucros Acumulados	Controle Patrimonial
RECEITA OPERACIONAL BRUTA	Faturamento
	Exportações
(–) Impostos sobre Vendas	Faturamento
	Escrituração Fiscal de Saídas
= RECEITA OPERACIONAL LÍQUIDA	–
(–) CUSTO DOS PRODUTOS E SERVIÇOS VENDIDOS	–
(Custo das Mercadorias Vendidas, se comércio)	Valorização de Inventário de Mercadorias
• Materiais Diretos	Valorização de Inventário de Materiais
• Materiais Indiretos	Valorização de Inventário de Materiais
• Mão de obra	Folha de Pagamento
• Despesas Gerais	Compras
	Contratos e Terceirizações
	Tesouraria
• Depreciações e Amortizações	Controle Patrimonial
• (±) Variação dos Estoques de Produtos em Processo e Produtos Acabados	Valorização de Inventário em Processo
	Valorização de Inventário de Acabados
= LUCRO BRUTO	
(–) DESPESAS OPERACIONAIS	
• Despesas Administrativas	idem Mão de obra e Despesas Gerais
• Despesas Comerciais	idem Mão de obra e Despesas Gerais
= LUCRO OPERACIONAL	
(+) Receitas Financeiras	Excedentes de Caixa
	Conciliação Bancária
(–) Despesas Financeiras	Financiamentos
	Conciliação Bancária
(±) Correção Monetária de Balanço (se necessário)	Controle Patrimonial

(*Continua*)

(*Continuação*)

CONTAS	SUBSISTEMAS INTERAGENTES
(±) Equivalência Patrimonial	Controle Patrimonial
(±) Outras Receitas e Despesas	Controle Patrimonial
	Emissão de Notas Fiscais de Saídas
= LUCRO LÍQUIDO ANTES DOS IMPOSTOS	
(–) Impostos sobre o Lucro	Gestão de Impostos
• Imposto de Renda	Gestão de Impostos
• Contribuição Social	Gestão de Impostos
= LUCRO LÍQUIDO DO EXERCÍCIO	
(–) Participações de Administradores e Empregados	–
(–) Dividendos e Lucros a Distribuir	–
= LUCRO LÍQUIDO TRANSFERIDO PARA O PATRIMÔNIO LÍQUIDO	–

27.3 PRINCIPAIS INTEGRAÇÕES OU INTERFACES DOS SUBSISTEMAS OPERACIONAIS COM A CONTABILIDADE FISCAL E SOCIETÁRIA

Damos no Quadro 27.4 as principais integrações ou interfaces dos subsistemas, que abastecem os lançamentos automáticos para a contabilidade geral.

Quadro 27.4 Principais interfaces ou integração dos subsistemas.

SUBSISTEMAS	INTERFACES OU INTEGRAÇÕES
Conciliação Bancária	Despesas Bancárias
Excedentes de Caixa	Receitas Financeiras
	Aplicações Financeiras do período
	Resgates do período
	Impostos sobre as receitas financeiras
Contas a Receber	Recebimento de Notas Fiscais
	Recebimento de Duplicatas
	Juros sobre duplicatas em atraso
	Descontos sobre recebimentos antecipados
	Notas de Débito a Clientes
	Notas de Crédito a Clientes
	Ajuste a Valor Presente dos Créditos Prefixados
	Créditos Incobráveis
	Separação de créditos de curto e longo prazo

(*Continua*)

(*Continuação*)

SUBSISTEMAS	INTERFACES OU INTEGRAÇÕES
Faturamento/Escrituração Fiscal de Saídas	Vendas do período Impostos sobre Vendas Juros sobre vendas a prazo Contabilização das Faturas por Cliente
Exportações	Exportações do período Variações Cambiais dos créditos em aberto
Apropriador de Pedidos	Recebimentos de Adiantamentos de Clientes Baixas de Adiantamentos de Clientes
Controle de Estoques	Requisição de Materiais por Centro de Custo ou Ordens de Trabalho
Compras/Escrituração Fiscal de Entradas	Compras do período Impostos sobre Compras Juros sobre compras a prazo Contabilização das Faturas por Fornecedor Adiantamentos a fornecedores
Importações	Importações do período Variações Cambiais dos débitos em aberto Custo das Importações para estoque ou ativamento
Contas a Pagar	Pagamento de Notas Fiscais Pagamento de Duplicatas Juros sobre duplicatas em atraso Descontos sobre pagamentos antecipados Notas de Débito a fornecedores Notas de Crédito a fornecedores Ajuste a Valor Presente dos Débitos Prefixados Separação de créditos de curto e longo prazo
Contratos e Terceirizações	Despesas do período
Valorização dos Inventários	Valor dos Estoques Finais Custo da Produção Acabada Custo dos Produtos e Serviços Vendidos Custo das Mercadorias Vendidas (se comércio)
Controle Patrimonial	Aquisições do período Baixas do período Correção Monetária (se necessário) Depreciações e Amortizações por setor Equivalência Patrimonial Variações do Patrimônio Líquido

(*Continua*)

(*Continuação*)

SUBSISTEMAS	INTERFACES OU INTEGRAÇÕES
Folha de Pagamento	Despesas de Mão de obra por setor
	Encargos Sociais por setor
	Horas trabalhadas por setor
	Número de homens por setor
	Provisões de Férias
	Despesas de Viagens por funcionário
	Comissões de Venda
	Prêmios de Produção
Financiamentos	Novos financiamentos
	Amortizações do período
	Juros do período
	Separação de curto e longo prazo

27.4 INFORMAÇÕES E RELATÓRIOS GERADOS

Como complemento às informações e relatórios gerados, as diversas integrações com os demais subsistemas empresariais permitem à contabilidade orientar a saída dos seguintes relatórios, informações e arquivos:

a) Registro de Duplicatas, do sistema de Faturamento;
b) Transmissão de arquivos para atender o SPED – Sistema Público de Escrituração Digital, conforme demonstrado na seção 17.7 do Capítulo 17.

QUESTÕES E EXERCÍCIOS – PARTE III

1. Justifique por que o subsistema de Contabilidade Societária e Fiscal é o coração do Sistema de Informação Contábil.
2. Faça uma pesquisa em empresas que conheça e identifique os métodos de conciliação contábil existentes e se estão atualizados em relação aos conceitos mais atuais de integração de sistemas de informações.
3. Tome como referência o Subsistema de Contabilidade Societária e Fiscal de uma empresa que conheça e faça uma análise crítica de sua atualidade tecnológica, à luz dos melhores conceitos e sistemas existentes.
4. O que vem a ser encerramento automático das contas de resultados? Isso é coerente com os procedimentos contábeis recomendados?
5. Tome como referência o Subsistema de Controle Patrimonial de uma empresa que conheça e faça uma análise crítica de sua atualidade tecnológica, à luz dos melhores conceitos e sistemas existentes.
6. Que tipo de saída do Subsistema de Controle Patrimonial é necessária para os Subsistemas de Custos e Orçamentos? Explique por quê.
7. Explique com suas palavras o conceito de procedimento regenerativo e sua necessidade no Subsistema de Contabilidade em Outras Moedas.
8. Por que o Subsistema de Valorização de Inventários deve ser de responsabilidade da Contabilidade e não dos responsáveis pelo controle físico dos estoques?
9. Que tipo de informações do Subsistema de Valorização de Inventários pode ser canalizado para o Subsistema de Contabilidade por Responsabilidade?
10. Qual é na sua opinião o principal objetivo do Subsistema de Gestão de Impostos?
11. Que tipo de operacionalidade é indispensável no Subsistema de Análise Financeira e de Balanço, para fazer face à necessidade de se ter muitos anos ou períodos em análise?
12. Por que se considera que o Subsistema de Orçamento é um prolongamento do Subsistema de Contabilidade Societária e Fiscal?
13. Explique o que vem a ser procedimento de corte no Subsistema de Orçamento. O que você acha desta operacionalidade, considerando a existência de um conceito participativo e democrático de orçamento?
14. Por que é possível utilizar os dados do Subsistema de Orçamento para estruturar custos padrões?
15. Explique o que vem a ser Estrutura de Produto para o Subsistema de Custos e sua importância.
16. Explique o que vem a ser Processo de Fabricação para o Subsistema de custos e sua importância.
17. Na sua opinião, o Subsistema de Custo deve ser moldado e ajustado para cada empresa ou hoje a TI tem condições de fornecer um Subsistema de Custo parametrizável para a maior parte das empresas? Justifique.
18. O que justifica a implantação do Subsistema de Contabilidade por Responsabilidade?

19. Qual a diferença entre Centros de Lucros e Centros de Custos.
20. Justifique a necessidade da existência do Subsistema de Acompanhamento do Negócio.
21. O Subsistema de Acompanhamento do Negócio deve ser monitorado pela Controladoria? Justifique, sim ou não.

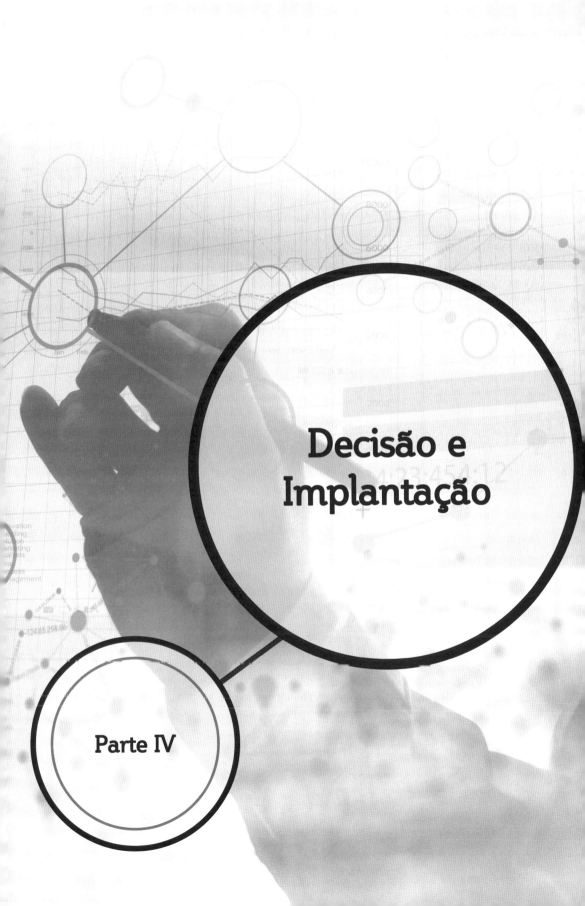

Decisão e Implantação

Parte IV

A última parte do trabalho é destinada a fornecer um painel geral dos requisitos, procedimentos e passos necessários para tomarmos a decisão de construir ou comprar um sistema de informação, bem como para analisarmos e fundamentarmos o processo de implantação de um sistema de informação.

Tendo em vista que, geralmente, o processo de decisão mais comum é o processo de aquisição que envolve a escolha de sistemas disponíveis no mercado, enfatizaremos mais essa possibilidade.

Faremos a apreciação do processo de decisão e de implantação que envolve tanto um Sistema Integrado de Gestão Empresarial, como um sistema específico de informação contábil. O motivo dessa abordagem está em que, no mais das vezes, o processo de decisão e implantação de um Sige é mais abrangente, e nos permitirá explorar mais os conceitos, passos, requisitos e procedimentos envolvidos.

Entendemos que, para a decisão e implantação de sistemas de informação contábeis, haverá um menor grau de dificuldade do que para um Sige.

28

Decisão

O processo de decisão sobre a aquisição ou construção de um sistema de informação exige uma série de passos a serem observados, que termina quase por se constituir numa metodologia do processo de tomada de decisão sobre sistemas de informação. Esses passos envolvem desde a constatação de que chegou o momento da mudança, até a avaliação do investimento necessário, passando pela adequação e maturação do sistema, análise da tecnologia existente, funcionalidades e operacionalidades a serem acrescidas ao atual sistema etc.

Apresentaremos os principais tópicos que julgamos necessários para o processo de decisão.

28.1 MOMENTO DA MUDANÇA

O momento da mudança, fenômeno detonador do processo de análise de um novo sistema de informação, é a constatação, por diversos usuários do sistema, de que o sistema no momento em utilização não está cumprindo sua missão de maneira adequada.

Seria interessante que o profissional, especificamente o profissional contábil, fosse o usuário que conseguisse detectar que há necessidade de mudar. Isto significaria que ele está atento à evolução dos acontecimentos, da tecnologia e das necessidades informacionais supridas por seu sistema.

Quando é o profissional responsável pelo sistema que detecta que chegou a hora de mudar, ele evidencia uma característica necessária a qualquer bom profissional, que é a atualização sobre o assunto de sua especialidade.

Vários aspectos podem evidenciar que chegou o momento da mudança do sistema de informação:

a) o responsável pelo sistema ou subsistema de informação sente que o atual sistema não está respondendo adequadamente às necessidades de informações dos usuários em quantidade, qualidade, rapidez, flexibilidade, integração etc.;

b) os usuários do sistema de informação têm evidenciado descontentamento com as saídas do sistema, que não têm respondido a suas necessidades específicas;

c) o ambiente de competitividade da empresa indica que o atual sistema (ou sistemas) não responde mais à necessidade do negócio;

d) a base tecnológica do atual sistema está ultrapassada, tanto em termos dos demais sistemas da empresa, como em comparação com as melhores soluções existentes no mercado;

e) o conteúdo do sistema (a base conceitual sobre a qual se ergueu o sistema) está ultrapassado e merece atualização;

f) o custo de manutenção do atual sistema está elevado em comparação com similares existentes no mercado, notadamente com outros sistemas que oferecem maiores benefícios informacionais;

g) as novidades existentes no mercado são tão atrativas que tornaram o atual sistema obsoleto;

h) a relação custo/benefício está ruim e só uma atualização que traga maiores benefícios para a empresa poderá recolocar o sistema em condições de cumprir sua missão com eficácia etc.

A mudança deve ser sempre para o melhor. A busca é um salto na qualidade da informação.

Assim, é possível diversos tipos de mudanças, mesmo que algumas pareçam extremamente simples. Vejamos algumas:

a) uma primeira mudança seria passar de um sistema de informação manual ou mecanizado para um sistema informatizado computacionalmente. Essa mudança é muito comum para pequenos empreendimentos, normalmente após o início de operações da entidade;

b) uma segunda mudança seria passar de um sistema informatizado de forma simples, normalmente de cunho apenas operacional, para um sistema mais complexo, que já contenha melhores instrumentos de gestão econômica e decisorial;

c) uma terceira mudança seria sair de um sistema informatizado complexo, considerado *bom*, para um sistema informatizado complexo, mas que contenha grandes avanços operacionais e de conteúdo, considerado *ótimo*.

28.2 OBJETIVOS DA MUDANÇA

Concretizando-se as condições para efetuar a mudança do sistema de informação, é fundamental, nesse momento, definir claramente os objetivos e subobjetivos que nortearão a mudança.

Normalmente, os objetivos estão relacionados com:

a) a necessidade de atualização estratégica do sistema de informação em relação à tecnologia da informação, para alinhamento com a estratégia da organização e dos negócios (vide Capítulo 3);

b) a relação custo/benefício que trará a implantação de um sistema novo e atualizado.

28.3 HIERARQUIA PARA A DECISÃO

A decisão sobre sistemas de informação qualifica-se como decisão de estratégia. Portanto, a decisão deve partir de níveis hierárquicos superiores. Dois elementos têm sido reconhecidos como eficazes na área de desenvolvimento de sistemas de informação e tecnologia de informação:

a) a existência de um *Comitê de Sistemas* (ou de *Tecnologia de Informação*), que congrega a alta administração da empresa mais o responsável pela área de informática ou tecnologia de informação (se não existir na empresa, será um consultor especializado);

b) a elaboração, pelo Comitê de Sistemas, de um *Plano Diretor de Sistemas* (ou de *Tecnologia de Informação*), que detalha as diretrizes de sistemas e tecnologias de informação, em alinhamento com a estratégia de negócios e da organização da companhia.

Esses elementos farão o monitoramento de todas as fases do processo decisório sobre sistemas de informação. Todas as etapas do processo serão feitas de acordo com as diretrizes emanadas do Plano Diretor de Sistemas, bem como deverão ser referendadas pelo Comitê de Sistemas.

28.4 EQUIPE DE PROSPECÇÃO E PRIMEIRA SELEÇÃO

Após a confirmação de que deve haver a mudança do sistema, o Comitê de Sistemas deverá formar uma pequena equipe para avaliar as possibilidades existentes. Nessa equipe, deverá constar o responsável pela área de informática da empresa (caso não exista, deverá ser contratado um consultor especialista no assunto), além do responsável pelo sistema (ou sistemas) e um ou outro membro com boa capacidade de avaliação das operações e de sistemas.

A primeira avaliação será entre:

a) construir sistema de informação próprio pelo setor de informática da empresa ou contratando serviços especializados de terceiros;

b) adquirir um sistema de informação oferecido no mercado, de caráter generalista (do tipo pacote pronto) ou feito sob medida para a empresa.

Essa equipe fará uma análise para a primeira decisão de construir ou adquirir. Em seguida, caso a opção seja adquirir, deverá verificar no mercado as opções existentes que, minimamente, se enquadrem nas possibilidades da empresa, seja na extensão do sistema, nos objetivos a serem atendidos, nos custos suportáveis para a empresa etc.

Nessa primeira análise, de forma relativamente superficial, todas as possibilidades conhecidas deverão ser analisadas por todos, para que não se cometa o erro de deixar de lado um sistema que posteriormente será entendido como um dos melhores.

Dessa prospecção deverá sair uma lista entre três e cinco possíveis sistemas de informação passíveis de serem adquiridos, para que se possa fazer uma avaliação mais profunda posteriormente, envolvendo mais profissionais.

28.5 ENFOQUE DE AVALIAÇÃO

Escolhidos os sistemas que serão objeto de uma avaliação mais profunda, a mesma equipe, ou outra, ou mesmo mais de uma equipe, deverão ser constituídas pelo Comitê de Sistemas para tal finalidade.

O enfoque de avaliação mais comum é o que chamamos de *confronto*. Os usuários do sistema em análise confrontam as informações e operacionalidades existentes no atual sistema, mais as desejadas, com as informações e operacionalidades oferecidas pelo novo ou novos sistemas.

Esse enfoque de avaliação tende a ser desgastante, pois, em geral, tenta-se exigir do sistema em análise o que se faz hoje. Contudo, uma avaliação nessa linha de conduta pode conduzir a aceitar sistemas que simplesmente reproduzam o quadro atual de informações e processos do negócio.

Outro enfoque a ser adotado é o de simplesmente procurar *absorver o que o novo produto oferece*, sem fazer análises comparativas com o quadro proporcionado pelo sistema atual. Para essa abordagem é necessário forte grau de receptividade do grupo avaliador, para assimilação sem preconceitos.

Esse enfoque tem uma série de vantagens. Permite uma análise comparativa mais adequada, sem vinculação com o que existe na empresa do sistema atual, além de permitir que o produto oferecido seja evidenciado em todas as suas possibilidades.

A experiência de algumas empresas com o primeiro enfoque que apresentamos, que denominamos de *confronto*, tem-nas levado a adotar uma terceira abordagem. É a de solicitar o *auxílio de uma consultoria* para a maior parte do processo decisório do sistema de informação.

Em princípio, equipes de avaliação externas à empresa não têm um compromisso com as estruturas atuais e provavelmente estarão livres para uma decisão mais justa e imparcial.

Para essa terceira abordagem já existem muitos consultores especializados, bem como o auxílio de diversas publicações específicas na área.

Em linhas gerais, entendemos que três são os aspectos fundamentais do enfoque de avaliação sobre sistemas de informação:

a) o conceito (ou conceitos) sobre o qual foi erigido o sistema (ou sistemas);
b) a visão de futuro contida no sistema;
c) a operacionalidade geral do sistema.

O conceito é fundamental, pois dentro dele está todo o caráter científico da estruturação do sistema. Cada sistema ou subsistema atende a determinados objetivos, e a maior parte deles está ligada de uma ou outra forma com diversos ramos da ciência. Assim, quanto maior conteúdo da ciência ligada ao sistema estiver contido nele, maiores as chances de ampliação dos limites de utilização do sistema.

Por exemplo: um sistema de informação contábil que conseguir explicitar (dentro do sistema) todo o arcabouço da Ciência Contábil deverá ter condições de ser utilizado a maior quantidade de tempo possível no futuro e permitirá o uso ampliado da informação contábil.

A visão de futuro é muito ligada ao que denominamos de *conceito*. Contudo, a visão contida no sistema está muito ligada à condição de que o sistema seja suficientemente aberto e parametrizável, para permitir que o conceito contido se expanda o mais possível, abarcando novas possibilidades futuras de melhoras da qualidade da informação.

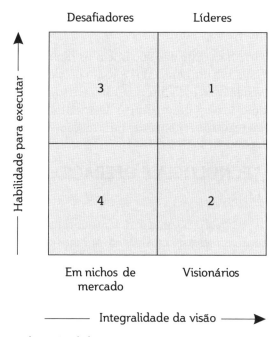

Fonte: Gartner Group. Revista Industry Spotlight.

Figura 28.1 Matriz estratégica de decisão para sistemas de informação.

A operacionalidade geral do sistema está no sentido da habilidade de executar as funções propostas. Alguns sistemas com boa visão têm fraca operacionalidade, ou seja, a forma de executar as funções não é suficientemente fluente e coerente com os conceitos contidos no sistema.

Dentro do quesito operacionalidade, enquadra-se também o conceito de *best practice*. Um bom sistema deve permitir que sejam incorporadas as *melhores práticas* de negócios existentes em nível mundial. Em outras palavras, deve estar na linha dos melhores desempenhos mundiais (*benchmarking*).

Damos na Figura 28.1 um enfoque de avaliação do Gartner Group, que trabalha com os enfoques de visão e operacionalidade, que, em linhas gerais, contemplam nosso entendimento sobre o enfoque básico de avaliação do sistema.

Um sistema de informação no quadrante 4 significa que ele, além de ter operacionalidade fraca, busca, fundamentalmente, ser especialista em determinado segmento de sistema de informação, ou nicho de mercado. É, portanto, um sistema de conceito restrito e com pouca possibilidade de evolução.

Um sistema de informação no quadrante 3 é um sistema relativamente especialista, que atende bem a alguns nichos de mercado de sistemas de informação, mas que tem alta operacionalidade, ou seja, é hábil em executar as tarefas. Esta alta operacionalidade seria a única razão pela qual uma empresa se decidiria por um sistema classificado neste quadrante, pois sua utilização ficaria restrita a alguns poucos anos.

O quadrante 2 mostra os sistemas que têm bons conceitos embutidos, ou seja, uma visão de futuro das necessidades informacionais, porém, ainda carecem de melhor *performance* operacional. É um sistema que tem ciência, mas a parte de execução das funções propostas ainda deixa a desejar.

No quadrante 1, estariam os sistemas que unem os dois atributos fundamentais. Têm grande operacionalidade, aliada a um conteúdo conceitual e científico muito forte. E, por isso, são enquadrados como visionários (pela própria característica da ciência de ser preditiva). Com isso, na avaliação do Gartner Group, dentro desse enfoque de avaliação, tendem a ser considerados líderes de mercado de sistemas de informação.

28.6 ANÁLISE DE TECNOLOGIA E OPERACIONALIDADES FUNDAMENTAIS

Dentro do processo de avaliação, há uma parte especificamente ligada às questões técnicas da tecnologia da informação. Esses aspectos devem ser avaliados por especialistas da área, internos da empresa ou contratados por ela.

Fundamentalmente, essa análise liga-se aos aspectos tecnológicos, ao estado da arte tecnológica em que se assenta o sistema, bem como às operacionalidades gerais que já são aceitas pelo mercado e devem estar contidas, minimamente, em qualquer sistema de primeira linha. Além disso, essa análise compreende também as necessidades de equipamentos para suportar o novo sistema de informação.

Apresentamos a seguir alguns aspectos, apenas com caráter exemplificativo. Como são aspectos tecnológicos e de operacionalidade, estão em constante modificação e substituição por elementos mais avançados:

a) base tecnológica: conceitos, ambiente, linguagem de programação, arquitetura de banco de dados, arquitetura de distribuição de informação, administração do banco de dados (DBA – *data base administration*), *performance* geral do sistema (ex.: sistema operacional, cliente/servidor, funcionamento da rede, banco de dados relacional, *data warehousing* etc.);

b) equipamentos: *hardwares* necessários para operar o sistema (*mainframes*, micros, redes), aplicativos periféricos etc.;

c) flexibilidade: possibilidade de criação de campos adicionais no banco de dados, conceito geral de parametrização, geração e gravação de relatórios, incorporação dos conceitos de DSS/EIS, adaptabilidade para pequenas e médias empresas etc.;

d) análise de segurança: segurança das informações, níveis de segurança existentes no sistema, capacidade de rastreabilidade dos dados e informações, alerta sobre acessos indevidos etc.;

e) importação e exportação de dados: facilidades de transitar com os aplicativos genéricos ou específicos, não contidos no sistema principal;

f) comunicação: capacidade de atrelar mensagens, conceitos de alertas e avisos automáticos sobre as transações e funções catalogadas em *workflow*, *interoffice*, analisador etc.;

g) facilidades gerais: *browse* automático, conceito de navegabilidade de pesquisa nos subsistemas (*drill down*), capacidade gráfica e multimídia, modelos de informações (*templates*) etc.;

h) suporte e atualização: suporte geral do fornecedor, processo de atualização do sistema, novas versões (*releases*, *up-grades*) etc.

28.7 METODOLOGIA DE DECISÃO

O processo de escolha entre vários fornecedores parte de uma análise crítica e profunda de todos os aspectos que envolvem cada sistema de informação oferecido, basicamente de forma comparativa.

Podemos sintetizar uma metodologia de decisão sobre o processo de escolha nos seguintes pontos fundamentais:

a) definir o critério de pontuação para todos os pontos a serem analisados, tanto para o sistema, seus subsistemas e módulos, como para a avaliação do fornecedor;

b) avaliar (pontuando) o sistema de forma geral, dentro dos conceitos colocados no item 28.5 – Enfoque de Avaliação;

c) avaliar (pontuando) o sistema de forma geral, dentro dos conceitos colocados no item 28.6 – Tecnologia e Operacionalidades;

d) avaliar (pontuando) cada subsistema dentro dos mesmos critérios do item 28.6;

e) avaliar a capacidade do fornecedor no aspecto técnico, de qualidade e de atualização tecnológica;

f) avaliar a capacidade econômica do fornecedor de se manter em condições de cumprir um contrato de longo prazo;

g) avaliar o retorno do investimento no sistema de informação, em cima dos objetivos da mudança.

28.8 PROJETO

Feita a opção por um sistema, passa-se para a etapa seguinte, que é a elaboração do projeto de aquisição e implantação do sistema. Na parte final do processo decisório sobre sistema de informação, far-se-á a reunião de todos os dados levantados, sistematizando-os dentro de um projeto de implantação de sistema de informação.

O Comitê de Sistemas determinará o responsável ou responsáveis para a elaboração do projeto, que já deverá conter uma avaliação econômica e cronogramas de trabalho.

Em linhas gerais, o projeto deverá conter os seguintes elementos:

a) objetivo do projeto;

b) justificativas do projeto;

c) vantagens a serem conseguidas;
d) resultados esperados;
e) fases de implantação e cronograma geral;
f) investimentos previstos;
g) receitas e economias previstas;
h) financiamento do projeto;
i) análise de viabilidade econômica (retorno do investimento).

28.9 RETORNO DO INVESTIMENTO

Um sistema de informação, seja apenas da área contábil, seja um sistema completo de gestão empresarial, envolve um investimento significativo, que, em princípio, deverá trazer um retorno econômico.

O fundamento do custo da informação diz que o sistema deve trazer um resultado que supere os custos envolvidos em sua implantação.

O caminho que mais tem sido utilizado é uma análise de ROI (Retorno do Investimento), seja pelo método de *payback*, valor presente líquido ou taxa interna de retorno.

PAYBACK

Payback é o método mais simples e um dos mais utilizados, exatamente por sua simplicidade. Confronta o total investido com o total dos ganhos esperados, transformando-os em quantidade de anos em que o investimento será recuperado. Se a quantidade de anos estiver dentro das expectativas da empresa, o projeto deverá ser aceito. Por exemplo, se um investimento num sistema de informação for de $ 500 e os ganhos esperados forem de $ 1.500, isso significa que o investimento será pago em três anos. Se para a empresa um tempo médio de retorno é ao redor de cinco anos, por exemplo, o investimento será aceito.

VALOR PRESENTE LÍQUIDO

O *valor presente líquido* é um método mais completo. Considera um fluxo de caixa, em nível mensal pelo menos, dos investimentos e dos ganhos esperados. Utilizando uma taxa de juros que representa um custo de capital, desconta os dois fluxos financeiros (o fluxo dos investimentos e o fluxo dos ganhos), trazendo os valores futuros a preço de hoje. Se o valor líquido do fluxo dos ganhos, descontado a uma taxa de juros, for superior ao valor líquido do fluxo dos investimentos, também descontado à taxa de juros, o projeto será aceito. Se for o contrário, o projeto deverá ser rejeitado, pois trará um fluxo líquido negativo.

TAXA INTERNA DE RETORNO

O método da *taxa interna de retorno* é uma variação do método do valor presente líquido. Nesse caso, tomam-se os valores líquidos dos fluxos de caixa dos ganhos menos as entradas e descobre-se a taxa de juros de retorno do projeto. Se a taxa de juros for superior à taxa mínima exigida pela empresa, aceita-se o projeto; se for inferior, rejeita-se. Por exemplo, se a empresa só admite investimentos que rendam no mínimo 6% a.a. e o projeto indicar uma rentabilidade de 4%, este deverá ser rejeitado. Se, por outro lado, o projeto indicar uma taxa interna de retorno acima de 6%, este deverá ser aceito.

INVESTIMENTOS NUM SISTEMA DE INFORMAÇÃO

Os gastos num sistema de informação, que consideramos investimentos por sua natureza de retorno a médio prazo, envolvem tanto custos internos como externos. Normalmente, além dos gastos com *hardware* e *software*, outros gastos são necessários, tais como consultorias, assessorias, auditorias, serviços terceirizados, pessoal interno envolvido, para as diversas fases do projeto etc.

Principais gastos envolvidos num projeto de implantação de sistema de informação:

a) *software*(s) principal(is);
b) *softwares* complementares;
c) *hardwares* principais;
d) *hardwares* complementares;
e) manutenção anual de *hardware* e *software*;
f) assessoria para a decisão de compra;
g) consultoria para implementação do sistema;
h) serviços de terceiros para implementação;
i) consultoria para treinamento dos usuários;
j) horas de mão de obra interna das equipes de implementação;
k) horas de mão de obra interna para treinamento dos usuários;
l) gastos de despesas e materiais na implementação;
m) gastos de despesas e materiais no treinamento;
n) auditorias do processo de implantação e treinamento etc.

BENEFÍCIOS OU GANHOS ESPERADOS COM O INVESTIMENTO NUM SISTEMA DE INFORMAÇÃO

Para alguns sistemas, às vezes, é difícil visualizar e mensurar com clareza os ganhos esperados ou benefícios da implantação de um novo sistema de informação.

Para um sistema de informação contábil, os principais benefícios esperados poderiam ser:

a) redução do tempo de liberação das informações e entrega de relatórios – essa redução deverá trazer benefícios reais para os processos de tomada de decisão dos principais usuários da informação contábil. Como exemplo, um sistema orçamentário em tempo real pode permitir a todos os usuários da informação contábil ações diárias no sentido de eliminar desperdícios e economizar despesas;

b) redução do uso de *softwares* aplicativos;

c) redução ou eliminação de equipamentos em duplicidade;
d) redução do uso de materiais de expediente com emissão de relatórios substituídos por informações em tela;
e) redução dos gastos com licenciamento de sistemas antigos e caros;
f) redução da utilização do departamento de informática da empresa;
g) redução de gastos de comunicação tradicional telefônica e *fax*;
h) redução da estrutura física do departamento de contabilidade e controladoria;
i) liberação de mão de obra para ocupar outras tarefas mais importantes etc.

Para um Sige, as possibilidades de ganhos tendem a ser mais concretas e maiores, dada a grande abrangência do sistema. Exemplos de benefícios esperados seriam:

a) redução do ciclo operacional, desde a tramitação do pedido do cliente, passando pela estocagem, faturamento, entrega da mercadoria e recebimento do numerário;
b) aumento de produtividade do processo fabril e comercializador;
c) aumento de produtividade do processo administrativo geral e da eficiência;
d) redução das incertezas e devoluções;
e) redução do custo de compras com aceleração dos processos e melhores informações;
f) possibilidade de aumento das vendas pela melhora do processo comunicativo dentro da empresa e resposta aos clientes;
g) possibilidade de aumento das vendas pela melhora dos processos de configuração e obtenção dos pedidos no campo;
h) redução da estrutura do setor de informática da empresa;
i) redução da estrutura de outros setores impactados pela melhora dos processos obtidos com o novo sistema etc.

No caso das letras *a*, *b*, *c* e *e*, as reduções ou aumentos podem ser medidos em dias e estão ligados ao capital de giro da empresa. Aplicados os valores dos estoques e contas a receber, são transformados em numerário.

29

Implantação

Após a análise de viabilidade econômica do projeto de mudança do sistema de informação, segue-se a etapa seguinte e final do projeto, que é a implantação do sistema.

Em linhas gerais, o processo de implantação compreende as seguintes fases:

a) organização do projeto;
b) implantação;
c) treinamento;
d) operação;
e) avaliação final.

29.1 ORGANIZAÇÃO DO PROJETO

O Comitê de Sistemas deverá designar um Diretor do Projeto, que, posteriormente, poderá designar um Gerente de Projeto ou Gerentes de Projeto, caso este se subdivida.

O Diretor do Projeto deverá organizar as equipes, que fará(ão) o processo de implantação, treinamento e operação, bem como definir a atribuição e funções de todos os membros da equipe. Além disso, o Diretor do Projeto será o principal mentor da metodologia de implantação, que norteará a(s) equipe(s) do projeto.

Damos a seguir os principais aspectos a serem observados na etapa de organização do projeto.

EQUIPES DE TRABALHO

O diretor do projeto deverá estruturar as equipes e definir as atribuições. Deverá também definir o coordenador e os auxiliares para a equipe ou equipes.

Dentro de um sistema de informação, podem existir módulos com especialidades. As equipes deverão ser formadas buscando explorar as especialidades, sem contudo perder o caráter integrativo que deve ter qualquer sistema de informação.

Caso tenha assessoria ou consultoria externa, o diretor do projeto deverá definir as atribuições destes dentro das equipes.

Ao final deste capítulo, faremos uma sugestão de estruturação da equipe de trabalho.

METODOLOGIA DE IMPLANTAÇÃO

A implantação requer uma metodologia muito bem elaborada, sob pena de conturbar o processo de implantação. Os conceitos gerais de implantação devem constar de uma metodologia que seja clara e utilizável por todos os componentes das equipes do projeto.

MENSURAR OS OBJETIVOS

Na fase de organização, os objetivos do projeto devem ser transformados em metas de desempenho a serem alcançados, externadas de forma clara, preferencialmente numéricas, dentro de prazos esperados.

Por exemplo, se um dos objetivos é a redução do nível dos estoques, deverá ser explicitado, por exemplo, que, ao final do projeto, o ciclo de estocagem deverá ser reduzido em x dias (10 dias, por exemplo).

Isso é importante para, ao final do projeto, fazermos uma avaliação do atendimento dos objetivos.

CRONOGRAMA DE ATIVIDADES

Deve ser feito um detalhamento do processo de aquisição, implantação, treinamento e operação, transformando-o em datas e prazos, com cronogramas por equipes e fases do projeto, e por módulo do sistema, se for o caso.

MOTIVAÇÃO

O Diretor do Projeto deve organizar-se para criar e manter o clima de motivação e comprometimento dos membros da equipe e de todos os funcionários envolvidos, em todas as fases do projeto.

Para tanto, um dos elementos fundamentais é o comprometimento da alta administração da empresa. Nenhum sistema é implantado com sucesso se não houver a evidência clara de que a alta administração da empresa comunga os mesmos interesses e está realmente comprometida com o processo.

29.2 IMPLANTAÇÃO

É a fase que exige maior participação efetiva dos envolvidos. Está totalmente ligada à metodologia de implantação definida e será constantemente monitorada pelo Diretor do projeto. É importante ressaltar que não só aspectos técnicos e operacionais estão envolvidos. A sociopsicologia e a cultura da empresa serão afetadas pela implantação e necessitarão de um gerenciamento.

Damos a seguir os principais elementos para a fase de implantação.

ANÁLISE DOS PROCESSOS

Se se tratar de um sistema de informação contábil, os processos a serem analisados são mais restritos e se relacionam principalmente com as integrações entre os sistemas abastecedores e os sistemas recebedores de informação.

Além disso, há que se fazer a análise dos procedimentos e das tarefas envolvidos em cada processo.

Se estivermos implantando um Sige, a análise dos processos se tornará muito abrangente e deverá ser tratada como *Análise dos Processos do Negócio*, e não mais processos apenas de informação.

Além das informações envolvidas no Sige, é possível que a análise dos processos do negócio, à luz do sistema a ser implantado, determine mudanças estruturais da companhia.

A análise dos processos envolve:

a) desenho dos atuais processos, procedimentos e tarefas;
b) desenho dos processos futuros, que otimizarão o sistema de informação e o sistema-empresa;
c) indicação das mudanças de procedimentos e estruturas a serem efetuadas para implantação dos novos processos.

Um exemplo de processo de negócio é o que envolve um pedido de um cliente, até o recebimento do numerário.

A captação das informações do pedido, sua transferência e o trânsito para os diversos módulos subsequentes devem ser analisados detalhadamente, no sentido de eliminar as barreiras que existem atualmente, para que o novo processo redesenhado caminhe livremente pelos diversos subsistemas empresariais e otimize o processo de atendimento de um pedido de cliente.

IMPLANTAÇÃO DO SISTEMA

Após as redefinições dos processos, os procedimentos e parâmetros necessários serão incorporados ao sistema ou aos subsistemas, fazendo a formatação final dos mesmos, preparando-os para serem operados.

DISPONIBILIZAÇÃO DA INFRAESTRUTURA

Nessa fase, deverão ser definidos todos os equipamentos necessários para atender às necessidades do novo sistema implantado.

Todos os setores envolvidos deverão fornecer suas necessidades, que, avaliadas pela direção do projeto, deverão ser disponibilizadas para os diversos setores, de tal forma que os sistemas implantados possam ser operacionalizados em condições normais.

A infraestrutura a ser disponibilizada compreende *hardwares*, comunicações, microcomputadores de mesa ou portáteis, equipamentos de telefonia, redes, aplicativos específicos etc.

DOCUMENTAÇÃO DO SISTEMA

É a fase de registro dos processos e procedimentos de trabalho. Necessária para que o sistema ou sistemas implantados não sofram solução de continuidade por falta de padronização e instrumentos de retreinamento.

GERENCIAMENTO DAS MUDANÇAS

Esse aspecto é muito menos técnico e mais de liderança. No redesenho dos processos do negócio, fatalmente acontecerão resistências e desinformações, que podem provocar o desestímulo ou não comprometimento efetivo.

Numa implantação de um novo sistema de informação, as mudanças são inevitáveis e é essencial que os responsáveis pelo projeto tenham habilidade suficiente para o gerenciamento dos aspectos humanos e motivacionais envolvidos.

29.3 TREINAMENTO

Após a implantação do projeto, os usuários que dela não participaram deverão ser treinados.

É outra oportunidade para provocar o comprometimento e envolvimento para as mudanças desejadas.

Para o treinamento, a documentação gerada na etapa anterior é fundamental, como instrumento de transmissão dos novos processos e procedimentos.

29.4 OPERAÇÃO

É a etapa em que o sistema ou os sistemas entram em operação efetiva. Também nessa etapa haverá a possibilidade para treinamento adicional e busca do comprometimento das pessoas.

29.5 AVALIAÇÃO FINAL

Após determinado tempo de operação, já previsto no cronograma de atividades, deverá ser feita pelas equipes do projeto uma avaliação do desempenho do novo sistema implantado.

Essa avaliação compreende (dentro das diversas datas cronogramadas):

a) verificação do atendimento dos objetivos previstos;
b) verificação da eficácia das novas operacionalidades pretendidas;

c) verificação do alcance das metas de desempenho determinadas quando da organização do projeto;
d) verificação do alcance do retorno do investimento pretendido.

29.6 CUSTO TOTAL DE PROPRIEDADE (TCO)

Do inglês *Total Cost of Ownership*. A ideia é mensurar continuadamente quanto é gasto com a estrutura de tecnologia e sistemas de informações. Em outras palavras, quanto custa para a empresa manter funcionando sua estrutura de TI/SI. Não é tarefa fácil. Além de a maneira das empresas possuir estruturas descentralizadas, não basta somar os gastos com *hardware*, redes, *softwares* e com o pessoal do departamento de informática. Também os custos ocultos (*hidden costs*) devem ser calculados e incorporados no modelo de mensuração.

O objetivo do TCO é avaliar se os valores investidos em TI/SI vão-se pagar e em quanto tempo. É o cálculo contínuo do Retorno do Investimento (ROI), feito não apenas para projetos específicos, mas também para o funcionamento do departamento de informática.

O TCO é importante porque a TI empregada na empresa pode ser um ativo intangível, de valor, que compõe o capital intelectual da entidade. O acompanhamento inclui os gastos com terceirização e sua avaliação frente à solução de voltar a internar os custos. E vice-versa. Objetiva, também, buscar continuamente a redução de custos.

Utilizar o conceito de ROI é suficiente para avaliar TCO. Em linhas gerais, a proposta do TCO é avaliar o departamento de informática como um *centro de resultado*, que pode ser lucrativo ou dar prejuízo para a empresa, se sua atividade não for conduzida corretamente.

29.7 ESTRUTURAÇÃO DA EQUIPE DE TRABALHO

Para a estruturação dos módulos do Sige, tem sido vista como essencial a parceria com uma empresa especializada em implantação desse sistema, que, juntamente com a equipe contratante, desenvolverá o projeto. Obviamente, isso não é uma condição imprescindível, mas representa a utilização dos conceitos de *best-practice*[1] e *benchmarking*,[2] conceitos estes normalmente entendidos como saudáveis.

Consideramos ser de fundamental importância a criação de uma equipe coesa, determinada a atingir todos os objetivos propostos, num ambiente agradável, de participação e de entendimento. É importante que esses profissionais acreditem no futuro do projeto, para que essa expectativa positiva contagie os demais membros do grupo.

Apresentamos a seguir um modelo resumido de equipe de trabalho para a decisão e implementação de sistema de informação, seja sistema de informação contábil ou Sige.

Para a formação dessa equipe, o primeiro passo é organizar um projeto de implantação do qual fará parte um Diretor/Gerente de Projeto. Ele deverá organizar as equipes que participarão do processo de implantação, serão treinadas e o colocarão em prática. Nesse momento,

---

[1] Apropriação das melhores práticas e processos empresariais existentes.
[2] Mover-se em busca do melhor.

o Diretor/Gerente deverá ser criterioso na escolha do pessoal, pois o profissional encarregado de cada tarefa será responsável pelo êxito da realização do projeto.

As equipes terão suas atribuições determinadas pelo Diretor/Gerente do Projeto. É interessante que esse Diretor/Gerente seja alguém da alta administração da empresa.

O Diretor/Gerente do Projeto designará um Gerente para cada ciclo de área da empresa (Administração, Engenharia, Produção, Comercialização e Tecnologia de Informação). Cada Gerente, por sua vez, será auxiliado por um Orientador para cada departamento das diversas áreas da empresa. Esses Orientadores terão como assistente um Coordenador para cada módulo, e estes serão assessorados por tantos Auxiliares quantos forem necessários. Na Figura 29.1, os orientadores, coordenadores e auxiliares são apresentados como Usuários Representantes. É importante a participação dos analistas de sistemas, pois toda e qualquer informação transita pelo Departamento de Tecnologia de Informação.

Apresentamos a seguir, por meio da Figura 29.1, uma proposta de organização da equipe de trabalho para implementação dos módulos do Sige.

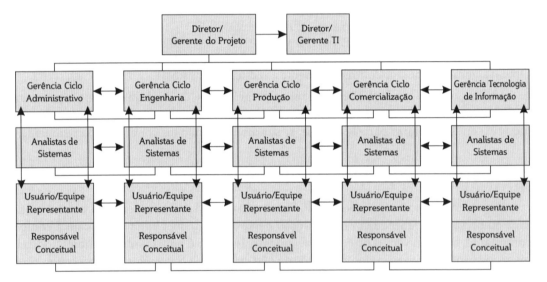

Figura 29.1 Demonstração gráfica da equipe de projeto.

QUESTÕES E EXERCÍCIOS – PARTE IV

1. Tomando como base o Subsistema de Contabilidade Societária e Fiscal, explique, na sua opinião, as vantagens de desenvolver internamente ou adquirir de terceiros. Qual seria sua opção? Por quê?
2. Explique os enfoques de confronto e receptividade na avaliação de sistemas de informação.
3. O que vem a ser visão de futuro na avaliação de sistemas de informação?
4. Qual o impacto da tecnologia na análise de avaliação de sistemas de informação?
5. Faça uma pesquisa em empresa que conheça ou trabalhe e verifique se na implantação de sistemas de informação foi feito antecipadamente análise de retorno de investimento e qual a metodologia utilizada.
6. Faça uma pesquisa em empresa que conheça ou trabalhe e verifique se, após a implantação de sistemas de informação, o retorno do investimento esperado foi o realizado.
7. Faça uma pesquisa em empresa que conheça ou trabalhe e verifique a metodologia utilizada para implantação de sistemas de informação.
8. Da mesma forma, verifique em empresa que conheça ou trabalhe as estruturas de equipes de trabalho utilizadas para decisão e implantação de sistemas de informação.
9. Explique com suas palavras o que vem a ser análise dos processos.
10. Qual a importância do gerenciamento de mudanças na implantação de sistemas de informação?

Bibliografia

ACKOFF, Russel L. *Creating the corporate future*. New York: John Wiley & Sons, 1981.

ANTHONY, Robert N. *Contabilidade gerencial*. São Paulo: Atlas, 1979.

BERTALANFFY, Ludwig von. *Teoria geral dos sistemas*. 2. ed. Petrópolis: Vozes, 1975.

BERTOLUCCI, R. G. *Estudo sobre o gerenciamento do risco corporativo*: proposta de um modelo. 2005. Dissertação (Mestrado) – Programa de Mestrado Profissional em Administração da Faculdade de Gestão e Negócios da Universidade Metodista de Piracicaba, Piracicaba.

BEUREN, Ilse Maria. *Gerenciamento da informação*. São Paulo: Atlas, 1998.

BIO, Sérgio Rodrigues. *Sistemas de informação*: um enfoque gerencial. São Paulo: Atlas, 1985.

BORGES, Tiago Nascimento. *Estudo exploratório*: gestão de sistemas de informações contábeis sob a ótica da metodologia DEQ – Decisão via Exceção Quantificada. Dissertação (Mestrado) – Centro Universitário Álvares Penteado – Unifecap, 2004.

BOYNTON, William C.; JOHNSON, Raymond N.; KELL, Walter G. *Auditoria*. São Paulo: Atlas, 2002.

CAUTELA, Alciney Lourenço; POLLONI, Enrico Giulio Franco. *Sistemas de informação na administração de empresas*. 3. ed. São Paulo: Atlas, 1988.

CHURCHMAN, C. West. *Introdução à teoria dos sistemas*. 2. ed. Petrópolis: Vozes, 1972.

COCURULLO, A. *Gestão de riscos corporativos*. São Paulo: Audibra, 2002.

COLANGELO FILHO, Lucio. *Implantação de sistemas ERP*. São Paulo: Atlas, 2001.

CORNACHIONE JR., Edgard Bruno. *Sistemas integrados de gestão*: arquitetura, método, implantação. São Paulo: Atlas, 2001.

CRUZ, Tadeu. *Sistemas de informações gerenciais*. São Paulo: Atlas, 1998.

D'AMORE, Domingos; CASTRO, Adaucto de Souza. *Curso de contabilidade*. 14. ed. São Paulo: Saraiva, 1967.

FLORENTINO, A. M. *Teoria contábil*. 5. ed. Rio de Janeiro: FGV, 1988.

FRANCIA, Arthur J. et al. *Managerial accounting*. 9. ed. Houston: Dame Publ., 1991.

FULLMANN, Claudiney. *Gerenciamento das restrições*. São Paulo: Imam, 1989.

GIL, Antonio de Loureiro. *Sistemas de informações contábil/financeiros*. São Paulo: Atlas, 1992.

GLAUTIER, M. W. E.; UNDERDOWN, B. *Accounting:* theory and practice. Londres: Pitman, 1977.

GOLDRATT, Elijhu; COX, Jeff. *A meta*. São Paulo: Imam, 1986.

GRAEML, Alexandre Reis. *Sistemas de informação*: o alinhamento da estratégia de TI com a estratégia corporativa. São Paulo: Atlas, 2000.

GUERREIRO, Reinaldo. *Modelo conceitual de sistema de informação de gestão econômica*: uma contribuição à teoria da comunicação da contabilidade. 1989. Tese (Doutorado) – Faculdade de Economia Administração e Contabilidade, São Paulo.

HERRMANN JR., Frederico. *Contabilidade superior*. 10. ed. São Paulo: Atlas, 1978.

HORNGREN, FOSTER, DATAR. *Cost accounting*: a managerial emphasis. 8. ed. Englewood Cliffs: Prentice Hall, 1994.

IUDÍCIBUS, Sérgio de. *Contabilidade gerencial*. 4. ed. São Paulo: Atlas, 1987.

JUCIUS, Michael J.; SCHLENDER, William E. *Introdução à administração*. 3. ed. São Paulo: Atlas, 1990.

KAPLAN, R. S.; NORTON, D. P. *Estratégia em ação*: balanced scorecard. 13. ed. Rio de Janeiro: Campus, 1997.

KAPLAN, Roberts; JOHNSON, H. Thomas. *Contabilidade gerencial*. Rio de Janeiro: Campus, 1993.

LAUDON, K. C.; LAUDON, J. P. *Sistemas de informação gerenciais*: administrando a empresa digital. Trad. Arlete Símile Marques. 5. ed. São Paulo: Prentice Hall, 2004.

LAURINDO, Fernando José Barbin. *Tecnologia da informação*. São Paulo: Futura, 2002.

LOZINSKY, Sérgio. *Software*: tecnologia do negócio. Rio de Janeiro: Imago, 1996.

MAGALHÃES, Antonio de Deus; LUNKES, Irtes Cristina. *Sistemas contábeis*. São Paulo: Atlas, 2000.

MARCIAL, E. C.; GRUMBACH, R. J. S. C. *Cenários prospectivos*: como construir um futuro melhor. 3. ed. Rio de Janeiro: Editora FGV, 2005.

MELO, Ivo Soares. *Sistemas de informação*. 3. ed. São Paulo: Saraiva, 1987.

MOSIMANN, Clara Pellegrinello et al. *Controladoria*: seu papel na administração de empresas. Florianópolis: UFSC, 1993.

NAKAGAWA, Masayuki. *Gestão estratégica de custos*. São Paulo: Atlas, 1991.

NAKAGAWA, Masayuki. *Introdução à controladoria*. São Paulo: Atlas, 1993.

NAZARETH, Luiz Gustavo Camarano. *Controladoria Tributária*: uma contribuição para a estruturação do sistema de gestão de tributos. 2018. Tese (Doutorado em Administração) – Universidade Metodista de Piracicaba, Piracicaba, 2018.

OLIVEIRA, Djalma de Pinho Rebouças de. *Sistemas, organização & métodos*: uma abordagem gerencial. 3. ed. São Paulo: Atlas, 1990.

PADOVEZE, C. L. *Controladoria avançada*. São Paulo: Thomson, 2005.

PADOVEZE, C. L. *Controladoria estratégica e operacional*. São Paulo: Thomson, 2003.

PANTAROTO, José Carlos. *Modelo conceitual e processo de estruturação do sistema de informação contábil no sistema integrado de gestão empresarial*. 2002. Dissertação (Mestrado em Administração) – Centro Universitário Nove de Julho, São Paulo.

RATTNER, H. *Estudos do futuro*: introdução à antecipação tecnológica e social. Rio de Janeiro: FGV, 1979.

REZENDE, Denis Alcides; ABREU, Aline França. *Tecnologia da informação*: aplicada a sistemas de informações empresariais. 2. ed. São Paulo: Atlas, 2001.

RICCIO, Edson Luiz. *Uma contribuição ao estudo da contabilidade como sistema de informação*. 1989. Tese (Doutorado) – Faculdade de Economia, Administração e Contabilidade da Universidade de São Paulo, São Paulo.

RICCIO, Edson Luiz; SILVA, Paulo Caetano da; SAKATA, Marici Gramacho. A divulgação de informações empresariais (XBRL – *Extensible Business Reporting Language*). Rio de Janeiro: Ciência Moderna, 2005.

RODRIGUES DE SOUSA, José Eduardo; CALIL, José Francisco; MONOBE, Teruo (Coord.). *Estratégia organizacional*: teoria e prática na busca da vantagem competitiva. Campinas: Akademica Editora, 2006.

SÁ, A. Lopes de. *Teoria da contabilidade superior*. Belo Horizonte, UNA – União de Negócios e Administração, 1994.

SANTOS, A. R. P. *Contribuição à estruturação de sistemas de informações de controladoria estratégica*: um estudo de caso exploratório em empresas de grande porte. 2006. (Dissertação) – Programa de Mestrado Profissional em Administração da Faculdade de Gestão e Negócios da Universidade Metodista de Piracicaba, Piracicaba.

SILVA, Paulo Caetano; SILVA, Luiz Gustavo C.; AQUINI JR., Iranildo J. de S. *XBRL* – conceitos e aplicações. Rio de Janeiro: Ciência Moderna, 2006.

STRASSBURG, Udo. *Um estudo da importância da informação contábil aliada à tecnologia da informação, na gestão das áreas de negócios*. 2001. Dissertação (Mestrado) – Fecap, São Paulo.

TESCHE, Carlos Henrique et al. Contabilidade: ciência, técnica ou arte? *RBC*, nº 74, 1991.

VIANA, Cibilis da Rocha. *Teoria geral da contabilidade*. 3. ed. Porto Alegre: Sulina, 1966.

WALTON, Richard E. *Tecnologia de informação*. São Paulo: Atlas, 1994.

Pré-impressão, impressão e acabamento

grafica@editorasantuario.com.br
www.graficasantuario.com.br
Aparecida-SP